全本全注全译丛书

中华经典名著

郭浩瑜◎译注

笠翁对韵 下

中华书局

下卷

一 先

【题解】

"先"是"平水韵"中下平声的第一韵部。

"先"在《广韵》中作"苏前切",平声,先韵。

《笠翁对韵》中所用到的韵脚字有年、千、烟、娟、笺、蝉、怜、天、坚、钱、仙、莲、田、眠、钿、传、然、弦、绵、边、先、前、川、鞭、筵、权、泉、鹃等28个,《声律启蒙》用到的韵脚字有天、川、田、弦、钱、莲、圆、烟、先、妍、渊、编、肩、眠、船、乾、年、毡、泉、娟、仙等21个。两书有13个韵脚字相同:年、烟、娟、天、钱、仙、莲、田、眠、弦、先、川、泉。其中《笠翁对韵》用到而《声律启蒙》没有用的韵脚字有千、笺、蝉、怜、坚、钿、传、然、绵、边、前、鞭、筵、权、鹃等15个,《声律启蒙》用到而《笠翁对韵》没用到的有圆、妍、渊、编、肩、船、乾、毡等8个。

其一

寒对暑,日对年^①。

蹴踘对秋千^②。

丹山对碧水，淡雨对轻烟③。

歌宛转，貌婵娟④。

雪赋对云笺⑤。

荒芦栖宿雁，疏柳噪秋蝉⑥。

洗耳尚逢高士笑，折腰肯受小儿怜⑦。

郭泰泛舟，折角半垂梅子雨；山涛（简）骑马，接䍦倒着杏花天⑧。

【注释】

①寒对暑，日对年：平仄上，"寒""年"读平声，"暑""日"读仄声。语法上，"寒""暑"是一对反义的形容词，"日""年"都是时间名词。

②蹴踘（cù jū）对秋千：蹴踘即蹴鞠，我国古代的一种球类运动，《后汉书·梁冀传》"性嗜酒，能挽满、弹棋、格五、六博、蹴鞠、意钱之戏"，李贤注引汉刘向《别录》"蹴鞠者，传言黄帝所作，或曰起战国之时。蹋鞠，兵势也，所以讲武以知材也"。蹴，踏、踢的意思；踘，古代一种实心皮球，里面填充柔软之物。秋千，传统体育游戏，两绳下拴横板，上悬于木架，人坐或站在板上，两手分握两绳，前后往返摆动。相传春秋时齐桓公自北方山戎传入，一说本为汉武帝时宫中之戏，作千秋，为祝寿之辞，后倒读为秋千。平仄上，"蹴踘"是仄仄，"秋千"是平平。踘，《广韵》"居六切"，入声。语法上，两者皆可作名词。

③丹山对碧水，淡雨对轻烟：丹山，南方当日之地，南朝梁江淹《水上神女赋》"非丹山之赫曦，闻琴瑟之空音"。碧水，绿水，南朝梁简文帝《采莲曲》"桂楫兰桡浮碧水，江花玉面两相似"。淡雨，形容小雨，时有时无，疏疏落落，如《赌棋山庄词话续编·王效成轩霞词》"明烟淡雨，尽描出，可怜情绪"。轻烟，轻淡的烟雾，南朝

梁元帝《咏雾》"乍若轻烟散,时如佳气新"。雨淡、烟轻是两种类似的景象,经常并提,如宋晁元礼《蝶恋花》"潋滟长波迎鹢首。雨淡烟轻,过了清明候"。平仄上,"丹山""轻烟"是平平,"碧水""淡雨"是仄仄。语法上,四个词语都是定中结构。

④歌宛(wǎn)转,貌婵娟(chán juān):宛转,形容声音抑扬动听,明刘易《吴姬年十五》"当筵歌宛转,闲坐弄参差";亦作"婉转"。婵娟,形容姿态、容貌之美好,元张昱《学仙曲》"二八女人貌婵娟,杏花阴里竞秋千"。平仄上,"歌宛转"是平仄仄,"貌婵娟"仄平平。语法上,上下联都是主谓结构。

⑤雪赋(fù)对云笺(jiān):《雪赋》是南朝宋文学家谢惠连所作的一篇赋。云笺,有云状花纹的纸,宋周邦彦《蕙兰芳引》"更花管云笺,犹写寄情旧曲";笺,精美的小幅纸张,供题诗、写信等用;也是文体名,书札、奏记一类。"云笺"的"笺"本是纸张名,此借"笺"之文体意义,则可与表文体的"赋"相对。平仄上,"雪赋"是仄仄,"云笺"是平平。语法上,"雪赋"是文章之名,"云笺"是纸张之名,名词相对。二者都是定中结构。

⑥荒芦栖(qī)宿(sù)雁,疏柳噪秋蝉(chán):荒芦,荒芜衰残的芦苇丛,《小三吾亭词话·周星诒勉熹词》有"声声慢云:'荒芦残雪,衰草平烟,萧条水驿停船。回首斜阳,乱鸦秃柳家山。败戍更筹数遍,拥青绫、兀是无眠。难消受,是霜严梦瘦,月冷人单。底事频番载酒,寄相思、都在断雁江天。如梦浮生,能消几度阳关。听风阻潮滋味,叹飘零、尝到今年。归未得,湿江湖、秋泪满衫。'"宿雁,归巢栖息的大雁,常栖息于芦苇之中,如唐骆宾王《晚泊江镇》"夜乌喧粉堞,宿雁下芦洲"。"宿雁"今本多作"南雁",琅环阁藏本作"宿雁"。在古代诗歌中,"宿雁"大量出现于芦苇丛中,南雁则多与思乡、归飞这一类的意境相合,故而本书从琅环阁藏本取"宿雁"。疏柳,入秋以后,柳叶开始凋零,显得枝

叶稀稀拉拉,故称"疏柳"。噪,虫鸟喧叫,南朝梁王籍《入若耶溪》"蝉噪林逾静,鸟鸣山更幽";"噪"或作"叫",亦可。秋蝉,秋天一般蝉不鸣,此当指寒蝉,又称"寒螿""寒蜩",较一般蝉为小,青赤色,其叫声低微,通常表达悲戚之情,用于离别的感伤。宋柳永《雨霖铃》有"寒蝉凄切,对长亭晚"。平仄上,上联是平平平仄仄,下联是平仄仄平平。语法上,"荒芦""疏柳"皆为定中结构,表示事件发生的处所;"栖宿雁""噪秋蝉"是动宾结构,"栖""噪"是后面的宿雁、秋蝉发出的动作。

⑦ 洗耳尚逢高士笑,折(zhé)腰肯受小儿怜:上联是许由的典故。晋皇甫谧《高士传·许由》载:"许由,字武仲,阳城槐里人也。为人据义履方,邪席不坐,邪膳不食。"许由是一个隐士,为人品格高尚,尧想将天下让给他,他不肯,"遁耕于中岳颍水之阳,箕山之下,终身无经天下色"。"尧又召为九州长,由不欲闻之,洗耳于颍水滨。时其友巢父牵犊欲饮之,见由洗耳,问其故。对曰:'尧欲召我为九州长,恶闻其声,是故洗耳。'巢父曰:'子若处高岸深谷,人道不通,谁能见子。子故浮游,欲闻求其名誉,污吾犊口。'牵犊上流饮之。"许由不想做九州长,嫌尧的命令污秽了自己的耳朵,就在颍水之滨清洗自己的耳朵,他的朋友巢父正牵着牛饮水,就嘲笑他洗耳的水污秽了自己的牛的嘴巴,赶紧牵着自己的牛去上游饮水。高士,志行高洁之士,此指巢父。下联是陶渊明的典故。《晋书·陶潜传》:"陶潜,字元亮,大司马侃之曾孙也。祖茂,武昌太守。潜少怀高尚,博学善属文,颖脱不羁,任真自得,为乡邻之所贵。……以亲老家贫,起为州祭酒,不堪吏职,少日自解归。州召主簿,不就,躬耕自资,遂抱羸疾。复为镇军、建威参军,谓亲朋曰:'聊欲弦歌,以为三径之资可乎?'执事者闻之,以为彭泽令。在县,公田悉令种秫谷,曰:'令吾常醉于酒足矣。'妻子固请种粳,乃使一顷五十亩种秫,五十亩种粳。素简

贵，不私事上官。郡遣督邮至县，吏白应束带见之，潜叹曰：'吾不能为五斗米折腰，拳拳事乡里小人邪！'义熙二年，解印去县，乃赋《归去来》。"陶渊明品格高洁，不愿意巴结权贵，曾言"不能为五斗米折腰"，辞官而去。折腰，是弯腰弓背的意思，形容谄媚恭敬之态。语义上，两句有流水对的意味，"尚""肯"在这里起到了语义上的连接作用，临水洗耳尚且遭到高士的嘲笑，又岂能弯腰受小人之怜？后一句实际上不是"肯"，而是"不肯"，是反问句。平仄上，上联是仄仄仄平平仄仄，下联是仄平仄仄仄平平。折，《广韵》"旨热切"，入声。语法上，两句对仗还是比较工整的。"洗耳""折腰"都是动宾结构；"逢高士笑""受小儿怜"这里是动宾短语，即"逢高士之笑""受小儿之怜"的意思。

⑧ 郭泰泛舟，折（zhé）角半垂梅子雨；山涛（简）骑马，接䍦（lí）倒着杏花天：上联是郭太的典故，郭太即郭泰，字林宗。《后汉书·郭太传》："身长八尺，容貌魁伟，褒衣博带，周游郡国。尝于陈梁间行遇雨，巾一角垫，时人乃故折巾一角，以为'林宗巾'。"折角，就是指林宗巾，宋张耒《赠赵簿景平》之一"定知鲁国衣冠异，尽戴林宗折角巾"。梅子雨，指梅雨，指初夏产生在江淮流域持续较长的阴雨天气，因时值梅子黄熟，故亦称黄梅天，宋贺铸《青玉案》"一川烟草，满城风絮，梅子黄时雨"。山涛，字巨源，竹林七贤之一，或作"山简"，各家版本以作"山涛"者居多。从典故上说，当为山简，出自《世说新语·任诞》"山季伦为荆州，时出酣畅。人为之歌曰：'山公时一醉，径造高阳池，日莫倒载归，酩酊无所知。复能乘骏马，倒着白接䍦，举手问葛强，何如并州儿？'高阳池在襄阳。强是其爱将，并州人也"，说的是山季伦的故事，季伦就是山简的字。从格律上说，"简"《广韵》"古限切"，上声，这就与上半句第二个字平仄相同，失对。䍦，古代的一种头巾，或作"篱笆"之"篱"，误。杏花天，杏花开放时节，指春天，《全元

散曲·水仙子过折桂令·行乐》"来寻陌上花钿,正是那玉楼人醉杏花天"。平仄上,上联是仄仄仄平,仄仄仄平平仄仄;下联是平平（仄）平仄,仄平仄仄仄平平。郭,《广韵》"古博切",入声;折,《广韵》"旨热切",入声;接,《广韵》"即叶切",入声。着,古作"著",其"穿戴"义《广韵》读"张略切",入声。语法上,"郭泰泛舟"对"山涛（简）骑马"是主谓结构;"折角半垂梅子雨"对"接䍦倒着杏花天"也是主谓结构,其主语"折角""接䍦"是用两个动宾结构指称头巾之名。此联在结构上有倒置的手法,若用现代正常的语序表达,即是"梅子雨中,郭泰泛舟,折角半垂;杏花天里,山涛（简）骑马,接䍦倒着",当然,这样改动之后不但平仄不对,而且诗味也寡淡了。倒置的手法在古代的诗文中是很常见的。

【译文】

寒和暑相对,天和年相对。

蹴鞠和秋千相对。

丹山和绿水相对,淡雨和轻烟相对。

歌声宛转,姿容美好。

咏赞雪的赋和有云纹的笺相对。

荒芜的芦苇丛中栖息着过夜的大雁,稀疏的柳树枝上有寒蝉衰弱的残鸣。

许由临水洗耳尚且遭遇高士巢父的嘲笑,陶潜又怎肯折腰谄媚接受小人的垂怜呢?

梅子雨中,郭泰泛舟游玩,雨将他的头巾折了角;杏花天里,山简骑马醉酒,白接䍦头巾都戴倒了。

其二

轻对重,脆对坚①。

碧玉对青钱^②。

郊寒对岛瘦,酒圣对诗仙^③。

依玉树,步金莲^④。

凿井对耕田^⑤。

杜甫清宵立,边韶白昼眠^⑥。

豪饮客吞杯底月,酣游人醉水中天^⑦。

斗草青郊,几行宝马嘶金勒;看花紫陌,十里香车拥翠钿^⑧。

【注释】

①轻对重,脆对坚:平仄上,"轻""坚"都是平声,"重""脆"是仄声。语法上,"轻""重"是表重量大小的一对反义形容词,"脆""坚"是表硬度大小的一对反义形容词,皆可相对。

②碧玉对青钱:碧玉,本是矿物名;也是人名,南朝宋汝南王妾、唐乔知之妾皆名碧玉;后用来借指年轻貌美的婢妾或小家女,唐白居易《南园试小乐》"红萼紫房皆手植,苍头碧玉尽家生"。青钱,即青铜钱,唐杜甫《北邻》"青钱买野竹,白帻岸江皋";也用来比喻优秀人才,唐陈陶《赠江南从事张侍郎》"姻联紫府萧窗贵,职称青钱绣服豪"。语义上,二者皆可用来表示物品,一是玉石,一是青铜;也皆可指人,碧玉指年轻的小家女,青钱比喻优秀的人才。平仄上,"碧玉"是仄仄,"青钱"是平平。语法上,二者都是名词,都是定中结构。

③郊寒对岛瘦,酒圣对诗仙:"郊寒岛瘦"源自宋苏轼《祭柳子玉文》"元轻白俗,郊寒岛瘦。嘹然一吟,众作卑陋"。"郊"是指孟郊,"岛"是指贾岛,二者都是唐代诗人;"寒"指清寒,"瘦"指瘦硬,是说二人的诗歌风格清峭瘦硬,好作苦语,如贾岛以苦吟著称,有

"两句三年得,一吟双泪流"的感慨。酒圣,指杜康,传说他是酿酒始祖,《尚书·酒诰》"惟天降命肇,我民惟元祀",孔颖达疏引《世本》"杜康造酒"。诗仙,指诗才飘逸如神仙的诗人,唐白居易《待漏入阁书事奉赠元九学士阁老》"诗仙归洞里,酒病滞人间"。"诗仙"也常用来特指唐代诗人李白,《唐才子传》载:"白字太白,山东人。母梦长庚星而诞,因以命之。十岁通五经,自梦笔头生花,后天才赡逸。喜纵横,击剑为任侠。轻财好施。……天宝初,自蜀至长安,道未振,以所业投贺知章,读至《蜀道难》,叹曰:'子谪仙人也。'乃解金龟换酒,终日相乐。……白益傲放,与贺知章、李适之、汝阳王琎、崔宗之、苏晋、张旭、焦遂为'饮酒八仙人'。……白晚节好黄、老,度牛渚矶,乘酒捉月,沉水中。"李白的行事做派、诗歌风格以及其人生的结局,都给人一种仙风道骨的感觉,故人们称之为"诗仙"。平仄上,"郊寒"是平平,"岛瘦"是仄仄;"酒圣"是仄仄,"诗仙"是平平。语法上,"郊寒""岛瘦"都是主谓结构,谓语用"寒""瘦"两个形容词陈述二人的性情和诗歌风格;"酒圣""诗仙"都是定中结构。

④依玉树,步金莲:"依玉树"的典故出自南朝宋刘义庆《世说新语·容止》,"魏明帝使后弟毛曾与夏侯玄共坐,时人谓'蒹葭倚玉树'"。蒹葭是芦苇一类的植物,比喻地位卑贱、资质平庸之人。玉树,本是神话传说中的仙树,此处比喻资质好、才华高的人,比如《世说新语·言语》:"谢太傅问诸子侄:'子弟亦何预人事,而正欲使其佳?'诸人莫有言者。车骑答曰:'譬如芝兰玉树,欲使其生于阶庭耳。'"《世说新语·容止》里常用"玉"比喻人容止之美,如"裴令公有俊容仪,脱冠冕,粗服乱头皆好,时人以为'玉人'"、"见裴叔则,如玉山上行,光映照人"、"王大将军称太尉'处众人中,似珠玉在瓦石间'"等等。可见,此处的"依玉树"是与才华姿容出众的人相比的意思。步金莲,《南史·齐纪下·废

帝东昏侯》载："于是大起诸殿,芳乐、芳德、仙华、大兴、含德、清曜、安寿等殿,又别为潘妃起神仙、永寿、玉寿三殿,皆匝饰以金璧。……又凿金为莲华以帖地,令潘妃行其上,曰:'此步步生莲华也。'涂壁皆以麝香,锦幔珠帘,穷极绮丽。"记录了东昏侯奢侈淫逸的生活。他命人将黄金凿成莲花的形状,让潘妃行走于莲花之上,号称是"步步生莲花"。后人因此以金莲来形容美人的步态之美,唐李商隐《南朝》"谁言琼树朝朝见,不及金莲步步来"。平仄上,"依玉树"是平仄仄,"步金莲"是仄平平。语法上,上下联都是动宾结构,动词带处所宾语。

⑤凿井对耕田:出自《论衡》:"尧时五十之民,击壤于涂。观者曰:'大哉,尧之德也!'击壤者曰:'吾日出而作,日入而息,凿井而饮,耕田而食。尧何等力?'"平仄上,"凿井"是仄仄,"耕田"是平平。凿,《广韵》"在各切",入声。语法上,两个词语都是动宾结构。

⑥杜甫清宵(xiāo)立,边韶(sháo)白昼眠:上联出自唐杜甫《恨别》:"思家步月清宵立,忆弟看云白日眠。"清宵,清静的夜晚。下联典出《后汉书·边韶传》:"边韶,字孝先,陈留浚仪人也。以文章知名,教授数百人。韶口辩,曾昼日假卧,弟子私嘲之曰:'边孝先,腹便便。懒读书,但欲眠。'韶潜闻之,应时对曰:'边为姓,孝为字。腹便便,《五经》笥。但欲眠,思经事。寐与周公通梦,静与孔子同意。师而可嘲,出何典记?'嘲者大惭。韶之才捷皆此类也。"边韶口才敏捷,曾在大白天睡觉,弟子私底下嘲笑他肚子大,懒读书,贪睡眠。结果边韶反唇相讥,说自己肚子大,里面是满腹经纶;爱睡觉,那是梦里和周公、孔子会面呢。平仄上,上联是仄仄平平仄,下联是平平仄仄平。白,《广韵》"傍陌切",入声。语法上,两句都是主谓结构,"清宵""白昼"两个定中结构充当时间状语。

⑦豪饮客吞杯底月,酣(hān)游人醉水中天:"杯底月"出自宋苏轼

《月夜与客饮酒杏花下》"山城薄酒不堪饮,劝君且吸杯中月",宋杨万里《月下传觞》则有更详细生动的描绘:"老夫渴急月更急,酒落杯中月先入。领取青天并入来,和月和天都蘸湿。天既爱酒自古传,月不解饮真浪言。举杯将月一口吞,举头见月犹在天。老夫大笑问客道:月是一团还两团?酒入诗肠风火发,月入诗肠冰雪泼。一杯未尽诗已成,诵诗向天天亦惊。焉知万古一骸骨,酌酒更吞一团月。""酒落杯中月先入""举杯将月一口吞"正是"吞杯底月"的意思。"酣游人醉水中天"的典故出自唐杜甫《饮中八仙歌》"知章骑马似乘船,眼花落井水底眠"。"水中天"化自唐代诗人贾岛的联诗,《诗人玉屑》卷一五载:"高丽使过海,有诗云:'水鸟浮还没,山云断复连。'贾岛诈为梢人,联下句云:'棹穿波底月,船压水中天。'丽使嘉叹久之,自此不复言诗。"据说贾岛有一次假装自己是船夫,和高丽使者联句,有"棹穿波底月,船压水中天"的佳句,颇得使者的叹赏。平仄上,上联是平仄仄平平仄仄,下联是平平平仄仄平平。琅环阁藏本"豪饮"作"夜饮","酣游"作"春游",皆可。语法上,两句都是主谓结构。主语"豪饮客""酣游人"是定中结构;谓语动词是"吞""醉"相对;宾语"杯底月""水中天"是定中结构。

⑧斗草青郊,几行宝马嘶金勒(lè);看花紫陌(mò),十里香车拥翠钿(tián):斗草,就是斗百草,一种古代游戏,竞采花草,比赛多寡优劣,南朝梁宗懔《荆楚岁时记》载:"五月五日,四民并蹋百草,今人又有斗百草之戏。"唐白居易《观儿戏》诗:"弄尘复斗草,尽日乐嬉嬉。"青郊,指春天的郊野。金勒,金饰的带嚼口的马络头;也可指骑马的人,如《白雪遗音·马头调·饯别》"张生上马,车儿东去,马儿西行,金勒望小姐,莺莺望张生,凄凄凉凉心酸痛"。此处当指后者。紫陌,指京师郊野的道路,唐刘禹锡《元和十年自朗州承召至京戏赠看花诸君子》诗"紫陌红尘

拂面来,无人不道看花回"。"十里"或作"千里",唐薛逢《开元后乐》有"邠王玉笛三更咽,虢国金车十里香",从典故和事理逻辑来看,"十里"更恰当一些。香车,"宝马""香车"常相对仗,香车是用香木做的车,泛指华美的车或轿。翠钿,是用翠玉制成的首饰,也指佩戴翠钿首饰的佳人。平仄上,上联是仄仄平平,仄平仄仄平平仄;下联是仄平仄仄,仄仄平平仄仄平。十,《广韵》"是执切",入声。钿,今读tián、diàn二音;按照王力《古汉语字典》,古亦有平、去二读,平声读"徒年切",意为形状如花朵的首饰,用金银宝石等镶成,去声读"堂练切",意思是"用金银珠宝贝壳等镶嵌的器物"。"翠钿"之"钿"当读平声。语法上,"斗草青郊"对"看花紫陌",是动补结构,蒙下省去了指人的主语;"草""花"是宾语,"青郊""紫陌"充当补语。"几行宝马嘶金勒"与"十里香车拥翠钿"相对,都是主谓结构。

【译文】

轻和重相对,脆和坚相对。

碧玉和青钱相对。

孟郊清寒的诗风和贾岛瘦硬的诗风相对,酒圣杜康和诗仙李白相对。

倚着玉树临风的人物,踏着雕金莲花的地板。

开凿井水和耕种田地相对。

杜甫在清宵独立,边韶在白天高卧。

月亮将影子投入酒杯中,豪饮的酒客毫不犹豫吞下杯底之月;湖水倒映着蓝蓝的天空,迷醉的游人不知不觉跌进水中之天。

贵族男子们在春天的郊外斗草游戏,他们的坐骑宝马对着他们萧萧嘶鸣;戴着翠钿的佳人在京城的郊野赏花,排了十里远的香车把她们围在中间。

其三

吟对咏，授对传^①。

乐矣对凄然^②。

凤鹏对雪雁，董杏对周莲^③。

春九十，岁三千^④。

钟鼓对管弦^⑤。

入山逢宰相，无事即神仙^⑥。

霞染武陵桃淡淡，烟荒隋苑柳绵绵^⑦。

七碗月团，啜罢清风生腋下；三杯云液，饮余红雨晕腮边^⑧。

【注释】

①吟对咏，授对传（chuán）：吟、咏同义，都是诵读或者创作诗歌的意思。授、传也同义，把知识、技艺等教给他人。平仄上，"吟""传"读平声，"咏""授"读仄声。语法上，四个词语都是动词。

②乐（lè）矣对凄（qī）然：乐矣，出自《左传·昭公元年》"不忧何成，二子乐矣"。矣，语气词，相当于今天的"了"。凄然，悲伤的样子，《庄子·渔父》"客凄然变容"。平仄上，"乐矣"是仄仄，"凄然"是平平。语法上，二者都是表情绪、心理活动的动词带一个虚字组合而成。

③凤鹏对雪雁，董杏对周莲：凤鹏，典出《庄子·逍遥游》："北冥有鱼，其名为鲲。鲲之大，不知其几千里也。化而为鸟，其名为鹏。鹏之背，不知其几千里也。怒而飞，其翼若垂天之云。是鸟也，海运则将徙于南冥。南冥者，天池也。《齐谐》者，志怪者也。《谐》之言曰：'鹏之徙于南冥也，水击三千里，抟扶摇而上者九万

里，去以六月息者也。'"庄子笔下的大鹏，背都有几千里大，它要飞起来，必须依靠海上大风的力量，环绕着旋风冲上九万里之高。宋李清照《渔家傲》有"九万里风鹏正举。风休住，蓬舟吹取三山去"的句子，亦化用此典，后以"风鹏"比喻得势时有作为的人。雪雁，羽毛洁白，故名。董杏，指三国吴董奉的典故，据晋葛洪《神仙传》载："董奉者，字君异，侯官县人也。昔吴先主时，有年少作本县长，见君异年三十余，不知有道也。罢去五十余年，复为他职。行经侯官，诸故吏人皆往见故长。君异亦往，颜色如昔。"董奉有长生不老之术，有人年少的时候见过他，过五十年再见，发现他容颜如旧。董奉医术高明，能起死回生。"又君异居山间为人治病，不取钱物，使人重病愈者，使栽杏五株，轻者一株。如此数年，计得十万余株，郁然成林……"他给人治病，不收取钱财，只让人栽种五棵杏树。后因以"杏林"代指良医，并以"杏林春满""誉满杏林"等称颂医术高明。周莲，指的是宋周敦颐的典故。周敦颐，北宋哲学家。他曾撰写《爱莲说》："水陆草木之花，可爱者甚蕃。晋陶渊明独爱菊。自李唐来，世人甚爱牡丹。予独爱莲之出淤泥而不染，濯清涟而不妖，中通外直，不蔓不枝，香远益清，亭亭净植，可远观而不可亵玩焉。"故此称"周莲"。平仄上，"风鹏"是平平，"雪雁"是仄仄；"董杏"是仄仄，"周莲"是平平。语法上，四个词都是定中结构。

④春九十，岁三千：春九十，是指春天有三个月，共九十天，明张适《雨窗独酌》有"一春九十浑风雨，百里桑麻苦战争"。岁三千，典故出自《汉武故事》："东郡送一短人，长五寸，衣冠具足。上疑其精，召东方朔至。朔呼短人曰：'巨灵，阿母还来否？'短人不对。因指谓上：'王母种桃，三千年一结子。此儿不良，已三过偷之，失王母意，故被谪来此。'上大惊，始知朔非世中人也。短人谓上曰：'王母使人来告陛下，求道之法，惟有清净，不宜躁扰。'言终

弗见,上愈恨,召朔问其道。朔曰:'陛下自当知。'上以其神人,不敢逼也。"故事中说王母所种之桃,三千年才结一次果实,而东方朔已经偷过三次,故而被贬谪到人间。清梁章钜《楹联丛话》中所搜集的广济寺牌坊上的对联与此类似:"算永东华,若木光腾春九十;祥开南极,蟠桃花放岁三千。"平仄上,"春九十"是平仄仄,"岁三千"是仄平平。十,《广韵》"是执切",入声。语法上,两个词语都是主谓结构,谓语皆由数词充当。

⑤钟鼓对管弦:钟鼓,钟和鼓,古代礼乐器,亦借指音乐。《诗经·周南·关雎》有"参差荇菜,左右采之。窈窕淑女,琴瑟友之。参差荇菜,左右芼之。窈窕淑女,钟鼓乐之"。管弦,管乐器与弦乐器,亦泛指乐器。《淮南子·原道训》有"夫建钟鼓,列管弦","钟鼓""管弦"相对。平仄上,"钟鼓"是平仄,"管弦"是仄平。语法上,二者都是并列结构。

⑥入山逢宰相,无事即神仙:上联典出《南史·陶弘景传》的记载,"陶弘景,字通明,丹阳秣陵人也","至十岁,得葛洪《神仙传》,昼夜研寻,便有养生之志"。"永明十年,脱朝服挂神武门,上表辞禄。诏许之,赐以束帛,敕所在月给伏苓五斤,白蜜二升,以供服饵","于是止于句容之句曲山……乃中山立馆,自号华阳陶隐居",遍历名山,寻访仙药。"武帝既早与之游,及即位后,恩礼愈笃,书问不绝,冠盖相望","帝使造年历,至己巳岁而加朱点,实太清三年也。帝手敕招之,锡以鹿皮巾。后屡加礼聘,并不出","国家每有吉凶征讨大事,无不前以咨询。月中常有数信,时人谓为山中宰相"。南朝梁时陶弘景,好求仙访道,弃官归隐之后,梁武帝仍屡次礼聘,国家有大事也找他一一咨询,故而当时人称他为"山中宰相"。下联出自宋王炎的《临江仙》"拂衣归去好,无事即神仙"。"无事即神仙",这是隐逸之士常持的一种观念。平仄上,上联是仄平平仄仄,下联是平仄仄平平。即,《广韵》"子力

切"，入声。语法上，两句皆是连谓结构，表示连续发生的动作行为，由两个结构组成，"入山"对"无事"，"逢宰相"对"即神仙"。上下联在整体结构上基本对仗，但在词语细节上，反而不似普通的对联那么工整，如位移动词"入"和存现动词"无"相对，事物名词"山"和表泛义的"事"相对，行为动词"逢"和副词"即"相对，都算不上工整。这种情况在《笠翁对韵》里是很少出现的。

⑦霞染武陵桃淡淡，烟荒隋苑柳绵绵：上联典出晋陶渊明《桃花源记》："晋太元中，武陵人捕鱼为业。缘溪行，忘路之远近。忽逢桃花林，夹岸数百步，中无杂树，芳草鲜美，落英缤纷。"后来人们用"世外桃源"来指不受外界影响或理想中的美好社会。霞染，或作"霞映"，语义、格律和语法上，皆通。隋苑，隋炀帝时所建之园，又名西苑。唐薛逢《送卢缄归扬州》有"关河日暮望空极，杨柳渡头人独归。隋苑荒台风袅袅，灞陵残雨梦依依"。绵绵，形容柔软无力的样子。平仄上，上联是平仄仄平平仄仄，下联是平平平仄仄平平。语法上，"霞染武陵"对"烟荒隋苑"，"桃淡淡"对"柳绵绵"，都是主谓结构。"染"与"荒"相对，"荒"用如使动，霞光把武陵染成红色，烟雾使得隋苑荒凉；"霞""烟"本是无生事物，作者用"染""荒"两个词语使得它们仿佛有了生命。

⑧七碗月团，啜（chuò）罢清风生腋（yè）下；三杯云液，饮余红雨晕（yùn）腮边：上联用的是唐卢仝的典故，其《走笔谢孟谏议寄新茶》诗为："日高丈五睡正浓，军将打门惊周公。口云谏议送书信，白绢斜封三道印。开缄宛见谏议面，手阅月团三百片。闻道新年入山里，蛰虫惊动春风起。天子须尝阳羡茶，百草不敢先开花。仁风暗结珠琲瓃，先春抽出黄金芽。摘鲜焙芳旋封裹，至精至好且不奢。至尊之余合王公，何事便到山人家。柴门反关无俗客，纱帽笼头自煎吃。碧云引风吹不断，白花浮光凝碗面。一碗喉吻润，两碗破孤闷。三碗搜枯肠，唯有文字五

千卷。四碗发轻汗，平生不平事，尽向毛孔散。五碗肌骨清，六碗通仙灵。七碗吃不得也，唯觉两腋习习清风生。"其中"一碗喉吻润，两碗破孤闷"至"七碗吃不得也，唯觉两腋习习清风生"这部分内容被称为"七碗茶歌"。月团，团茶的一种。啜，饮的意思。人们常用"清风生腋下""两腋生风"形容饮了好茶之后飘飘欲仙、非常舒爽的状态。三杯云液，元仇远《饮陆静复山房分韵得时字》"三杯云液花前酌，一曲琼箫竹下吹"。云液，本指雨水、露水，亦指泉水；也是古代扬州名酒，唐白居易《对酒闲吟赠同老者》"云液洒六腑，阳和生四肢"。红雨，指落在红花上的雨，唐孟郊《同年春燕》"红雨花上滴，绿烟柳际垂"；女子脸上有胭脂，泪落亦如红雨，从而比喻女子落泪，如宋周邦彦《虞美人》有"灯前欲去仍留恋，肠断朱扉远。未须红雨洗香腮，待得蔷薇花谢、便归来"。此联中的"红雨"当指酒后肤色变红的样子。晕，因饮酒或害羞脸上泛起淡红色，宋李居仁《水龙吟·白莲》"酒晕全消，粉痕微渍，色明香莹"；晕腮边，指喝了酒之后，腮上脸色变红的样子，出自宋苏轼《定风波》有"两两轻红半晕腮"。平仄上，上联是仄仄仄平，仄仄平平平仄仄；下联是平平平仄，仄平平仄仄平平。七，《广韵》"亲吉切"，入声。语法上，前半句"七碗月团""三杯云液"相对，都是定中结构；后半句"啜罢清风生腋下""饮余红雨晕腮边"相对，都是状中结构，"啜罢""饮余"表时间，"清风生腋下""红雨晕腮边"都是主谓结构。后半句是陈述饮完"七碗月团""三杯云液"之后的感受。

【译文】

吟和咏相对，授和传相对。

快乐和哀凄相对。

凭风的大鹏与雪白的大雁相对，董君异的杏林和周敦颐的莲花相对。

春天三月共有九十日,仙桃结果一次三千年。

钟鼓和管弦相对。

山中能遇陶宰相,逍遥自在似神仙。

晚霞映照着桃花源,桃花淡淡;烟雾缭绕于隋苑内,柳枝绵绵。

喝下七碗月团茶,两腋凉风习习;饮罢三杯云液酒,腮边红晕朵朵。

其四

中对外,后对先①。

树下对花前②。

玉树对金屋,叠嶂对平川③。

孙子策,祖生鞭④。

盛席对华筵⑤。

醉解知茶力,愁消识酒权⑥。

彩剪芰荷开冻沼,锦妆凫雁泛温泉⑦。

帝女衔石,海中遗魄为精卫;蜀王叫月,枝上游魂化杜鹃⑧。

【注释】

①中对外,后对先:"中"是里面,"外"是外面,是一对反义词。"后""先"表后面、前面,也是一对方位相对的词语。平仄上,"中""先"是平声,"外""后"是仄声。语法上,都是方位名词。

②树下对花前:平仄上,"树下"是仄仄,"花前"是平平。语法上,两个词语都是方位短语。

③玉树对金屋,叠嶂(zhàng)对平川:玉树,用珍宝制作的树,《汉武故事》"上(汉武帝)于是于宫外起神明殿九间……前庭植玉树。植玉树之法,葺珊瑚为枝,以碧玉为叶,花子或青或赤,悉以珠玉为之"。汉武帝所种的玉树,是用珊瑚为枝、碧玉为叶,还用各

种颜色的珠玉做成果实或花朵，非常珍贵。金屋，汉武帝有金屋藏娇的典故，也出自《汉武故事》："帝以乙酉年七月七日生于猗兰殿。年四岁，立为胶东王。数岁，长公主嫖抱置膝上，问曰：'儿欲得妇不？'胶东王曰：'欲得妇。'长主指左右长御百余人，皆云不用。末指其女问曰：'阿娇好不？'于是乃笑对曰：'好！若得阿娇作妇，当作金屋贮之也。'"汉武帝刘彻四岁的时候，他的姑姑刘嫖问他："你想娶媳妇吗？"他说"想"，并且说："如果让阿娇做媳妇，我要做一个金屋给她。"叠嶂，重叠的山峰，南朝梁武帝《直石头诗》"夕池出濠渚，朝云生叠嶂"，今常说"重峦叠嶂"；嶂，耸立如屏障的山峰。平川，广阔平坦之地，今人常说"一马平川"。平仄上，"玉树"是仄仄，"金屋"是平仄；"叠嶂"是仄仄，"平川"是平平。屋，《广韵》"乌谷切"，入声；叠，《广韵》"徒协切"，入声。故而"玉树""金屋"第二个字平仄相同，失对。语法上，"玉树""金屋""叠嶂""平川"都是名词相对，都是定中结构。

④孙子策，祖生鞭：孙子，一般指春秋时的军事家孙武，他用兵如神，著有《孙子兵法》一书。根据《史记·孙子吴起列传》记载，"孙子武者，齐人也。以兵法见于吴王阖庐。阖庐曰：'子之十三篇，吾尽观之矣，可以小试勒兵乎？'对曰：'可。'阖庐曰：'可试以妇人乎？'曰：'可。'于是许之。"孙武带上自己的兵书去见吴王阖庐，用宫中美女试演兵法，得到了赏识，"于是阖庐知孙子能用兵，卒以为将。西破强楚，入郢，北威齐晋，显名诸侯，孙子与有力焉"。孙武死后，一百多年，又有孙膑，也是一个军事家，著有《孙膑兵法》，孙膑亦可称孙子。策，本义是驱赶骡马役畜的鞭棒，后也指书简、计策等。此指后一个意义，但这里借前一个意义与下联"鞭"构成对仗，此为借对。祖生鞭，也叫"祖逖鞭"，出自《世说新语·赏誉下》"刘琨称祖车骑为朗诣"，刘孝标注引晋虞预《晋书》曰："刘琨与亲旧书曰：'吾枕戈待旦，志枭逆虏，常恐

祖生（指祖逖）先吾着鞭耳。'"后因以"祖生鞭"为勉人努力进取的典故，唐李白《赠宣城宇文太守兼呈崔侍御》"多逢剿绝儿，先着祖生鞭"。平仄上，"孙子策"是平仄仄，"祖生鞭"是仄平平。语法上，两个词语都是定中结构。

⑤盛席对华筵（yán）：盛席，就是盛宴、盛筵，古代"筵""席"同义，都是指宴席的意思。华筵，丰盛的筵席，唐杜甫《刘九法曹郑瑕丘石门宴集》诗"能吏逢联璧，华筵直一金"。平仄上，"盛席"是仄仄，"华筵"是平平。席，《广韵》"祥易切"，入声。语法上，二者都是定中结构。

⑥醉解知茶力，愁消识酒权：茶可以醒酒，唐朱庆馀《秋宵宴别卢侍御》"绿茗香醒酒，寒灯静照人"，故而上联说"醉解知茶力"。愁消识酒权，当化用自唐郑谷《中年》"情多最恨花无语，愁破方知酒有权"。古人常用酒来消愁解忧，如三国魏曹操《短歌行》"何以解忧？唯有杜康"，唐李白《宣州谢朓楼饯别校书叔云》"抽刀断水水更流，举杯消愁愁更愁"。酒权，称酒的秤，唐元稹《酬窦校书二十韵》"尘土抛书卷，枪筹弄酒权"，此当指酒的威力、效用。平仄上，上联是仄仄平平仄，下联是平平仄仄平。识，《广韵》"赏职切"，入声。语法上，"醉解"与"愁消"是主谓结构相对，一"解"一"消"皆表示完成，这里有表示时间的意味，酒醉醒了之后，烦愁消除之后；"知茶力""识酒权"是动宾结构，主语指人，省去，这在诗文中很常见。此联对仗很工整。

⑦彩剪芰（jì）荷开冻沼（zhǎo），锦妆凫（fú）雁泛温泉：上联说的是隋炀帝的典故。明诸圣邻等著《秦王逸史》言曰："大业十二年，隋炀帝荒淫失政，亲信谗邪，疏弃忠直，大兴宫室，取天下名花异卉，奇兽珍禽，充满苑囿。至秋冬，以五色绫锦，剪成花叶，缀于枝条，常如阳春之艳丽。沼内亦剪彩为菱荷。每遇月明之夕，从宫女数千骑，游玩西苑，作清夜之曲，于马上奏之。自长安至江都，

置离宫四十余所,造龙舟往来游幸。酣歌宴乐,殆无虚日。胡会诗云:千里长河一旦开,亡隋波浪九天来。"隋炀帝非常荒淫,大兴土木,到处搜罗奇花异草,充斥于宫廷苑囿之中。他在秋冬万物凋零的时候,用锦绣绫罗做成花叶,缀在枝头上,看起来像阳春三月一般景色绮丽。连池沼内的荷花,也是用彩缎制作而成。芰荷,指菱叶与荷叶。下联典故出自唐郑处诲《明皇杂录》的记载:"玄宗幸华清宫,新广汤池,制作宏丽。安禄山于范阳以白玉石为鱼龙凫雁,仍为石梁及石莲花以献,雕镌巧妙,殆非人工。上大悦,命陈于汤中,又以石梁横亘汤上,而莲花才出于水际。上因幸华清宫,至其所,解衣将入,而鱼龙凫雁皆若奋鳞举翼,状欲飞动。上甚恐,遽命撤去,其莲花至今犹存。"唐玄宗时,安禄山为了讨好皇帝,用白玉石雕琢了鱼龙凫雁等物品进献,唐玄宗命人放在温泉之中,由于那些鱼龙凫雁太过栩栩如生,竟然似乎像要游动或飞舞起来。皇帝感到十分惊恐,赶紧命人撤去了。凫雁,指野鸭与大雁。平仄上,上联是仄仄仄平平仄仄,下联是仄平平仄仄平平。语法上,上下联都是主谓结构。主语"彩剪芰荷"对"锦妆凫雁",都是定中结构,"彩剪""锦妆"两个状中结构作定语;谓语部分"开冻沼""泛温泉"都是动补短语,"冻沼""温泉"都是定中结构表处所,以两个反义的形容词充当定语。有的版本"冻沼"作"东沼",误。作者在这副对联里巧运匠心,因为"冻沼"和"温泉"中其实本来是不可能出现"芰荷"和"凫雁"的,他借这种反常现象讽刺了隋炀帝和唐玄宗的荒淫。如果改成"东沼",则不但与典不合,而且在用词、格律、格局等方面要逊色很多了。

⑧帝女衔石,海中遗魄(pò)为精卫;蜀(shǔ)王叫月,枝上游魂化杜鹃:上联说的是精卫填海的典故,《山海经·北山经》载:"又北二百里曰发鸠之山。其上多柘木。有鸟焉,其状如乌,文首、白

喙、赤足，名曰精卫，其名自詨。是炎帝之少女，名曰女娃。女娃游于东海，溺而不返，故为精卫。常衔西山之木石，以堙于东海。漳水出焉，东流注于河。"帝女，精卫是炎帝的女儿，故称。她在东海游泳的时候淹死了，于是就化为精卫鸟，口衔西山的木石去填东海。晋陶渊明《读山海经》有"精卫衔微木，将以填沧海"。下联说的是望帝的典故，《华阳国志·蜀志》载："后有王曰杜宇，教民务农，一号杜主。时朱提有梁氏女，利游江源，宇悦之，纳以为妃。移治郫邑，或治瞿上。七国称王杜宇，称帝号曰望帝，更名蒲卑。自以功德高诸王，乃以褒斜为前门，熊耳、灵关为后户，玉垒、峨眉为城郭，江、潜、绵、洛为池泽，以汶山为畜牧，南中为园苑。会有水灾，其相开明决玉垒山以除水害。帝遂委以政事，法尧、舜禅授之义，遂禅位于开明，帝升西山隐焉。时适二月，子鹃鸟鸣，故蜀人悲子鹃鸟鸣也。巴亦化其教而力农务，迄今巴、蜀民农时先祀杜主君。"杜宇是战国末期人，在蜀称帝，号望帝。他为蜀地消除水患。禅位退隐之后，蜀人非常思念他。当时是二月子规（杜鹃）啼鸣之时，人们认为他的魂魄化为子规，故名之为杜宇。唐李商隐《锦瑟》有"庄生晓梦迷蝴蝶，望帝春心托杜鹃"之句。平仄上，上联是仄仄平仄，仄平平仄平平仄；下联是仄平仄仄，平仄平平仄仄平。石，《广韵》"常隻切"，入声。上下联的第四字平仄相同，失对。琅环阁藏本"石"作"山"，不失对；然不合逻辑与典故，精卫不当衔山，故本书不从。语法上，"帝女衔石"对"蜀王叫月"，皆是主谓结构；"海中遗魄为精卫"对"枝上游魂化杜鹃"，也是主谓结构，其主语"海中遗魄"对应上文之"帝女"，"枝上游魂"对应上文之"蜀王"，它们的定语"遗""游"都是动词，形容魂魄的状态，有游荡无依、徘徊萦绕之态，对得很巧妙。

【译文】

中和外相对,后和先相对。

树下和花前相对。

玉树和金屋相对,叠嶂和平川相对。

孙子的兵法,祖逖的鞭子。

盛大的宴席和丰盛的酒会相对。

醒酒之后方体会茶的功效,消愁之时始知晓酒的威力。

用彩绸剪的荷花开放在冬天结了冰的池沼之中,用锦缎装扮的水鸟浮游于热气腾腾的温泉之上。

炎帝的女儿溺死在大海里,魂魄化为精卫日日衔着石头去填海;蜀王杜宇禅位后隐居西山,死后变成杜鹃夜夜在枝头对月鸣叫。

二　萧

【题解】

“萧”是“平水韵”中下平声的第二韵部。

“萧”在《广韵》中作“苏彫切”,平声,萧韵。

《笠翁对韵》中所用到的韵脚字有瓢、妖、绡、朝、腰、箫、烧、潮、霄、韶、苗、萧、镳、蕉、樵、瑶、桡、遥、桥、消等20个,《声律启蒙》中用到的有骄、遥、谣、雕、消、朝、潇、桥、昭、韶、瑶、腰、瓢、箫、娇、摇、晁、宵、苗、髫、鸮等21字。其中有10个韵脚字是两书共用的:瓢、朝、腰、箫、韶、苗、瑶、遥、桥、消。《笠翁对韵》中用到而《声律启蒙》没有用到的有10字:妖、绡、烧、潮、霄、萧、镳、蕉、樵、桡。《声律启蒙》中用到而《笠翁对韵》没有用到的有11字:骄、谣、雕、潇、昭、娇、摇、晁、宵、髫、鸮。

其一

琴对笛,釜对瓢[①]。

水怪对花妖②。

秋声对春色,白缣对红绡③。

臣五代,事三朝④。

斗胆对弓腰⑤。

醉客歌金缕,佳人吹紫箫⑥。

风定落花闲不扫,霜余残叶湿难烧⑦。

千载兴周,尚父一竿投渭水;百年霸越,钱王万弩射江潮⑧。

【注释】

① 琴对笛,釜(fǔ)对瓢(piáo):釜,古炊器,古有"瓦釜雷鸣""破釜沉舟"等成语。平仄上,"琴""瓢"是平声,"笛""釜"是仄声。笛,《广韵》"徒历切",入声。语法上,"琴""笛"是乐器名词,"釜""瓢"都是厨房用具名词。

② 水怪对花妖:水怪,水中的怪物,晋木华《海赋》"其垠则有天琛水怪,鲛人之室"。花妖,花的精怪。平仄上,"水怪"是仄仄,"花妖"是平平。语法上,两个词语都是定中结构。

③ 秋声对春色,白缣(jiān)对红绡(xiāo):秋声,指秋天自然界的声音,如风声、落叶声、虫鸟声等。宋欧阳修有《秋声赋》,文章的第一段以诸多比喻描写了秋声的澎湃激越:"欧阳子方夜读书,闻有声自西南来者,悚然而听之,曰:'异哉!'初淅沥以萧飒,忽奔腾而砰湃,如波涛夜惊,风雨骤至。其触于物也,鏦鏦铮铮,金铁皆鸣;又如赴敌之兵,衔枚疾走,不闻号令,但闻人马之行声。余谓童子:'此何声也?汝出视之。'童子曰:'星月皎洁,明河在天,四无人声,声在树间。'"春色,春天的景色,宋叶绍翁《游园不值》"春色满园关不住,一枝红杏出墙来"。白缣,白色的细绢,明王

叔承《仲昭约明岁游天台雁荡先以逍遥衣见赠作张公善权二洞歌酬之》"苕川小范同我袍,白缣裁寄湖州雪";缣,双丝织的浅黄色细绢。红绡,红色薄绸,唐白居易《琵琶行》"五陵年少争缠头,一曲红绡不知数";绡,薄的生丝织品,轻纱。平仄上,"秋声"是平平,"春色"是平仄;"白缣"是仄平,"红绡"是平平。白,《广韵》"傍陌切",入声。"白缣""红绡"第二字平仄相同,失对。语法上,四个词语都是定中结构。

④臣五代,事三朝(cháo):臣五代,说的是五代时冯道的典故,他历仕后唐、后晋、后汉、后周四朝,其间还向辽太宗称臣,始终担任将相、三公、三师之位。后人对他这种行为颇有非议,《明实录·太祖实录》第五部分道:"盖臣之事君,犹女之适人,一与之醮,终身不改。事君之道,一食其禄,终身无二。昔冯道历仕五代,司马光曰:'不正之女,中士羞以为室;不正之士,中君羞以为臣。'"事三朝,"朝"这里指的是一代帝王的统治时期。历史上事三朝的人很多,比如《旧唐书》"故左仆射、齐国公魏元忠,代洽人望,时称国良。历事三朝,俱展诚效",《宋史》"以公亮逮事三朝,既加优礼,仍给见任支赐"等等。平仄上,"臣五代"是平仄仄,"事三朝"是仄平平。语法上,两个都是动宾结构。"臣""事"在这里都是名词作动词用法:"臣五代"就是做五代之臣,"事三朝"就是给三朝做事。

⑤斗(dǒu)胆对弓腰:斗胆,形容胆子如斗一样大。《三国志·蜀书·姜维传》"维妻子皆伏诛",裴松之注引晋郭颁《魏晋世语》"维死时见剖,胆如斗大"。弓腰,谓向后弯腰及地如弓形,唐段成式《酉阳杂俎·诺皋记上》:"元和初,有一士人,失姓字,因醉卧厅中。及醒,见古屏上妇人等,悉于床前踏歌。歌曰:'长安女儿踏春阳,无处春阳不断肠。舞袖弓腰浑忘却,蛾眉空带九秋霜。'其中双鬟者问曰:'如何是弓腰?'歌者笑曰:'汝不见我作弓腰乎!'乃反首,髻及地,腰势如规焉。"这里的弓腰类似今之所谓"下

腰",上身尽力向后弯曲,手着地,形体如拉满之弓。平仄上,"斗胆"是仄仄,"弓腰"平平。语法上,两个都是工具名词和身体部位名词组合起来的词语,细节构成上是可以对仗的。但从整体结构上来看的话,前者是定中结构,后者是动宾结构;前者是名词,后者是动词,并不对仗。

⑥醉客歌金缕(lǚ),佳人吹紫箫(xiāo):醉客,指喝醉酒的人或好饮酒的人。金缕,本指金缕衣,此指曲调《金缕曲》《金缕衣》,唐罗隐《金陵思古》"绮筵《金缕》无消息,一阵征帆过海门"。紫箫,出自唐罗隐《金陵思古》"高洞紫箫吹梦想,小窗残雨湿精魂"。今本多作"品玉箫",亦可。平仄上,上联是仄仄平平仄,下联是平平平仄平。语法上,两句都是主谓结构。

⑦风定落花闲不扫,霜余残叶湿难烧:有很多诗文中出现"落花闲不扫",比如唐温庭筠《春晓曲(一作齐梁体)》有"笼中娇鸟暖犹睡,帘外落花闲不扫",宋邵棠《怀隐居》"花落东风闲不扫,莺啼晓日醉犹眠"等。霜余残叶湿难烧,人们有时候会用秋天的落叶烧火煮酒,比如唐白居易《送王十八归山寄题仙游寺》"林间暖酒烧红叶,石上题诗扫绿苔",元马致远《双调·夜行船》"带霜烹紫蟹,煮酒烧红叶"。平仄上,上联是平仄仄平平仄仄,下联是平平平仄仄平平。湿,《广韵》"失入切",入声。语法上,"风定""霜余"表时间,风住之后,霜降之余,作状语。"落花闲不扫""残叶湿难烧"都是主谓结构,谓语部分"闲不扫""湿难烧"都是状中结构:状语"闲"指向人,人闲而偏不扫落花;"湿"则指向叶,叶因湿而难以燃烧。

⑧千载兴周,尚父(fǔ)一竿投渭(wèi)水;百年霸越,钱王万弩(nǔ)射江潮:上联说的是姜太公的典故,《史记·齐太公世家》:"太公望吕尚者,东海上人。其先祖尝为四岳,佐禹平水土甚有功。虞夏之际封于吕,或封于申,姓姜氏。夏商之时,申、吕或封

枝庶子孙，或为庶人，尚其后苗裔也。本姓姜氏，从其封姓，故曰吕尚。吕尚盖尝穷困，年老矣，以渔钓奸周西伯。西伯将出猎，卜之，曰'所获非龙非䲡，非虎非罴；所获霸王之辅'。于是周西伯猎，果遇太公于渭之阳，与语大说，曰：'自吾先君太公曰"当有圣人适周，周以兴"。子真是邪？吾太公望子久矣。'故号之曰'太公望'，载与俱归，立为师。"姜太公就是尚父，他垂钓之时遇到周文王，后来帮助武王打败商纣，分封齐国，辅佐周代兴盛。千载，周从建立到灭亡差不多八百年历史，可以说近千载。下联说的是吴越王钱镠的典故，据《吴越备史》卷二载："初定其基，而江涛昼夜冲激，沙岸板筑不能就。王命强弩五百，以射涛头，又亲筑胥山祠，仍为诗一章，函钥置于海门。其略曰：'为报龙神并水府，钱塘借取筑钱城。'既而潮头遂趋西陵。王乃命运巨石，盛以竹笼，植巨材捍之，城基始定。其重濠累堑，通衢广陌，亦由是而成焉。"传说钱镠在修建捍海塘时，用强弩射击江涛，定下地基；又命令五百强弩，猛射潮头，使得潮头朝向西陵。又命人运来巨石，用竹笼装着，又竖起巨大的木材来稳固它，终于建成城基。宋苏轼《八月十五日看潮五绝》其五曰"安得夫差水犀手，三千强弩射潮低"，自注说"吴越王尝以弓弩射潮头，与海神战，自尔水不进城"，即用此典。百年，吴越王国由钱镠在公元907年所建，至公元978年钱弘俶"纳土归宋"，取其约数，故曰"百年"。弩，用机械发箭的弓。平仄上，上联是平仄平平，仄仄仄平平仄仄；下联是仄平仄仄，平平仄仄仄平平。一，《广韵》"於悉切"，入声。语法上，"千载兴周"对"百年霸越"，都是状中结构；"尚父一竿投渭水""钱王万弩射江潮"相对，都是主谓结构，其谓语部分"一竿投渭水""万弩射江潮"是状中结构。

【译文】

琴和笛相对，锅和瓢相对。

水怪和花妖相对。

秋声和春色相对，白色的细绢和红色的薄绸相对。

做过五代的臣子，侍奉三朝的天子。

胆大如斗，下腰如弓。

醉酒的客人唱着《金缕曲》，美丽的女子演奏动人的箫声。

风吹花落，人虽闲暇而偏不扫落花；霜过叶残，叶子因潮湿而难以燃烧。

周朝兴盛千年，皆因姜太公在渭水垂钓的时候得到文王的重用；吴越称霸百年，与钱镠建捍海塘时用强弩射击江潮的威势有关。

其二

荣对悴，夕对朝^①。

露地对云霄^②。

商彝对周鼎，殷濩对虞韶^③。

樊素口，小蛮腰^④。

六诏对三苗^⑤。

朝天车奕奕，出塞马萧萧^⑥。

公子幽兰重泛舸，王孙芳草正联镳^⑦。

潘岳高怀，曾向秋天吟蟋蟀；王维清兴，尝于雪夜画芭蕉^⑧。

【注释】

①荣对悴（cuì），夕对朝（zhāo）：荣，草木开花，引申为兴盛；悴，枯萎、憔悴，与"荣"相对，唐韩愈《长安交游者赠孟郊》"何能辨荣悴，且欲分贤愚"。"夕""朝"是傍晚和早晨的意思，意义也相对。平仄上，"荣""朝"都是平声，"悴""夕"都是仄声。夕，《广韵》

"祥易切",入声。语法上,"荣""悴"是一对反义形容词,"夕""朝"是具有相对义的时间名词。

②露地对云霄(xiāo):露地,是佛教语,喻三界(欲界、色界、无色界)的烦恼俱尽,处于没有覆蔽的地方,《百喻经》"舍弃而走,到于露地,乃至日暮,亦不肯来"。云霄,天际、高空,也比喻地位高,晋陆云《晋故豫章内史夏府君诔》"明明皇储,叡哲时招。奋厥河浒,矫足云霄"。平仄上,"露地"是仄仄,"云霄"是平平。语法上,两个词语都是表地点的名词。结构上,二者都是表天空气象方面的名词。"露""云"与表示空间位置的"地""霄"相组合,形式上是工整的;然其结构关系实有所不同,"露地"是定中结构,"云霄"是并列结构。

③商彝(yí)对周鼎,殷濩(yīn huò)对虞韶(yú sháo):商彝、周鼎,《诗镜总论》曰"商彝周鼎,洵可珍也"。彝,指盛酒的尊,引申泛指宗庙常用的礼器;鼎,古代炊器,亦多用为宗庙的礼器。商、周,都是朝代名。殷,也是指商代;濩,指汤之乐舞。古代的舞有很多种,相传有所谓"六代乐舞",即黄帝时的《云门》《大卷》,唐尧时的《大咸》,虞舜时的《大磬》,夏禹时的《大夏》,商汤时的《大濩》,周文王、周武王时的《大武》。虞,朝代名,帝舜有天下之号;韶,指《韶》乐,舜时候的音乐,《尚书·益稷》"《箫韶》九成,凤皇来仪",孔传"《韶》,舜乐名"。孔子对《韶》乐的评价很高,《论语·八佾》曰:"子谓《韶》:'尽美矣,又尽善也。'"《论语·述而》又曰:"子在齐闻《韶》,三月不知肉味。曰:'不图为乐之至于斯也!'"平仄上,"商彝"是平平,"周鼎"是平仄;"殷濩"是平仄,"虞韶"是平平。语法上,四个词语都是定中结构。

④樊(fán)素口,小蛮(mán)腰:樊素,唐白居易家的歌妓,白居易《不能忘情吟》序云:"妓有樊素者,年二十余,绰绰有歌舞态,善唱《杨枝》,人多以曲名名之,由是名闻洛下。"小蛮,唐白居易家的舞妓

名。明郎瑛《七修类稿·诗文类》载:"后白居易有爱妓樊素善歌,小蛮善舞,故尝为诗曰:'樱桃樊素口,杨柳小蛮腰。'"平仄上,"樊素口"是平仄仄,"小蛮腰"是仄平平。语法上,二者都是定中结构。

⑤六诏(zhào)对三苗:六诏,唐代位于今云南及四川西南的乌蛮六个部落的总称;诏,为王或首领,其帅有六,因号"六诏"。三苗,古国名,《尚书·舜典》"窜三苗于三危",孔传"三苗,国名,缙云氏之后,为诸侯,号饕餮"。平仄上,"六诏"是仄仄,"三苗"是平平。语法上,两个词语都是名词,定中结构。

⑥朝(cháo)天车奕奕(yì),出塞(sài)马萧萧(xiāo):上联当化自唐苏颋《敬和崔尚书大明朝堂雨后望终南山见示之作》"奕奕轻车至,清晨朝未央"。奕奕,形容众多的样子,如唐陈子昂《三月三日宴王明府山亭》"奕奕车骑,粲粲都人"。萧萧,象声词,可以形容各种声音,包括马叫声、风雨声、流水声、草木摇落声、乐器声等等;此处形容马鸣声,最早出自《诗经·小雅·车攻》"萧萧马鸣,悠悠旆旌"。马鸣萧萧,是边塞常见的景象,唐刘禹锡《边风行》"边马萧萧鸣,边风满碛生"。平仄上,"朝天车奕奕"是平平平仄仄,"出塞马萧萧"是仄仄仄平平。出,《广韵》"赤律切",入声。语法上,两句都是主谓结构:主语是"朝天车""出塞马",都是定中结构,"朝天""出塞"是动宾结构充当定语;谓语部分"奕奕""萧萧"都是形容性的重叠语。

⑦公子幽兰重(chóng)泛舸(gě),王孙芳草正联镳(biāo):上联的典故出自战国屈原《湘夫人》"沅有芷兮澧有兰,思公子兮未敢言"。公子,先秦本指诸侯之子,后泛指贵族子弟。幽兰,兰花,《楚辞·离骚》"户服艾以盈要兮,谓幽兰其不可佩";常由君子佩戴,用以形容品格高洁,晋陶渊明《饮酒·幽兰生前庭》"幽兰生前庭,含薰待清风"。舸,大船,《方言》第九"南楚、江、湘,凡船大者谓之舸"。下联的典故出自《楚辞·招隐士》:"王孙游兮不

归,春草生兮萋萋。"王孙,周王之孙,后泛指贵族子弟,唐王维《山居秋暝》有"随意春芳歇,王孙自可留",唐白居易《赋得古原草送别》中有"又送王孙去,萋萋满别情"。联镳,犹联鞭,唐权德舆《酬崔千牛四郎早秋见寄》"联镳长安道,接武承明宫",指一起骑马出行。平仄上,上联是平仄平平平仄仄,下联是平平平仄仄平平。语法上,上下联都是主谓结构。

⑧潘(pān)岳高怀,曾向秋天吟蟋蟀(xī shuài);王维清兴,尝于雪夜画芭蕉(bā jiāo):潘岳,字安仁,西晋文学家,他的《秋兴赋》有"熠耀粲于阶闼兮,蟋蟀鸣乎轩屏"的句子。王维,字摩诘,唐朝著名诗人、画家,他画有《袁安卧雪图》。《梦溪笔谈·书画》载:"如彦远《画评》,言王维画物多不问四时,如画花往往以桃、杏、芙蓉、莲花同画一景。予家所藏摩诘画《袁安卧雪图》有雪中芭蕉,此乃得心应手,意到便成,故适理入神,迥得天意,此难可与俗人论也。"王维绘画不考虑季节的问题,他在一幅《袁安卧雪图》里画出了雪中芭蕉之景。实际上芭蕉是不耐寒的植物,按理说是不大可能在下雪的时候看到的。此联曰"尝于雪夜画芭蕉",和典故原意有所不同。平仄上,上联是平仄平平,平仄平平平仄仄;下联是平平平仄,平平仄仄仄平。蟋,《广韵》"息七切",入声。语法上,"潘岳高怀""王维清兴"相对,都是定中结构;"曾向秋天吟蟋蟀""尝于雪夜画芭蕉"相对,都是状中结构,状语"曾"对"尝"都是副词、"向秋天"对"于雪夜"都是介宾结构,谓语中心"吟蟋蟀""画芭蕉"都是动宾结构。

【译文】

兴盛和枯萎相对,黄昏和清晨相对。

露地和云霄相对。

商朝的彝和周代的鼎相对,殷朝的濩乐和虞舜的韶乐相对。

樊素优美的歌喉,小蛮善舞的腰肢。

六诏和三苗相对。

朝见天子的车马络绎不绝，出塞将士的战马萧萧嘶鸣。

佩戴着幽兰，公子泛舟游玩兴致高；茂盛春草中，王孙并辔同游情谊长。

潘岳情怀高远，曾在秋日写赋咏蟋蟀；王维志趣清雅，曾在雪夜作画绘芭蕉。

其三

耕对读，牧对樵^①。

琥珀对琼瑶^②。

兔毫对鸿爪，桂棹对兰桡^③。

鱼贯柳，鹿藏蕉^④。

水远对山遥^⑤。

湘灵能鼓瑟，嬴女解吹箫^⑥。

雪点寒梅横小院，风吹弱柳覆平桥^⑦。

月牖通宵，绛蜡罢时光不减；风帘当昼，雕盘停后篆难消^⑧。

【注释】

①耕对读，牧对樵（qiáo）：渔、樵、耕、读是农耕社会中国常见的四种行业，可以指打鱼、砍柴、耕种、读书四种行为，也指渔夫、樵夫、农夫与书生四种人。牧，放牧、饲养的意思，也指牧人、牧民。平仄上，"耕""樵"是平声，"读""牧"是仄声。读，《广韵》"徒谷切"，入声。语法上，两组词语既可以视为动词，也可以都视为名词。

②琥珀（hǔ pò）对琼瑶（qióng yáo）：琥珀，古代松柏树脂的化石，色淡黄、褐或红褐，晋张华《博物志》卷四"《神仙传》云'松柏脂入地千年化为茯苓，茯苓化为琥珀'，琥珀一名江珠"。琼、瑶，都

是美玉之名。平仄上，"琥珀"是仄仄，"琼瑶"是平平。语法上，"琥珀""琼瑶"都是名词。从其内部结构上看，"琥珀"是联绵词，"琼瑶"是并列结构，严格来说不完全对仗。

③兔毫对鸿爪，桂棹（zhào）对兰桡（ráo）：兔毫，兔毛，《初学记》卷二一引晋王羲之《笔经》："汉时诸郡献兔毫，出鸿都，惟有赵国毫中用。时人咸言兔毫无优劣，管手有巧拙。"鸿爪，大雁的爪子，宋苏轼《和子由渑池怀旧》有"人生到处知何似，应似飞鸿踏雪泥。泥上偶然留指爪，鸿飞那复计东西"，后用"鸿爪"比喻往事留下的痕迹。桂棹，桂木制的划船工具，《楚辞·九歌·湘君》"桂棹兮兰枻，斫冰兮积雪"，宋苏轼《前赤壁赋》："于是饮酒乐甚，扣舷而歌之。歌曰：'桂棹兮兰桨，击空明兮溯流光。渺渺兮予怀，望美人兮天一方。'"棹，船桨。兰桡，小舟的美称，唐太宗《帝京篇》之六"飞盖去芳园，兰桡游翠渚"；桡，船桨。"桂棹""兰桡"经常并提，《乐府诗集·清商曲辞七·采莲曲》"桂棹兰桡下长浦，罗裙玉腕摇轻橹"。有的版本作"桂楫"，"楫"也指划船工具，平仄和语义上亦可通。平仄上，"兔毫"是仄平，"鸿爪"是平仄；"桂棹"是仄仄，"兰桡"是平平。语法上，"兔毫""鸿爪"与"桂棹""兰桡"都是定中短语。

④鱼贯柳，鹿藏蕉：鱼贯柳，古人打到鱼以后用柳枝穿过鱼鳃拎住，故称"鱼贯柳"。古诗中常有此语，如宋王之道《立春日雪和赵端质韵》"撷来野蕨和萱草，分得江鱼贯柳枝"，宋李虞卿诗句亦有"上岭浑如鱼贯柳，下山恰似雁排空"。此句今本多作"鱼潜藻"，然与下联"鹿藏蕉"第二字平仄失对，故本书不取。鹿藏蕉，出自《列子·周穆王》"郑人有薪于野者，遇骇鹿，御而击之，毙之。恐人见之也，遽而藏诸隍中，覆之以蕉，不胜其喜。俄而遗其所藏之处，遂以为梦焉"。郑国有个人在野外砍柴，杀死了一只鹿，怕别人看见，就急忙把它藏起来，用蕉覆盖在上面，后来却忘了藏

哪里了,还以为刚才做了一个梦。平仄上,"鱼贯柳"是平仄仄,"鹿藏蕉"是仄平平。语法上,上下联都是主谓结构:"鱼""鹿"两个动物名词作主语;谓语部分"贯柳""藏蕉"都是动补结构,鱼贯以柳枝,鹿藏于蕉下。

⑤水远对山遥:"山长"与"水远"经常相对,形容路远且坎坷。"山遥"与"山长"类似。平仄上,"水远"是仄仄,"山遥"是平平。语法上,两个词语都是主谓结构。

⑥湘灵能鼓瑟(sè),嬴(yíng)女解吹箫(xiāo):上联出自战国时楚国诗人屈原《楚辞·远游》中的"使湘灵鼓瑟兮,令海若舞冯夷",唐李贤注"湘灵,舜妃,溺于湘水,为湘夫人"。湘灵指的是舜的两位夫人娥皇、女英,在舜帝死后自沉于湘江,故又称湘夫人、湘妃。下联出自《列女传·萧史》:"萧史者,秦穆公时人也。善吹箫,能致孔雀白鹤于庭。穆公有女字弄玉,好之,公遂以女妻焉。日教弄玉作凤鸣,居数年,吹似凤声,凤凰来止其屋。公为作凤台,夫妇止其上,不下数年。一日,皆随凤凰飞去。故秦人为作凤女祠于雍宫中,时有箫声而已。"秦穆公的女儿弄玉喜欢上了善于吹箫的萧史,也跟着一起学。后来二人随凤凰飞走。嬴女,就是指弄玉,秦国公室为嬴姓,所以称"嬴女"。能、解,在这里表示善于、擅长、在某方面比较能的意思。平仄上,上联是平平平仄仄,下联是平仄仄平平。语法上,上下联都是主谓结构。

⑦雪点寒梅横小院,风吹弱柳覆平桥:此联出自唐温庭筠《和道溪君别业》中的"风飘弱柳平桥晚,雪点梅花小院春"。古诗中"雪""梅"经常相提并论,宋卢梅坡《雪梅》其一有"梅雪争春未肯降,骚人阁笔费评章。梅须逊雪三分白,雪却输梅一段香"。"柳"与"桥"也是经常一起出现的意象,如唐温庭筠《春洲曲》"门外平桥连柳堤,归来晚树黄莺啼"。弱柳,柳条柔弱,故有此称。平桥,即咸阳桥,亦名西渭桥,唐温庭筠《走马楼三更曲》"马过平桥通

画堂,虎幡龙戟风悠扬",曾益注"《一统志》:西渭桥在旧长安西,亦曰平桥,唐时名咸阳桥"。平仄上,上联是仄仄平平平仄仄,下联是平平仄仄仄平平。语法上,"雪点寒梅"对"风吹弱柳",都是主谓结构;"横小院"对"覆平桥",皆为动宾结构,宾语表处所,表"横(过)""覆(盖)"的对象。有意思的是,第一个结构的宾语和第二个结构的主语是共用的;分开来说,即是"雪点寒梅,寒梅横小院""风吹弱柳,弱柳覆平桥"。《笠翁对韵》中有不少这样的对联,有一种环环相扣的美感。

⑧月牖(yǒu)通宵(xiāo),绛(jiàng)蜡罢时光不减;风帘当昼,雕盘停后篆(zhuàn)难消:上联可能出自宋蔡伸《生查子》"霜寒月满窗,夜永人无寐。绛蜡有余情,偏照鸳鸯被",描绘了因为月光满窗,故而绛蜡虽然烧残,仍然光照满屋的情形。月牖,透出月光的窗户;牖,窗户,《尚书·顾命》"牖间南向,敷重篾席",孔颖达疏"牖,谓窗也"。绛蜡,红色的蜡烛,宋苏轼《次韵代留别》"绛蜡烧残玉斝飞,离歌唱彻万行啼"。下联典出宋李清照《满庭芳》"篆香烧尽,日影下帘钩"。风帘,指遮蔽门窗的帘子,南朝齐谢朓《和王主簿季哲怨情》"花丛乱数蝶,风帘入双燕"。雕盘,指盘香;篆,盘香为线条之形,篆书线条宛转,故而盘香又叫"篆"。平仄上,上联是仄仄平平,仄仄仄平平仄仄;下联是平平平仄,平平平仄仄平平。语法上,上下联皆有两个结构。"月牖通宵"对"风帘当昼",都是主谓结构。"绛蜡罢时光不减"对"雕盘停后篆难消",都是状中结构;其状语是"绛蜡罢时""雕盘停后",表时间;"光不减""篆难消"是主谓结构,为中心语。上下联的两个结构之间都是因果关系:因牖有月而光不减,风帘遮蔽所以篆难消。

【译文】

耕种和读书相对,放牧和打柴相对。

琥珀和琼瑶相对。

兔毛和鸿爪相对,桂棹和兰桨相对。

鱼用柳枝穿起来,鹿藏在蕉叶之下。

水远和山长相对。

湘妃能弹瑟,弄玉善吹箫。

雪花点点,梅花枝横小院;轻风吹拂,弱柳覆盖平桥。

月光照耀窗户,即便红烛烧尽屋内却依然明亮;门帘白天低垂,雕盘香已燃尽而烟雾仍然缭绕。

三 肴

【题解】

"肴"是"平水韵"中下平声的第三韵部。

"肴"在《广韵》中作"胡茅切",平声,肴韵。

《笠翁对韵》所用到的韵脚字有爻、捎、肴、巢、熬、梢、筲、交、嘲、胶、抛、胞、袍、敲、茅、庖、铙、蛟、郊、胶等20个,《声律启蒙》所用到的韵脚字有爻、蛟、蛸、哮、胶、茅、嘲、交、巢、苞、郊、包、猫、肴、梢、樵、敲、抛等18个。其中两书共同用到的有12个韵脚字:爻、肴、巢、梢、交、嘲、胶、抛、敲、茅、蛟、郊。《笠翁对韵》用到而《声律启蒙》没用到的有8个字:调、熬、筲、胞、袍、庖、铙、嘹。《声律启蒙》用到而《笠翁对韵》中没用到的有6个:蛸、哮、苞、包、猫、樵。其中《笠翁对韵》所用到的"调"属于"二萧"韵部,熬、袍属于"四豪"韵部;而《声律启蒙》所用到的猫、樵也属于"二萧"韵部。

其一

诗对礼,卦对爻①。

燕引对莺捎②。

晨钟对暮鼓,野薇对山肴③。

雉方乳,鹊始巢④。

猛虎对神獒⑤。

疏星浮荇叶,皓月上松梢⑥。

为邦自古推瑚琏,从政于今愧斗筲⑦。

管鲍相知,能结忘形胶漆友;蔺廉有隙,终为刎颈死生交⑧。

【注释】

①诗对礼,卦(guà)对爻(yáo):《诗》《书》《礼》《易》《春秋》并称"五经";诗和礼,分别指《诗经》和"三礼",也可泛指儒家经典,如《庄子·外物》"儒以诗、礼发冢"。卦,《周易》中一套有象征意义的符号,以阳爻、阴爻相配合,每卦三爻,组成八卦(即经卦);八卦互相重叠,组成六十四卦;古代视占卜所得之卦判断吉凶。爻,《周易》中组成卦的符号,分为阳爻和阴爻;爻含有交错和变化之意,《周易·系辞上》"爻者,言乎变者也"。平仄上,"诗""爻"是平,"礼""卦"是仄。语法上,两组都是名词相对,一组是"五经"之名,一组是《周易》象征符号之名。

②燕引对莺捎:引,本义是拉弓的意思,引申为带领、招来等意义。唐诗中常见"燕引雏"的情景描写,如唐元稹《哭子十首》"寂寞空堂天欲曙,拂帘双燕引新雏",唐殷遥《春晚山行》"野花成子落,江燕引雏飞"。莺,又称黄鹂、仓庚等,叫声婉转动听,唐温庭筠《南歌子》"隔帘莺百啭,感君心"。捎,拂掠,《史记·司马相如列传》引《上林赋》"拂鹥鸟,捎凤皇"。"莺捎"的意象也常在诗歌中出现,如清钱谦益《读云林园事略追叙昔游凡一千字》"莺捎帘外花,鹤梳镜中羽"。今本多作"莺调",亦可。古诗文中亦常描写黄莺调舌引吭的情形,如宋陈允平《永遇乐》"玉腕笼寒,翠阑凭

晓，莺调新簧"等。平仄上，"燕引"是仄仄，"莺捎"是平平。语法
上，"燕引""莺捎"都是主谓结构。

③晨钟对暮鼓，野蔌（sù）对山肴（yáo）：古代城邑内有专门放置钟
鼓的楼，用以计时报更，宋孟元老《东京梦华录·车驾宿大庆殿》
"有两楼对峙，谓之'钟鼓楼'，上有太史局生，测验刻漏，每时刻作
鸡唱，鸣鼓一下"。晨钟，清晨的钟声，北周庾信《陪驾幸终南山
和宇文内史》"戍楼鸣夕鼓，山寺响晨钟"；暮鼓，晚间报时的鼓声，
唐王贞白《长安道》诗"晓鼓人已行，暮鼓人未息"。"晨钟""暮
鼓"经常并提或对举。野蔌、山肴，出自宋欧阳修《醉翁亭记》"山
肴野蔌，杂然而前陈者，太守宴也"。野蔌，野地里的蔬菜；山肴，
山间的野味佳肴。平仄上，"晨钟"是平平，"暮鼓"是仄仄；"野
蔌"是仄仄，"山肴"是平平。语法上，两组词语都是定中结构。

④雉（zhì）方乳，鹊始巢：此联出自《礼记·月令》："季冬之月，……
雁北乡，鹊始巢。雉雊，鸡乳。"乳，生子、分娩的意思，《吕氏春
秋·音初》"天大风晦盲，孔甲迷惑，入于民室，主人方乳"，高诱
注"乳，产"；此指鸟产卵，唐王维《晚春严少尹与诸公见过》"鹊
乳先春草，莺啼过落花"。平仄上，"雉方乳"是仄平仄，"鹊始
巢"是仄仄平。语法上，两句都是主谓结构；"巢"在这里是名词
活用为动词，筑巢的意思。

⑤猛虎对神獒（áo）：獒，是一种高大凶猛的狗，《尚书·旅獒》"西旅
献獒"，孔安国传曰"西戎远国贡大犬"。《左传·宣公二年》记载
了晋侯企图利用这种大狗来谋杀大夫赵盾的故事："晋侯饮赵盾
酒……公嗾夫獒焉，明搏而杀之"，杜预注"獒，猛犬也"。平仄
上，"猛虎"是仄仄，"神獒"是平平。语法上，二者都是定中结构。

⑥疏星浮荇（xìng）叶，皓（hào）月上松梢：上联描写天上星星的倒
影映照在水中和荇叶之上的情景，化用了宋舒亶《丑奴儿·次师
能韵》"一池秋水疏星动"和宋陈尧佐《林处士水亭》"冷光浮荇

叶,静影浸鱼竿"的意境。疏星,疏疏落落的星星,宋苏轼《上元侍饮楼上三首呈同列》"淡月疏星绕建章,仙风吹下御炉香"。荇,一种水生草本植物,《诗经·周南·关雎》曰"参差荇菜,左右流之"。下联所描写的月挂松梢的情形,在很多古诗中都出现过,比如唐李白《送杨山人归嵩山》"长留一片月,挂在东溪松"。平仄上,上联是平平平仄仄,下联是仄仄仄平平。语法上,两句都是主谓结构。

⑦为邦自古推瑚琏(hú liǎn),从政于今愧斗筲(dǒu shāo):瑚琏,典故出自《论语·公冶长》:"子贡问曰:'赐也何如?'子曰:'女,器也。'曰:'何器也?'曰:'瑚琏也。'"瑚、琏,皆是宗庙礼器,后来用以比喻治国安邦之才,《魏书·李平传》"实廊庙之瑚琏,社稷之桢干"。下联典故出自《论语·子路》:"子贡问曰:'何如斯可谓之士矣?'子曰:'行己有耻,使于四方,不辱君命,可谓士矣。'曰:'敢问其次。'曰:'宗族称孝焉,乡党称弟焉。'曰:'敢问其次。'曰:'言必信,行必果,硁硁然小人哉!抑亦可以为次矣。'曰:'今之从政者何如?'子曰:'噫!斗筲之人,何足算也?'"斗筲,斗与筲,斗容十升,筲容一斗二升,皆属量小的容器,比喻人的才识短浅、气量狭窄。平仄上,上联是平平仄仄平平仄,下联是平仄平平仄仄平。语法上,上下联都是主谓结构。"为邦""从政"是动宾结构充当主语,"自古推瑚琏""于今愧斗筲"都是状中结构。此联语义、用典、语法结构皆对仗工整。

⑧管鲍(bào)相知,能结忘形胶漆友;蔺(lìn)廉有隙,终为刎(wěn)颈死生交:"管"指管仲,"鲍"指鲍叔牙,二人是春秋时期齐国的贤人。《史记·管晏列传》载:"管仲夷吾者,颍上人也。少时常与鲍叔牙游,鲍叔知其贤。管仲贫困,常欺鲍叔,鲍叔终善遇之,不以为言。已而鲍叔事齐公子小白,管仲事公子纠。及小白立,为桓公,公子纠死,管仲囚焉。鲍叔遂进管仲。管仲既用,任

政于齐，齐桓公以霸，九合诸侯，一匡天下，管仲之谋也。"管仲和鲍叔牙是年少时就交好的朋友。管仲事奉齐公子纠，鲍叔牙事奉齐公子小白。后来公子纠失败，小白当上了齐国国君。鲍叔牙就推荐管仲帮齐桓公打理国事，成就了霸业。管仲当权后，说起二人的友情，"吾始困时，尝与鲍叔贾，分财利多自与，鲍叔不以我为贪，知我贫也。吾尝为鲍叔谋事而更穷困，鲍叔不以我为愚，知时有利不利也。吾尝三仕三见逐于君，鲍叔不以我为不肖，知我不遭时也。吾尝三战三走，鲍叔不以我为怯，知我有老母也。公子纠败，召忽死之，吾幽囚受辱，鲍叔不以我为无耻，知我不羞小节而耻功名不显于天下也。生我者父母，知我者鲍子也"。管仲这段话是"管鲍相知"最好的注脚了。胶漆，胶与漆，比喻事物的牢固结合，也比喻情谊极深、亲密无间，今有成语"如胶似漆"。"蔺"指蔺相如，"廉"指廉颇，二人是战国时期赵国的两位文武大臣。二人的故事出自《史记·廉颇蔺相如列传》，蔺相如本是赵国臣子缪贤的门客，在完璧归赵、渑池会两件事上立下大功，"既罢归国，以相如功大，拜为上卿，位在廉颇之右"。廉颇对此非常不满，扬言要对蔺相如不客气："我为赵将，有攻城野战之大功，而蔺相如徒以口舌为劳，而位居我上，且相如素贱人，吾羞，不忍为之下"，"我见相如，必辱之"。蔺相如听到这样的话，就尽量避开廉颇，不和他争功斗气，他的门客都不服气，蔺相如说："夫以秦王之威，而相如廷叱之，辱其群臣，相如虽驽，独畏廉将军哉？顾吾念之，强秦之所以不敢加兵于赵者，徒以吾两人在也。今两虎共斗，其势不俱生。吾所以为此者，以先国家之急而后私仇也。"原来蔺相如是为了顾全大局，把个人恩怨放在后面，而把国家公利置于最重要的位置。廉颇听说了这样的话，非常羞愧，前去蔺相如门谢罪，"卒相与欢，为刎颈之交"。刎颈，割脖子自杀，《春秋公羊传·宣公六年》"'君将使我杀子，吾不忍杀子也。虽然,吾亦不可复见吾君矣'。遂刎颈而死",何休注"勇士自断头也"。平仄上,上联是仄仄平平,平仄仄平平仄仄;下联是仄平仄仄,平平仄仄仄平平。结,《广韵》"古屑切",入声;漆,《广韵》"亲吉切",入声。今本"结"多作"交",虽然语义无违,但平仄不合,会造成平仄上失替和失对问题。本书不取。语法上,"管鲍相知""蔺廉有隙"相对,都是主谓结构。"能结忘形胶漆友""终为刎颈死生交"相对,都是状中结构,承上省去主语"管鲍""蔺廉";其宾语"忘形胶漆友""刎颈死生交"皆为定中结构。此联共用了"忘形""胶漆""刎颈""死生"四个词语来形容友情之深,语义上颇为重复。

【译文】

诗和礼相对,卦和爻相对。

燕带雏和莺掠拂相对。

晨钟和暮鼓相对,野菜和山肴相对。

野鸡正在产卵,喜鹊开始筑巢。

猛虎和神犬相对。

几点疏疏落落的星光映照在水中的荇叶上,一轮皎洁澄亮的月亮高挂在松柏的树梢上,

从古以来治理国家首推瑚琏之才,至今为止从事政治愧做斗筲之人。

管仲鲍叔牙两两相知,结交为忘形之友;廉颇蔺相如本有嫌隙,终变成生死之交。

其二

歌对舞,笑对嘲①。

耳语对神交②。

焉乌对亥豕,獭髓对鸾胶③。

宜久敬，莫轻抛④。

一气对同胞⑤。

祭遵甘布被，张禄恋绨袍⑥。

花径风来逢客访，柴扉月到有僧敲⑦。

夜雨园中，一颗不凋王子柰；秋风江上，三重曾卷杜公茅⑧。

【注释】

①歌对舞，笑对嘲：平仄上，"歌""嘲"是平声，"舞""笑"是仄声。语法上，"歌""舞""笑""嘲"都是行为动词。

②耳语对神交：耳语，附耳低语，《史记·魏其武安侯列传》"行酒次至临汝侯，临汝侯方与程不识耳语，又不避席"。神交，谓心意投合，也指彼此慕名而未谋面的交谊，元吴师道《和黄晋卿客杭见寄》"十载神交未相识，卧淹幽谷恨羁穷"。平仄上，"耳语"是仄仄，"神交"是平平。语法上，"耳语""神交"都由名词和动词组合起来，都是状中结构，"耳""神"都是交流的方式或渠道。

③焉（yān）乌对亥豕（hài shǐ），獭髓（tǎ suǐ）对鸾（luán）胶：焉乌，"焉""乌（烏）"二字形似，故而借此泛指字形相似而易混淆的汉字，宋代宋祁有《代人乞出表》"辨色立朝，足居多于跛倚；书思记命，目不辨于焉乌"。亦作"乌焉"，《事物异名录·书籍·书讹》引宋董逌《除正字谢启》"乌焉混淆，鱼鲁杂揉"。亥豕，典出《吕氏春秋·察传》："子夏之晋，过卫，有读史记者曰：'晋师三豕涉河。'子夏曰：'非也，是己亥也。夫己与三相近，豕与亥相似。'至于晋而问之，则曰'晋师己亥涉河'也。"晋国的军队本来是己亥这一天过黄河，但是读史书的人看到的是"三豕"（三头猪），因为"三豕"和"己亥"字形相近。"亥豕"也是说"亥"和"豕"的篆文

字形相似,容易混淆,后来用这个词指书籍传写或刊印中文字因形近而误。人们亦常说"鲁鱼亥豕",因为"鲁"和"鱼"在古字形中也容易相混。獭髓,《拾遗记》记载,三国吴孙和非常宠爱邓夫人,一次误伤她的脸颊,"命太医合药。医曰:'得白獭髓,杂玉与琥珀屑,当灭此痕。'即购致百金,能得白獭髓者,厚赏之。有富春渔人云:'此物知人欲取,则逃入石穴。伺其祭鱼之时,獭有斗死者,穴中应有枯骨,虽无髓,其骨可合玉舂为粉,喷于疮上,其痕则灭。'和乃命合此膏。"元张可久《一枝花·牵挂》套曲:"猫眼嵌双转轴乌金戒指,獭髓调百和香紫蜡胭脂。"獭髓指獭的骨髓,据说与玉屑、琥珀混合,可作灭疤痕的贵重药物;獭,兽名,栖息水边,善游泳,主食鱼类。鸾胶,据《海内十洲记·凤麟洲》载:"凤麟洲在西海之中央,地方一千五百里。洲四面有弱水绕之,鸿毛不浮,不可越也。洲上多凤麟,数万各为群。又有山川池泽,及神药百种,亦多仙家。煮凤喙及麟角,合煎作膏,名之为续弦胶,或名连金泥。此胶能续弓弩已断之弦、刀剑断折之金,更以胶连续之,使力士掣之,他处乃断,所续之际终无断也。"西海中有凤麟洲,煮凤喙麟角合煎作膏,能续弓弩已断之弦,名叫"续弦胶"或"连金泥"。这种胶后来就叫"鸾胶",多用以比喻续娶后妻(也叫"续弦")。鸾,传说中凤凰一类的神鸟。平仄上,"焉乌"是平平,"亥豕"是仄仄;"獭髓"是仄仄,"鸾胶"是平平。语法上,"焉乌""亥豕"都是并列式名词词语,"獭髓""鸾胶"都是定中式名词词语。

④宜久敬,莫轻抛:上联典出《论语·公冶长》:"子曰:'晏平仲善与人交,久而敬之。'"轻抛,轻易地抛弃,宋张榘《木兰花慢·次韵孙霁窗赋牡丹》"趁取芳时胜赏,莫将年少轻抛"。"宜""莫",前者劝人应该如何,后者告诫不要如此,意义相反。平仄上,"宜久敬"是平仄仄,"莫轻抛"仄平平。语法上,上下联都是状中结构。

⑤一气对同胞(bāo):一气,指声气相通、一伙,指理念、志向或趣

味相投的一群人；成语有"沆瀣一气"，比喻气味相投的人联结在一起，多用于贬义；这里的"一"是同一的意思。同胞，指由相同的父母所生之人，如宋王安石《夜梦与和甫别如赴北京时和甫作诗觉而有作因寄纯甫》"同胞苦零落，会合尚栖迟"；后引申为同一国家或同一民族的人民。平仄上，"一气"是仄仄，"同胞"是平平。一，《广韵》"於悉切"，入声。语法上，两个都是名词词语，都是定中结构。

⑥祭（zhài）遵甘布被，张禄恋绨（tí）袍：上联说的是东汉中兴名将祭遵的典故，《后汉书·祭遵传》载："祭遵字弟孙，颍川颍阳人也。少好经书。家富给，而遵恭俭，恶衣服。丧母，负土起坟。尝为部吏所侵，结客杀之。初，县中以其柔也，既而皆惮焉。……遵为人廉约小心，克己奉公，赏赐辄尽与士卒，家无私财，身衣韦绔，布被，夫人裳不加缘，帝以是重焉。"史载祭遵为人廉洁恭俭，克己奉公，赏赐都分给士卒，盖的被子是布制的，故上联说"祭遵甘布被"。甘，意动用法，以……为甘。下联说的是战国时期纵横家范雎的故事，出自《史记·范雎蔡泽列传》，"范雎者，魏人也，字叔。游说诸侯，欲事魏王，家贫无以自资，乃先事魏中大夫须贾"。史载范雎一开始侍奉魏国的中大夫须贾，须贾出使齐国，范雎跟随。齐王听说范雎口才很好，就派人赐予范雎许多礼物，范雎没有接受。但须贾知道以后，非常愤怒，回国以后告诉魏相，把范雎鞭笞一顿。范雎死里逃生，来到秦国，改名叫张禄，得到了秦王的重用。魏国不知，以为范雎死了很久了，派须贾出使秦国。范雎知道以后，微服去找他，"须贾意哀之，留与坐饮食，曰：'范叔一寒如此哉！'乃取其一绨袍以赐之。"绨袍，厚缯制成之袍；绨，厚实平滑而有光泽的丝织物。须贾不知范雎已经飞黄腾达，还以为他很落魄，就送他一领绨袍以表同情。后来知道范雎就是秦相张禄，惶恐请罪，范雎因为须贾有赠绨袍之恩，

说"公之所以得无死者,以绨袍恋恋,有故人之意,故释公",就宽释了他。恋,今本多作"念",从典故来看,以"恋"为宜。平仄上,上联是仄平平仄仄,下联是平仄仄平平。语法上,上下联都是主谓结构。

⑦花径风来逢客访,柴扉月到有僧敲:上联出自唐杜甫《客至》中的"花径不曾缘客扫,蓬门今始为君开"。花径,花间的小路。下联出自唐贾岛《题李凝幽居》"鸟宿池边树,僧敲月下门"。柴扉,柴门,即指贫寒的家园。平仄上,上联是平仄平平平仄仄,下联是平平仄仄仄平平。语法上,"花径风来"对"柴扉月到",都是状中结构;这两句可以将语序调转,理解为"风来花径"对"月到柴扉","花径"是风来之地,"柴扉"是月到之所。"逢客访""有僧敲"是整个句子的核心内容,都是兼语结构,"客""僧"是"逢"和"有"的宾语,也是"访"和"敲"的主语。

⑧夜雨园中,一颗不凋王子奈(nài);秋风江上,三重(chóng)曾(céng)卷杜公茅:上联出自《晋书·王祥传》的记载:"王祥字休征,琅琊临沂人,汉谏议大夫吉之后也。祖仁,青州刺史。父融,公府辟不就。祥性至孝。早丧亲,继母朱氏不慈,数谮之,由是失爱于父。每使扫除牛下,祥愈恭谨。父母有疾,衣不解带,汤药必亲尝。母常欲生鱼,时天寒冰冻,祥解衣将剖冰求之,冰忽自解,双鲤跃出,持之而归。母又思黄雀炙,复有黄雀数十飞入其幕,复以供母。乡里惊叹,以为孝感所致焉。有丹柰结实,母命守之,每风雨,祥辄抱树而泣。其笃孝纯至如此。"王祥是古代著名的孝子,有卧冰求鲤的故事。他的母亲让他守一棵奈树,每逢风雨把果实打下来,他就抱着树哭泣,可见其纯孝到这样的地步。奈,果树名,也指奈树的果实。凋,植物枯败脱落,或作"雕",误。下联典出唐杜甫《茅屋为秋风所破歌》"八月秋高风怒号,卷我屋上三重茅。茅飞渡江洒江郊,高者挂罥长林梢,下者飘转沉塘坳"。这

首诗描写了农历八月的秋风刮掉了杜甫所居住的茅屋上的茅草的凄惨情形。平仄上,上联是仄仄平平,仄仄仄平平仄仄;下联是平平平仄,平平平仄仄平平。一,《广韵》"於悉切",入声;颗,《广韵》"苦果切",上声;重,此处当读平声,"层"的意思,与"颗"平仄相对。语法上,上下联都是状中结构。"夜雨园中""秋风江上"相对,表示时间和地点;"一颗不凋王子奈""三重曾卷杜公茅"也是状中结构,"一颗"对"三重","不"对"曾",都是状语。此联出于修辞上强调的目的,在语序上有所调整,如果按照一般的顺序,当为"夜雨园中,王子奈不凋一颗;秋风江上,杜公茅曾卷三重"。

【译文】

歌和舞相对,笑和嘲相对。

耳语和神交相对。

焉乌和亥豕相对,獭髓和鸾胶相对。

适宜长久尊敬,不要轻易抛弃。

同气好友和同胞兄弟相对。

祭遵甘心盖普通的布被,张禄感念赠绨袍的情谊。

风吹花径处,正遇有客人前来相访;月照柴门时,刚巧有僧人上去敲门。

园子里夜雨虽大,王祥家的奈子树一颗都不曾掉落;江面上秋风肆虐,杜甫家的屋子被卷走了三重茅草。

其三

衙对舍,廪对庖①。

玉磬对金铙②。

竹林对梅岭,起凤对腾蛟③。

鲛绡帐,兽锦袍④。

露叶对风梢⑤。

扬州输橘柚，荆土贡菁茅⑥。

断蛇埋地称孙叔，渡蚁编桥识宋郊⑦。

好梦难成，蛩响阶前偏唧唧；良朋远至，鸡声窗外正胶胶⑧。

【注释】

①衙（yá）对舍（shè），廪（lǐn）对庖（páo）：衙，旧时官署之称。舍，就是房屋。廪，粮仓，《诗经·周颂·丰年》"亦有高廪，万亿及秭"。庖，厨房，《孟子·梁惠王上》有"君子远庖厨"，也可以指厨师，如"庖丁解牛"，此指前者。平仄上，"衙""舍"是平和仄，"廪""庖"是仄和平。语法上，四个词语都是名词。

②玉磬（qìng）对金铙（náo）：磬，古代打击乐器，用玉、石或金属制成，悬挂于架上，击之而鸣，《诗经·商颂·那》"既和且平，依我磬声"。铙，古代军中用以止鼓退军的乐器，青铜制，以槌击之而鸣，《周礼·地官·鼓人》"以金铙止鼓"。平仄上，"玉磬"是仄仄，"金铙"是平平。语法上，二者都是定中结构。

③竹林对梅岭，起凤对腾蛟（jiāo）：竹林，本指竹子丛生处，魏晋时期有"竹林七贤"，《晋书·嵇康传》载，"嵇康……所与神交者惟陈留阮籍、河内山涛，豫其流者河内向秀、沛国刘伶、籍兄子咸、琅玡王戎，遂为竹林之游，世所谓'竹林七贤'也"。后来也用"竹林"来特指这七位古人。梅岭，山名，即大庾岭，五岭之一，岭上多梅，故名。梅岭在江西、广东交界处，是古代沟通南北的要塞。相传南宋名将文天祥被俘后，曾经过梅岭，他开始绝食，写下《南安军》："梅花南北路，风雨湿征衣。出岭谁同出，归乡不如归。山河千古在，城郭一时非。饥死真吾志，梦中行采薇。"起凤、腾蛟，出

自唐王勃《滕王阁序》"腾蛟起凤,孟学士之词宗;紫电青霜,王将军之武库",是腾飞、跃起之蛟龙、凤凰的意思,比喻才华优异。平仄上,"竹林"是仄平,"梅岭"是平仄;"起凤"是仄仄,"腾蛟"是平平。竹,《广韵》"张六切",入声。语法上,四个词语都是定中结构。

④鲛绡(jiāo xiāo)帐,兽锦袍:鲛绡帐,鲛绡纱做的帐子。鲛绡,传说中鲛人所织的绡,非常轻薄,南朝梁任昉《述异记》卷上"南海出鲛绡纱,泉室潜织,一名龙纱。其价百余金,以为服,入水不濡";绡,轻纱。《红楼梦》第九十二回这样描写鲛绡帐的珍贵:"冯紫英道:'这叫做"鲛绡帐"。'在匣子里拿出来时,迭得长不满五寸,厚不上半寸。冯紫英一层一层的打开,打到十来层,已经桌上铺不下了。冯紫英道:'你看,里头还有两褶,必得高屋里去,才张得下。这就是鲛丝所织。暑热天气,张在堂屋里头,苍蝇蚊子一个不能进来,又轻又亮。'贾政道:'不用全打开,怕迭起来倒费事。'詹光便与冯紫英一层一层折好收拾了。冯紫英道:'这四件东西,价儿也不贵,两万银他就卖。母珠一万,鲛绡帐五千,"汉宫春晓"与自鸣钟五千。'贾政道:'那里买的起!'"兽锦袍,是用织有兽形图案的锦所做的袍子,典出唐杜甫《寄李十二白二十韵》"龙舟移棹晚,兽锦夺袍新"。平仄上,"鲛绡帐"是平平仄,"兽锦袍"仄仄平。语法上,两个词语都是定中结构。

⑤露叶对风梢:露叶,沾着露水的叶子,如唐马戴《高司马移竹》"丛居堂下幸君移,翠掩灯窗露叶垂"。风梢,风中的树梢。"叶"今本多作"果"。古诗文如宋向子諲《清平乐》"露叶蘵蘵生光,风梢泛泛飘香",明刘溥《咏衰柳》"露叶烟梢翠色浮,向人长是弄春柔",明杜琼《竹》"露叶风梢接水乡,几回相对忆潇湘"等等,皆是"露叶"与"风梢"或"烟梢"相对,而未见"露果"与"风梢"相对者。从意境、用典来说,取"露叶"更佳。琅环阁藏本正作"露叶"。平仄上,"露叶"是仄仄,"风梢"是平平。语法上,二者都是定中

结构。

⑥扬州输橘柚（jú yòu），荆（jīng）土贡菁（jīng）茅：此联出自《尚书·禹贡》，记载了大禹时期扬州和荆州以及其他各地向天子进贡特产的情况："达于淮、海惟扬州……厥贡惟金三品，瑶、琨、筱荡，齿、革、羽、毛惟木。岛夷卉服。厥篚织贝；厥包橘、柚，锡贡。沿于江、海，达于淮、泗"，"荆及衡阳惟荆州……厥贡羽、毛、齿、革，惟金三品，杶、干、栝、柏，砺、砥、砮、丹，惟箘、簵、楛，三邦厎贡厥名。包匦菁茅；厥篚玄、纁、玑组；九江纳锡大龟"。输，交出、献纳。橘柚，橘子和柚子，唐李白《秋登宣城谢朓北楼》有"人烟寒橘柚，秋色老梧桐"。荆，古九州岛之一荆州的简称。菁茅，香草名，茅的一种，古代祭祀时用以缩酒；《尚书·禹贡》"苞匦菁茅"，孔传"匦，匣也。菁以为菹，茅以缩酒"。平仄上，上联是平平平仄仄，下联是平仄仄平平。橘，《广韵》"居聿切"，入声。语法上，上下联都是主谓结构。

⑦断蛇埋地称孙叔，渡蚁编桥识宋郊：上联出自《列女传·仁智传·孙叔敖母》："楚令尹孙叔敖之母也。叔敖为婴儿之时，出游，见两头蛇，杀而埋之。归见其母而泣焉，母问其故，对曰：'吾闻见两头蛇者死，今者出游见之。'其母曰：'蛇今安在？'对曰：'吾恐他人复见之，杀而埋之矣。'其母曰：'汝不死矣。夫有阴德者，阳报之。德胜不祥，仁除百祸。天之处高而听卑。《书》不云乎："皇天无亲，惟德是辅。"尔嘿矣，必兴于楚。'及叔敖长，为令尹。君子谓叔敖之母知道德之次。《诗》云：'母氏圣善。'此之谓也。颂曰：叔敖之母，深知天道，叔敖见蛇，两头岐首，杀而埋之，泣恐不及，母曰阴德，不死必寿。"相传见了两头蛇必死，孙叔敖年少时候见过两头蛇，为了不让别人受害，他就把两头蛇杀了埋了，故而受人称颂。下联是宋代宰相宋郊的故事，清周安士居士《安士全书·救蚁中状元之选》载："宋宋郊、宋祁兄弟同在太学。

有僧相之曰:'小宋大魁天下,大宋不失科甲。'后春试毕,僧见大宋贺曰:'似曾活数百万生命者。'郊笑曰:'贫儒何力及此?'僧曰:'蠕动之物皆命也。'郊曰:'有蚁穴为暴雨所浸,吾编竹桥渡之。岂此是耶?'僧曰:'是矣。小宋今当大魁,公终不出其下。'及唱第,祁果状元。章献太后谓弟不可先兄,乃易郊第一,祁第十。始信僧言不谬。"宋代的宋郊有一次看到暴雨浸坏蚂蚁穴,就编了一个竹桥让蚂蚁渡水,后来宋郊就因为救了几百万蚂蚁的生命而积累了福德,中了状元。平仄上,上联是仄平平仄平平仄,下联是仄仄平平仄仄平。叔,《广韵》"式竹切",入声;识,《广韵》"赏职切",入声。语法上,"断蛇埋地"对"渡蚁编桥",皆由两个动词结构组成;"称孙叔"对"识宋郊",都是动宾结构。两句内部都是因果关系,即"断蛇埋地"是"称孙叔"的原因,"渡蚁编桥"是"识宋郊"的原因。

⑧好梦难成,蛩(qióng)响阶前偏唧唧(jī);良朋远至,鸡声窗外正胶胶:上联化用自宋张闰《秋声》中的"桐杂蝉鸣愁易起,蕉和蛩响梦频醒"和《全元曲·郑月莲秋夜云窗梦》第三折中的"薄设设衾寒枕冷,愁易感好梦难成"。蛩响,即蛩声,蟋蟀的叫声,唐王维《早秋山中作》"草间蛩响临秋急,山里蝉声薄暮悲";蛩,蟋蟀、蝗虫之类。唧唧,鸟鸣、虫吟声,宋欧阳修《秋声赋》"但闻四壁虫声唧唧,如助余之叹息"。下联化自唐杜甫《羌村三首》其三"群鸡正乱叫,客至鸡斗争。驱鸡上树木,始闻叩柴荆"。良朋远至,出自《论语·学而》的"有朋自远方来",唐皎然《乐意联句一首》也有"良朋益友自远来"。"远至"或作"远到",二者皆可。胶胶,鸡鸣之声,出自《诗经·郑风·风雨》"风雨潇潇,鸡鸣胶胶"。今本多作"嘐嘐",也是鸡的叫声,如唐柳宗元《游朝阳岩遂登西亭二十韵》"晨鸡不余欺,风雨闻嘐嘐",亦可。平仄上,上联是仄仄平平,平仄平平平仄仄;下联是平平仄仄,平平平仄仄平平。唧,

《广韵》"子力切",入声。语法上,"好梦难成""良朋远至"相对,皆为主谓结构。"蛩响阶前偏唧唧"对"鸡声窗外正胶胶",也是主谓结构:主语"蛩响""鸡声"相对;"阶前"对"窗外"与"偏"对"正"两组,皆为状语;由"唧唧""胶胶"两个象声词充当谓语中心。

【译文】

官署和民居相对,粮仓和厨房相对。

玉磬和金铙相对。

竹林和梅岭相对,飞翔的凤凰和腾跃的蛟龙相对。

鲛人织的细绢做的帐子,有兽纹的锦缎做的袍子。

露水沾湿的叶子和微风吹拂的树梢相对。

扬州进献橘柚,荆州纳贡菁茅。

孙叔敖杀死不祥的两头蛇埋在地下让人称道,宋郊编织竹桥让蚂蚁渡过雨水从而高中状元。

好梦难成,因为阶前的蟋蟀唧唧叫个不停;友人来访,窗外的公鸡恰好正在胶胶啼鸣。

四　豪

【题解】

"豪"是"平水韵"中下平声的第四韵部。

"豪"在《广韵》中作"胡刀切",平声,豪韵。

《笠翁对韵》中所用到的韵脚字有蒿、皋、涛、毛、褒、韬、萄、滔、桃、旄、膏、刀、劳、高、号、豪、曹、袍、舠、醪、羔、骚等22个,《声律启蒙》用到的有刀、高、袍、醪、猱、桃、篙、褒、蒿、萄、糟、滔、羔、涛、毛、劳、缫等17个。其中有13个两书都有用到,分别是蒿、涛、毛、褒、萄、滔、桃、刀、劳、高、羔、袍、醪等。《笠翁对韵》用到而《声律启蒙》没用到的有皋、韬、旄、膏、号、豪、曹、舠、骚等9个字。《声律启蒙》用到而《笠翁对韵》没用到的有猱、篙、糟、缫等4个字。

其一

茭对芡,荻对蒿^①。

山麓对江皋^②。

莺簧对蝶板,麦浪对松涛^③。

骐骥足,凤凰毛^④。

美誉对嘉褒^⑤。

文人窥蠹简,壮士学龙韬^⑥。

马援南征装薏苡,张骞西使进葡萄^⑦。

辩口悬河,万语千言常衮衮;词源倒峡,连篇累牍自
滔滔^⑧。

【注释】

①茭(jiāo)对芡(qiàn),荻(dí)对蒿(hāo):茭,草名,茭白,明李时珍
《本草纲目·草八·菰》"江南人呼菰为茭,以其根交结也"。芡,
水草名。"茭""芡"皆可食用。今本"芡"多作"茨"。茨(cí),指
蒺藜,《诗经·鄘风·墙有茨》"墙有茨,不可扫也",毛传"茨,蒺藜
也"。"芡""茨"同类,且"茨"与"茭"皆为平声,失对,当从琅环阁
藏本作"芡"为宜。荻,与芦同类,明李时珍《本草纲目·草四·芦》
"芦有数种:其长丈许,中空,皮薄,色白者,葭也,芦也,苇也。短
小于苇,而中空,皮厚,色青苍者,薍也,荻也,萑也。其最短小而
中实者,蒹也,薕也"。蒿,蒿草,《诗经·小雅·鹿鸣》"呦呦鹿
鸣,食野之蒿",朱熹《集传》"蒿,菣也。即青蒿也"。平仄上,
"茭""蒿"都是平声,"芡""荻"都是仄声。荻,《广韵》"徒历切",
入声。语法上,四个词语都是植物名词。

②山麓(lù)对江皋(gāo):麓,山脚,《诗经·大雅·旱麓》"瞻彼旱

麓,榛楛济济",毛亨传曰"麓,山足也"。皋,岸边的意思。平仄上,
"山麓"是平仄,"江皋"是平平。语法上,两个词语都是定中结构。

③莺簧(huáng)对蝶板,麦浪对松涛:莺簧,黄莺的鸣声,以其声如
笙簧奏乐,故称;簧,乐器里有弹性的薄片,用竹箬或铜片制成,
作为发声的振动体,《诗经·小雅·鹿鸣》"吹笙鼓簧,承筐是
将"。板,乐器中用以按拍的拍板,胡三省注《资治通鉴》"板,拍
板也。古乐无之。玄宗时,教坊散乐用横笛一,拍板一,腰鼓三,
后人因之,歌舞率以板为节,以木若象凡八片,以韦贯之,两手
各执其外一片而拍之";因拍板如蝴蝶翅膀开合,故而拍板有"蝶
板"之称。"蝶板"与"莺簧"经常并提,《魏阉全传》第四十二回"哑
哑的莺簧蝶板,开蚤衙两部鼓吹"。麦浪,指田地里大片麦子被
风吹得起伏像波浪的样子,宋苏轼《南歌子·晚春》"日薄花房
绽,风和麦浪轻"。松涛,风撼松林,声如波涛,唐周渭《游兼山》
"泉飞石涧游魂冷,风卷松涛匹马嘶"。平仄上,"莺簧"是平平,
"蝶板"是仄仄;"麦浪"是仄仄,"松涛"是平平。蝶,《广韵》"徒
协切",入声。语法上,四者都是定中结构。

④骐骥(qí jì)足,凤凰毛:骐骥,骏马,用来比喻贤才。《荀子·劝
学》"骐骥一跃,不能十步;驽马十驾,功在不舍"。骐骥足,也是
比喻杰出的人才,唐陈子良《赞德上越国公杨素》"君侯称上宰,
命世挺才英。本超骐骥足,复蕴风云情"。凤凰毛,凤凰的羽毛,
比喻珍贵稀少之物,成语有所谓"凤毛麟角"。"骐骥"与"凤凰"
经常相对,如唐白居易《履道西门二首》"跛鳖难随骐骥足,伤禽
莫趁凤凰飞";"骐骥足"也和"凤凰毛"相对,比如宋张伯玉《寄
会稽刁景纯学士》"瀛馆久淹骐骥足,越人今识凤凰毛"。平仄
上,"骐骥足"是平仄仄,"凤凰毛"是仄平平。足,《广韵》"即玉
切",入声。语法上,两个词语都是定中结构。

⑤美誉对嘉褒(jiā bāo):美誉、嘉褒,都是赞美的意思。平仄上,"美

誉"是仄仄,"嘉褒"是平平。语法上,两个词语都是状中结构。

⑥文人窥(kuī)蠹(dù)简,壮士学龙韬(tāo):蠹简,是指书简里长
　了蛀虫,泛指书籍;蠹,蛀虫。明徐霖《绣襦记·追莫亡辰》"尘
　几,笔网蛛丝,书从蠹走,牙签帙乱离披"。自古文人都喜读诗
　书,手不释卷,很多诗文中描写了这样的情景,如宋陈棣《次韵徐
　庭珍春日杂言十首》"沉酣蠹简不知春,庭设雀罗谁扣门",宋陆
　游《初夏杂兴》"终日颓然蠹简中,门前烟水浩无穷"。琅环阁藏
　本"蠹简"作"政简",和下文不对仗,不取。"蠹""龙"是动物名
　相对。壮士,勇士,《战国策·燕策三》"风萧萧兮易水寒,壮士一
　去兮不复还"。龙韬,本指太公望的兵法《六韬》中的一本,后来
　泛指兵法,唐钱起《送崔校书从军》"宁惟玉剑报知己,更有《龙
　韬》佐师律。"下联今本多作"学士书兔毫","兔""蠹"皆为仄声,
　失对,故而以琅环阁藏本之"壮士学龙韬"为是。平仄上,上联是
　平平平仄仄,下联是仄仄仄平平。语法上,上下联都是主谓结构。

⑦马援南征装薏苡(yì yǐ),张骞(qiān)西使进葡萄:上联说的是汉
　代著名军事家马援的典故,出自《后汉书·马援传》:"初,援在交
　阯,常饵薏苡实,用能轻身省欲,以胜瘴气。南方薏苡实大,援欲
　以为种,军还,载之一车。时人以为南土珍怪,权贵皆望之。"装,
　今本多作"载",意义相同。从平仄对仗上考虑,从"装"稍好一
　些。薏苡,是一种植物名,可供食用、酿酒、入药。马援在交阯的
　时候,常吃薏苡的果实,可以轻身省欲、防瘴气。南方的薏苡果
　实比较大,马援回来时带了一车作种子。下联说的是西汉外交
　家张骞的典故,据《史记·大宛列传》载:"大宛之迹,见自张骞。
　张骞,汉中人。建元中为郎。……骞身所至者大宛、大月氏、大
　夏、康居,而传闻其旁大国五六,具为天子言之。曰:'大宛在匈
　奴西南,在汉正西,去汉可万里。其俗土著,耕田,田稻麦。有蒲
　陶(即葡萄)酒。多善马,马汗血,其先天马子也。'……宛左右

以蒲陶为酒,富人藏酒至万余石,久者数十岁不败。俗嗜酒,马嗜苜蓿。汉使取其实来,于是天子始种苜蓿、蒲陶肥饶地。"张骞曾两次出使西域,将西域各地的情况和物产介绍给了汉武帝,还引进了葡萄等物。平仄上,上联是仄平平平平仄仄,下联是平平平仄仄平平。上下联的第二个字平仄相同,失对;上联的第二字和第四字平仄相同,失替。语法上,上下联都是主谓结构:谓语"南征装薏苡""西使进葡萄"都是由两个动词性结构组成,"南征"与"装薏苡","西使"和"进葡萄",都是有先后时间关系的动作行为,为承接关系。

⑧辩口悬河,万语千言常亹亹(wěi);词源倒峡,连篇累牍(dú)自滔滔:辩口,谓善于辞令,能言善辩,《史记·范雎蔡泽列传》"齐襄王闻雎(或作"睢")辩口,乃使人赐雎金十斤及牛酒,雎辞谢不敢受"。悬河,本指瀑布,比喻论辩滔滔不绝或文辞流畅奔放,今有"口若悬河"一词。亹亹,指诗文或谈论动人,有吸引力,使人不知疲倦,唐卢照邻《〈南阳公集〉序》"岑君论诘亹亹,听者忘疲"。词源倒峡,出自唐杜甫《醉歌行》"词源倒流三峡水,笔阵独扫千人军"。"词源倒流三峡水",形容文辞如三峡之水滔滔不绝,一泻千里,清曾国藩《送周文泉大令之官城武》中的"词源一泻不得休"也是描写文辞的如此气势。三峡是长江上游瞿塘峡、巫峡和西陵峡的合称,水流最是湍急汹涌。连篇累牍,形容篇幅多,文辞长,如《隋书·李谔传》"连篇累牍,不出月露之形;积案盈箱,唯是风云之状"。滔滔,大水奔流的状态,这里形容言辞连续不断,宋梅尧臣《依韵和刘原甫见寄》"语道滔滔是,论情往往牵"。平仄上,上联是仄仄平平,仄仄平平平仄仄;下联是平平仄仄,平平仄仄仄平平。峡,《广韵》"侯夹切",入声;牍,《广韵》"徒谷切",入声。语法上,"辩口悬河"对"词源倒峡",都是主谓结构,属于判断句,由"悬河""倒峡"对主语"辩口""词源"进行

比喻性判断,意为"辩口若悬河""词源如倒峡"。"万语千言常亹
亹""连篇累牍自滔滔"也是主谓结构:主语"万语千言""连篇累
牍"都是名词性并列结构,"常亹亹""自滔滔"是状中结构作谓语。

【译文】

芰和芡相对,荻和蒿相对。

山脚和江岸相对。

黄莺啼如笙簧和拍板状如蝶翅相对,风吹麦地形如浪与风撼松林
声若涛相对。

骐骥的脚,凤凰的毛。

夸赞和褒扬相对。

文人窥看被蠹虫蛀过的书简,勇士学习太公望传下的兵书。

马援南征回来用车装载薏苡,张骞出使西域带回葡萄进献汉帝。

能言善辩的口才好比悬挂的黄河,千言万语道来娓娓动听;连绵不
断的文辞好像倾泻的江峡,长篇大论真是滔滔不绝。

其二

梅对杏,李对桃^①。

械朴对旌旄^②。

酒仙对诗史,德泽对恩膏^③。

悬一榻,梦三刀^④。

拙逸对贤劳^⑤。

玉堂花烛绕,金殿月轮高^⑥。

孤山看鹤盘云下,蜀道闻猿向月号^⑦。

万事从人,有花有酒应自乐;百年皆客,一丘一壑尽
吾豪^⑧。

【注释】

①梅对杏,李对桃:平仄上,"梅""桃"是平,"杏""李"是仄。语法上,四个词语都是表花木的名词。

②棫(yù)朴(pò)对旌(jīng)旄(máo):棫朴,白桵和枹木。旌旄,泛指旗帜;旌,古代用牦牛尾或兼五彩羽毛饰竿头的旗子;旄,古代用牦牛尾做竿饰的旗子。平仄上,"棫朴"是仄仄,"旌旄"是平平。朴,表树名之"朴"《广韵》作"蒲木切",入声。语法上,两个词语都是并列式名词结构。

③酒仙对诗史,德泽对恩膏(gāo):酒仙,嗜酒的仙人,多用于对酷爱饮酒者的美称,常用来指李白,唐杜甫《饮中八仙歌》"李白斗酒诗百篇,长安市上酒家眠。天子呼来不上船,自称臣是酒中仙"。诗史,指能反映某一时期重大社会事件、有历史意义的诗歌,常指杜甫的诗歌,唐孟棨《本事诗·高逸》"杜(杜甫)所赠二十韵,备叙其事,读其文,尽得其故迹。杜逢禄山之难,流离陇蜀,毕陈于诗,推见至隐,殆无遗事,故当时号为诗史"。德泽,恩德、恩惠。恩膏,犹恩泽,与"恩泽""德泽"义同。平仄上,"酒仙"是仄平,"诗史"是平仄;"德泽"是仄仄,"恩膏"是平平。德,《广韵》"多则切";泽,《广韵》"场伯切"。二者皆为入声字。语法上,两组都是定中结构。

④悬一榻(tà),梦三刀:上联的典故出自《后汉书·徐稚传》:"时陈蕃为太守,以礼请署功曹,稚不免之,既谒而退。蕃在郡不接宾客,唯稚来特设一榻,去则悬之。"指东汉时陈蕃为徐稚特设一榻,徐稚离开,陈蕃就把榻挂起来,只有徐稚来的时候才用,故而有"徐稚榻"或"徐榻"这样的典故,用为好客之典。唐许浑《将为南行陪尚书崔公宴海榴堂》:"宾馆尽开徐稚榻,客帆空恋李膺舟。"下联说的是西晋名将王濬的典故,出自《晋书·王濬传》:"濬夜梦悬三刀于卧屋梁上,须臾又益一刀,濬惊觉,意甚恶之。

主簿李毅再拜贺曰:'三刀为州字,又益一者,明府其临益州乎?'及贼张弘杀益州刺史皇甫晏,果迁濬为益州刺史。"王濬晚上梦见有三把刀悬挂在屋梁上,没过多久又增加了一把,他醒来以后觉得很厌恶。主簿李毅跟他说,三刀是"州"字,增加一把,表示王濬将调到益州去了。后来果然如此。平仄上,"悬一榻"是平仄仄,"梦三刀"是仄平平。一,《广韵》"於悉切",入声。语法上,两个词语都是动宾结构。

⑤拙(zhuō)逸对贤劳:拙逸,拙者的安逸,安逸的意思,古代诗人很多自号"拙逸"、或给书斋取名"拙逸"者;拙,笨拙、迟钝,困穷;逸,安乐、放纵。贤劳,贤者的劳苦、辛劳,实际上就是辛苦的意思,《孟子·万章上》"此莫非王事,我独贤劳也"。明曹学佺《翠娱阁评选曹能始先生小品》卷之二有"庶几拙逸贤劳,补造化之缺陷"。今本多作"贵劳",不知出处,"贵"或因与"贤"形近而讹。平仄上,"拙逸"是仄仄,"贤劳"是平平。拙,《广韵》"职悦切",入声。语法上,二者都是形容词。

⑥玉堂花烛绕,金殿月轮高:上联出自《东坡诗话》"银烛高烧照玉堂,夜深沦茗读阿房"。玉堂,玉饰的殿堂,亦为宫殿的美称,唐崔颢《杂诗》"可怜青铜镜,挂在白玉堂。玉堂有美女,娇弄明月光"。上联琅环阁藏本作"玉堂花槛晓",从语义、用典来看,取"花烛绕"更佳。下联这一句化用唐王昌龄《春宫曲》"昨夜风开露井桃,未央前殿月轮高"。金殿,也是指宫殿。二者在古诗文里常常相对,《训蒙骈句》下卷"七阳"亦有"黄金殿,白玉堂"一联。平仄上,上联是仄平平仄仄,下联是平仄仄平平。烛,《广韵》"之欲切",入声。语法上,二者都是主谓结构。谓语部分"花烛绕""月轮高"也是主谓结构,陈述"玉堂""金殿"的景象。

⑦孤山看鹤盘云下,蜀(shǔ)道闻猿向月号(háo):上联说的是林逋的典故。林逋,北宋隐逸诗人,隐居西湖孤山,终生不仕不娶,

植梅养鹤,自称"以梅为妻,以鹤为子",人称"梅妻鹤子"。孤山,西湖中最大的岛屿。盘云,盘旋于云霄,唐祖咏(一作李端)《赠苗发员外》"宿雨朝来歇,空山天气清。盘云双鹤下,隔水一蝉鸣"。"看鹤",琅环阁藏本作"待鹤",皆可。下联"闻猿",与"看鹤"相对似更佳。故此取"看鹤"。下联出自唐李白《蜀道难》:"噫吁嚱,危乎高哉!蜀道之难,难于上青天!……黄鹤之飞尚不得过,猿猱欲度愁攀援。……问君西游何时还?畏途巉岩不可攀。但见悲鸟号古木,雄飞雌从绕林间。又闻子规啼夜月,愁空山。蜀道之难,难于上青天,使人听此凋朱颜。"蜀道,蜀中的道路,自古以来被人们称为奇丽惊险,行路艰难。平仄上,上联是平平仄仄平平仄,下联是仄仄平平仄仄平。号,古今皆有去、平两个读音,此处是动物引声长鸣的意思,当读平声。语法上,上下联都是状中结构,主语省略。"孤山""蜀道"是处所状语;"看鹤盘云下""闻猿向月号"是动宾结构,其宾语"鹤盘云下""猿向月号"则都是主谓结构。

⑧万事从人,有花有酒应自乐;百年皆客,一丘一壑(hè)尽吾豪:万事从人,出自唐刘长卿《睢阳赠李司仓》"一身不家食,万事从人求"。万事,一切事的意思,唐李白《梦游天姥吟留别》"世间行乐亦如此,古来万事东流水"。有花有酒,出自唐白居易《寄明州于驸马使君三绝句》"有花有酒有笙歌,其奈难逢亲故何"。百年皆客,意谓人生在世,匆匆百年,都是过客,宋苏轼《九日湖上寻周李二君不见君亦见寻于湖上以诗见寄明日乃次其韵》"人生如朝露,要作百年客"。一丘一壑,"丘"是指山陵,"壑"是指溪谷,宋吴潜《秋夜雨》"收绳卷索今番稳,尽一丘一壑足乐",宋辛弃疾《鹧鸪天(鹅湖归病起作)》"书咄咄,且休休。一丘一壑也风流"。平仄上,上联是仄仄平平,仄平仄仄平仄仄;下联是仄平平仄,仄平仄仄仄平平。一,《广韵》"於悉切",入声。上下联下半句的第

二和第四字平仄相同，失对。上联下半句的第四字和第六字都是仄声，失替；上联下半句的第二字以仄声为宜、第四字以平声为宜。语法上，"万事从人""百年皆客"相对，都是主谓结构；谓语部分"从人""皆客"两个词语不甚相对，"从人"是动宾结构，"皆客"是状中结构，"皆"的意义比"从"要虚。下半句也不甚相对，"有"是动词，"一"是数词，"有花有酒应自乐"是连谓结构，"一丘一壑尽吾豪"则是主谓结构。此联在格律和结构上纰漏虽然不少，但是境界超迈洒脱，亦有可取之处。

【译文】

梅和杏相对，李和桃相对。

械朴和旌旗相对。

酒仙和诗史相对，德泽与恩惠相对。

陈蕃为徐稺特设一榻，王濬夜梦梁上挂三刀。

安逸和辛劳相对。

玉堂之上花烛照耀，金殿之上明月高悬。

林逋隐居孤山看白鹤从云上盘旋而下，李白经过蜀道听见猿猴对着月亮哀号。

万事从心所欲，有花有酒相伴，理应乐在其中；人生百年过客，一丘一壑在前，自当尽我豪情。

其三

台对省，署对曹^①。

分袂对同袍^②。

鸣琴对击剑，返辙对回舠^③。

良借箸，操捉刀^④。

香茗对醇醪^⑤。

涓泉归海大，寸壤积山高^⑥。

石室客来煎雀舌，画堂宾至饮羊羔^⑦。

被谪贾生，湘水凄凉吟《鵩鸟》；遭谗屈子，江潭憔悴著《离骚》^⑧。

【注释】

①台对省，署对曹：台，古代中央政府的官署，常指御史台，《北史·元仲景传》"孝庄时，兼御史中尉，京师肃然。每向台，恒驾赤牛，时人号'赤牛中尉'"。省，王宫禁地，禁中，后为中央官署名，元代以来是行政区域名。署，公署，官署。曹，古代分科办事的官署或部门。平仄上，"台""曹"是平声，"省""署"是仄声。平仄上，四个都是名词。

②分袂（mèi）对同袍：分袂，离别，晋干宝《秦女卖枕记》"（秦女）取金枕一枚，与度（孙道度）为信，乃分袂泣别"；袂，衣袖。同袍，共穿同一袍衫，出自《诗经·秦风·无衣》"岂曰无衣，与子同袍。王于兴师，修我戈矛，与子同仇"；后来用此泛指朋友、同僚等等。平仄上，"分袂"是平仄，"同袍"是平平。语法上，二者都是动宾结构；"同"是共用、同穿的意思，用为动词，与"分"相对。

③鸣琴对击剑，返辙（zhé）对回舠（dāo）：鸣琴，弹琴，唐高适《登子贱琴堂赋诗》之一"宓子昔为政，鸣琴登此台"。击剑，以剑相击刺，《汉书·司马相如传》"少时好读书，学击剑"。返辙，回车、返行，明徐弘祖《徐霞客游记·滇游日记二》"余觉其误，复返辙而北"；辙，车轮碾过的痕迹。回舠，即回舟、归航的意思；舠，小船。平仄上，"鸣琴"是平平，"击剑"是仄仄；"返辙"是仄仄，"回舠"是平平。击，《广韵》"古历切"，入声；辙，《广韵》"直列切"，入声。语法上，"鸣琴""击剑"是动宾结构；"鸣琴"是使琴鸣，"鸣"用作使动。"返辙""回舠"也是动宾结构，"返""回"也都是使动

用法。

④ 良借箸（zhù），操捉刀：上联说的是秦末汉初政治家张良的典故，出自《史记·留侯世家》："食其未行，张良从外来谒。汉王方食，曰：'子房前！客有为我计桡楚权者。'具以郦生语告，曰：'于子房何如？'良曰：'谁为陛下画此计者？陛下事去矣。'汉王曰：'何哉？'张良对曰：'臣请藉前箸为大王筹之。'"项羽将刘邦围困在荥阳的时候，郦食其替刘邦出主意，让他立六国之后。张良否定了这个计策，借用刘邦的筷子来筹算，列出了八条不可立六国之后的理由，"诚用客之谋，陛下事去矣"。刘邦饭也不吃了，大骂"竖儒，几败而公事"。箸，即今之筷子。下联说的是三国时期政治家曹操的故事，出自《世说新语·容止》："魏武将见匈奴使，自以形陋，不足雄远国，使崔季珪代，帝自捉刀立床头。既毕，令间谍问曰：'魏王何如？'匈奴使答曰：'魏王雅望非常；然床头捉刀人，此乃英雄也。'魏武闻之，追杀此使。"有一次，曹操要接见匈奴使者，他认为自己形貌平庸，不足以威慑别国使者，就派了崔琰假冒他，自己就拿着刀站在旁边。后来，他派人去问使者对魏王有什么印象。使者回答说："魏王风度高雅，但在旁边拿刀的那位才是真英雄。"曹操就派人将使者杀死了。捉，手持的意思。平仄上，"良借箸"是平仄仄，"操捉刀"是平仄平。捉，《广韵》"侧角切"，入声。第二字平仄相同，失对。语法上，两句都是主谓结构。

⑤ 香茗（míng）对醇醪（chún láo）：香茗，香茶，唐白居易《晚起》"融雪煎香茗，调酥煮乳糜"。醇醪，美酒，《史记·袁盎晁错列传》"乃悉以其装赍置二石醇醪"。平仄上，"香茗"是平仄，"醇醪"是平平。茗，《广韵》"莫迥切"，上声。语法上，两个词语都是定中结构。

⑥ 涓泉归海大，寸壤积山高：许多文献中有与此联类似的表达，如

《荀子·劝学》有"不积小流,无以成江海",秦李斯《谏逐客书》是以太山不让土壤,故能成其大;河海不择细流,故能就其深;王者不却众庶,故能明其德"。涓,细小水流,《说文解字·水部》"涓,小流也"。壤,泥巴。平仄上,上联是平平平仄仄,下联是仄仄仄平平。积,《广韵》有"资昔切""子智切"两读,一入一去,都是仄声。语法上,两句都是主谓结构:主语"涓泉""寸壤"是定中结构,"涓""寸"本是名词,此皆用于形容对象的细小或量少。上下联都浓缩了两句话,"涓泉归海而海大""寸壤积山而山高"。"海"是"归"的宾语,"大"的主语,"山"是"积"的宾语,"高"的主语;前后两个结构的成分相重合,产生了环环相扣的感觉。

⑦石室客来煎雀舌,画堂宾至饮羊羔:此联化用明代名臣于谦《于忠肃集·雪赋》"绛金帐中饮羊羔而低唱,红炉火上烹雀舌以馨香"。石室,指传说中的神仙洞府,汉刘向《真君传》"赤松子者,神农时雨师……数往昆仑山中,常止西王母石室中,随风雨上下"。雀舌,茶名,以嫩芽焙制的上等茶,宋沈括《梦溪笔谈·杂志一》"茶芽,古人谓之'雀舌''麦颗',言其至嫩也"。画堂,泛指华丽的堂舍,南朝梁简文帝《饯庐陵内史王修应令》"回池泻飞栋,浓云垂画堂"。羊羔,本指小羊,此指酒名,元宋伯仁《酒小史》"汾州乾和酒,山西羊羔酒。"饮羊羔,琅环阁藏本作"奉羊羔",本书从典故上考虑,取"饮"。平仄上,上联是仄仄仄平平仄仄,下联是仄平平仄仄平平。石,《广韵》"常隻切",入声。语法上,"石室""画堂"都是处所名词充当状语;中心语"客来煎雀舌""宾至饮羊羔"是主谓结构;其谓语成分"来煎雀舌""至饮羊羔"都是连谓结构,表示两个连续的动作行为。

⑧被谪(zhé)贾生,湘水凄凉吟《鹏(fú)鸟》;遭谗屈子,江潭憔悴(qiáo cuì)著《离骚(sāo)》:上联说的是西汉著名政论家、文学家贾谊的典故。贾谊少有才名,文帝时任博士,后被贬谪为长沙王太

傅,世称"贾长沙""贾太傅"。被召回长安后,担任梁怀王太傅。梁王坠马而死,贾谊内疚抑郁而亡。谪,指古代官吏因罪而被降职或流放,汉贾谊《吊屈原赋》序"谊为长沙王太傅,既以谪去,意不自得"。湘水,指湘江,长江的支流,流经长沙。《鹏鸟》,指贾谊谪居长沙时所创作的《鹏鸟赋》。下联说的是战国时楚国著名爱国诗人屈原的故事。屈原曾得楚怀王信任,任左徒、三闾大夫,后被谗毁,先后被流放至汉北和沅湘流域。楚国郢都被秦攻破后,屈原自沉汨罗江而亡。谗,说陷害、毁谤的话。江潭憔悴,典出《楚辞·渔父》:"屈原既放,游于江潭,行吟泽畔,颜色憔悴,形容枯槁。"江潭,就是江边的意思。憔悴,形容身体容貌黄瘦、瘦损。《离骚》,是屈原所创作的抒情长诗,记叙了他自己高贵的身世、遭受排挤的悲剧命运,抒发了自己对楚国命运的满腔忧愤。司马迁在《史记》中把屈原、贾谊列入同一传记,写了《屈原贾生列传》,故后世把二人并称为"屈贾",传中提到两人创作《离骚》和《鹏鸟赋》的过程:"屈平疾王听之不聪也,谗谄之蔽明也,邪曲之害公也,方正之不容也,故忧愁幽思而作《离骚》","贾生为长沙王太傅三年,有鸮飞入贾生舍,止于坐隅。楚人命鸮曰'服'。贾生既以适居长沙,长沙卑湿,自以为寿不得长,伤悼之,乃为赋以自广"。平仄上,上联是仄仄仄平,平仄平平平仄仄;下联是平平仄仄,平平平仄仄平平。谪,《集韵》"陟革切",入声;鹏,《广韵》"房六切",入声;屈,《广韵》"区勿切",入声。语法上,上下联皆为主谓结构。"被谪贾生""遭谗屈子"为主语,其定语"被谪""遭谗"都是动宾结构。谓语部分"湘水凄凉吟《鹏鸟》""江潭憔悴著《离骚》"是状中结构;状语"湘水""江潭"表处所,"凄凉""憔悴"也是状语,形容状态;动宾结构"吟《鹏鸟》""著《离骚》"充当谓语中心语。此联用典、意境、结构各方面的对仗都比较工稳。

【译文】

台和省相对,署和曹相对。

分道扬镳和共穿袍衫相对。

弹琴和击剑相对,回车和返航相对。

张良借用刘邦的筷子来筹算,曹操假装卫士拿着刀站一旁。

香茶和醇酒相对。

一滴滴的涓涓细流终能成就海之广大,一寸寸的细小土壤最终堆成山之巍峨。

石室来了宾客宜烹煮雀舌这样的好茶,画堂有了客人要共饮羊羔这样的好酒。

被贬谪到长沙的贾谊,凄凉地在湘水边吟诵《鵩鸟赋》;遭谗毁被流放的屈原,憔悴地在江潭边撰写《离骚》诗。

五　歌

【题解】

"歌"是"平水韵"中下平声的第五韵部。

"歌"在《广韵》中作"古俄切",平声,歌韵。

《笠翁对韵》中所用到的韵脚字有多、柯、蓑、酡、歌、罗、何、梭、苛、娑、莎、戈、波、鹅、河、荷、萝、坡、磨、窝、囮、科、和、娥等24个,《声律启蒙》所用到的韵脚字有河、萝、歌、磨、荷、搓、柯、波、多、驼、鹅、科、颇、和、何、蓑等16个。其中有13个韵脚字两书都有用到,分别是多、柯、蓑、歌、何、波、鹅、河、荷、萝、磨、科、和。《笠翁对韵》中用到而《声律启蒙》没用到的有11字:酡、罗、梭、苛、娑、莎、戈、坡、囮、窝、娥。《声律启蒙》用到而《笠翁对韵》中没用到的有3字:搓、驼、颇。

其一

微对巨,少对多[①]。

直干对平柯^②。

蜂媒对蝶使，雨笠对烟蓑^③。

眉淡扫，面微酡^④。

妙舞对清歌^⑤。

轻衫裁夏葛，薄袂剪春罗^⑥。

将相兼行唐李靖，霸王杂用汉萧何^⑦。

月本阴精，岂有羿妻曾窃药；星为夜宿，虚传织女漫投梭^⑧。

【注释】

①微对巨，少对多：微，少、小的意思。巨，大的意思。平仄上，"微""多"是平声，"巨""少"是仄声。语法上，四个词语都是形容词。

②直干（gàn）对平柯（kē）：直干，挺直的树干，常与"曲枝""旁枝"相对，南朝梁丘迟《题琴材奉柳吴兴》"清心有素体，直干无曲枝"。平柯，指横平的树枝，明孙绪《寒鸦万点图二绝》"高树平柯满上林，夕阳未下昼阴阴"。"平"在这里是"横"的意思，故而与"直"语义相反；"干""柯"则是树干和树枝相对。平仄上，"直干"是仄仄，"平柯"是平平。直，《广韵》"除力切"，入声。语法上，两个词语都是定中结构。

③蜂媒对蝶使，雨笠（lì）对烟蓑（suō）：蜂媒，即指蜜蜂，以花为生，采摘花粉、花蜜，在花间穿梭。蝶使，指蝴蝶，蝴蝶经常吸食花蜜，翩跹于花间。因为二者都经常在花间飞来飞去，故也比喻为男女双方的媒人使者。"蜂媒""蝶使"经常并提，如宋王之道《宴山亭·海棠》"曾约小桃新燕，有蜂媒蝶使，为传芳信"。雨笠，遮雨的笠帽。烟蓑，指挡雨的蓑衣，二者是农夫渔父的打扮，也经常并提，表示隐逸情怀。宋张元幹《八声甘州·西湖有感寄

刘晞颜》"问苍颜华发,烟蓑雨笠,何事重来"。平仄上,"蜂媒"
是平平,"蝶使"是仄仄;"雨笠"是仄仄,"烟蓑"是平平。蝶,《广
韵》"徒协切",入声。语法上,四个词语都是定中结构。

④眉淡扫,面微酡(tuó):眉淡扫,指女子画眉,诗文中多有此语,
宋晏几道《生查子》"轻匀两脸花,淡扫双眉柳",宋欧阳修《玉楼
春》"金雀双鬟年纪小,学画蛾眉红淡扫"。酡,饮酒脸红貌,也
泛指脸红。平仄上,"眉淡扫"是平仄仄,"面微酡"是仄平平。
语法上,两个词语都是主谓结构。

⑤妙舞对清歌:清歌,不用乐器伴奏的歌唱,也指清亮的歌声,此当
指后者。"清歌""妙舞"经常并提,晋葛洪《抱朴子·知止》"轻体
柔声,清歌妙舞"。平仄上,"妙舞"是仄仄,"清歌"是平平。语法
上,两个词语都是定中结构。

⑥轻衫裁夏葛(gé),薄袂剪春罗:衫,一般指单衣。夏葛,指夏天穿
的葛衣,唐薛能《水帘吟》"豪客每来清夏葛,愁人才见认秋檐";
葛,指草木纤维制成的织物。袂,衣袖。春罗,丝织品的一种,元
吴当《潘子华画上都花鸟》"不知天上寒多少,谁剪春罗作舞衣"。
平仄上,上联是平平平仄仄,下联是仄仄仄平平。葛,《广韵》"古
达切",入声;薄,《广韵》"傍各切",入声。语法上,两句都是主谓
结构。主语"轻衫""薄袂"是受事,是谓语动词"裁""剪"的结果;
"夏葛""春罗"皆表裁剪所用的材料,充当宾语。

⑦将相兼行唐李靖,霸王杂用汉萧(xiāo)何:上联说的是唐初军事
家李靖的典故,《旧唐书·王珪传》载:"后尝侍宴,太宗谓珪(王
珪)曰:'卿识鉴清通,尤善谈论,自房玄龄等,咸宜品藻,又可自
量,孰与诸子贤?'对曰:'孜孜奉国,知无不为,臣不如玄龄;才兼
文武,出将入相,臣不如李靖;敷奏详明,出纳惟允,臣不如温彦
博;处繁理剧,众务必举,臣不如戴胄;以谏诤为心,耻君不及于
尧、舜,臣不如魏征。至如激浊扬清,嫉恶好善,臣于数子,亦有

一日之长。"王珪是初唐名相,他对房玄龄、李靖、温彦博、戴胄、魏征等人一一进行了点评,认为自己在"才兼文武,出将入相"方面比不上李靖,当是"将相兼行唐李靖"的出处。李靖,本名药师,京兆三原(今陕西三原)人,精熟兵法。高祖时,任行军总管;太宗时,历任兵部尚书、尚书右仆射等职。将相,将帅和丞相,将是武官,相是文官,"将相兼行"是形容李靖文武双全。下联说的是汉初名相萧何的典故,萧何,沛县(今属江苏)人,曾为沛县吏。秦末时辅佐刘邦起义。后封鄸侯,位次第一。《史记·高祖本纪》载刘邦之言:"夫运筹策帷帐之中,决胜于千里之外,吾不如子房。镇国家,抚百姓,给馈饷,不绝粮道,吾不如萧何。连百万之军,战必胜,攻必取,吾不如韩信。此三者,皆人杰也,吾能用之,此吾所以取天下也。"霸王,指的是霸道和王道:霸道,指君主凭借武力、刑法、权势等进行统治;王道,儒家提出的一种以仁义治天下的政治主张。"霸道"与"王道"常常相对,唐张九龄《应道侔伊吕科对策》之二"王道务德,不来不强臣;霸道尚功,不伏不偃甲"。萧何巩固刘邦的大后方,提供武力所需的粮饷,这是"霸";但同时他又在后方安抚百姓,推行德政,这是"王"。平仄上,上联是仄仄平平平仄仄,下联是仄平仄仄仄平平。杂,《广韵》"徂合切",入声。语法上,上下联都是主谓结构,有判断的意味。"将相兼行"者,乃"唐李靖"也;"霸王杂用"者,则"汉萧何"也。主语部分"将相兼行""霸王杂用"也是主谓结构,谓语"唐李靖""汉萧何"是定中结构。

⑧月本阴精,岂有羿(yì)妻曾窃药;星为夜宿(xiù),虚传织女漫投梭(suō):上联说的是后羿和嫦娥的传说,典出《淮南子·览冥训》:"譬若羿请不死之药于西王母,姮娥窃以奔月,怅然有丧,无以续之。"高诱注"姮娥"也说:"姮娥,羿妻。羿请不死之药于西王母,未及服之,姮娥盗食之,得仙,奔入月中,为月精也。"姮

娥,后常作嫦娥,唐李商隐《嫦娥》有"嫦娥应悔偷灵药,碧海青天夜夜心"。羿从西王母那里求得不死之药,结果被姮娥偷了,飞升到月亮上去,成了月中女神。羿,传说中善于射箭的人,《孟子·离娄下》"逢蒙学射于羿,尽羿之道,思天下惟羿为愈己,于是杀羿"。下联也是一个民间传说——牛郎和织女的故事,出自《月令广义·七月令》引南朝梁殷芸《小说》"天河之东有织女,天帝之子也。年年机杼劳役,织成云锦天衣,容貌不暇整。帝怜其独处,许嫁河西牵牛郎,嫁后遂废织纴。天帝怒,责令归河东,但使一年一度相会"。这是古人从牵牛星和织女星而演绎出来的故事,传统诗文里大量使用此典,如《古诗十九首》"迢迢牵牛星,皎皎河汉女。纤纤擢素手,札札弄机杼。终日不成章,泣涕零如雨。河汉清且浅,相去复几许。盈盈一水间,脉脉不得语",唐杜甫《牵牛织女》"牵牛出河西,织女处其东。万古永相望,七夕谁见同"。宿,星宿,我国古代指某些星的集合体。虚传,就是空传的意思,今本多作"浪传",与"虚传"同义,如唐杜甫《得舍弟消息》诗之二"浪传乌鹊喜,深负鹡鸰诗",仇兆鳌注"弟不能归,空传乌鹊之喜"。漫,随意、胡乱,如唐杜甫《闻官军收河南河北》"却看妻子愁何在,漫卷诗书喜欲狂"。投梭,织布时来回投射梭子,指织布。平仄上,上联是仄仄平平,仄仄仄平平仄仄;下联是平平仄仄,平平仄仄仄平平。织,《广韵》"之翼切",入声。语法上,"月本阴精"对"星为夜宿",是主谓结构,表判断。"岂有羿妻曾窃药""虚传织女漫投梭"是对"嫦娥奔月"和"牛郎织女"两个传说的否定,都是状中结构:"岂""虚"作状语;谓语中心"有羿妻曾窃药""传织女漫投梭"是动宾结构。对仗工整。

【译文】

小和大相对,少和多相对。

挺直的树干和横平的树枝相对。

蜂为媒和蝶作使相对,斗笠和蓑衣相对。

娥眉淡扫,面颊微红。

美妙的舞姿和清亮的歌声相对。

轻衫乃由夏葛裁成,薄袂是用春罗剪成。

文武双全还得推唐代李靖为第一,霸道王道并用是汉代萧何的策略。

月亮本是阴气的精华,哪里会有什么后羿的妻子嫦娥偷药变成月中之神的事情;织女是二十八宿之一,她为了和牛郎相会投梭织布的故事原是荒诞虚无的传说。

其二

慈对善,虐对苛①。

缥缈对婆娑②。

长杨对细柳,嫩蕊对寒莎③。

追风马,挽日戈④。

玉液对金波⑤。

紫诏衔丹凤,黄庭换白鹅⑥。

画阁江城梅作调,兰舟野渡竹为歌⑦。

门外雪飞,错认空中飘柳絮;岩边瀑响,误疑天半落银河⑧。

【注释】

①慈对善,虐对苛 (kē):慈,上爱下、父母爱子女,即所谓父慈子孝之"慈"。善,吉祥,美好。今"慈""善"常并提,有"慈善"一词,仁慈、富有同情心的意思。虐,残害、残暴的意思。苛,狠虐、严厉的意思。两组词语,第一组是褒义,第二组是贬义。平仄上,

"慈""苛"是平声,"善""虐"是仄声。语法上,两组都是形容词。

②缥缈(piāo miǎo)对婆娑(pó suō):缥缈,形容高远隐约貌。婆娑,一般形容舞姿的优美。平仄上,"缥缈"是平仄,"婆娑"是平平。语法上,两个词语都是形容词,且都为联绵词,其内部结构不可拆分。

③长杨对细柳,嫩蕊(ruǐ)对寒莎(suō):长杨,长杨宫的省称,《三辅黄图·秦宫》"长杨宫,在今盩厔县东南三十里,本秦旧宫,至汉修饰之以备行幸。宫中有垂杨数亩,因为宫名,门曰射熊馆。秦汉游猎之所"。细柳,此为"细柳营"的简称。据《史记·绛侯周勃世家》载,"文帝之后六年,匈奴大入边",当时周亚夫驻军细柳营,文帝去劳军,结果被细柳营的各种军令所限。对此,文帝称赏不已,感叹"嗟乎,此真将军矣",拜亚夫为中尉。嫩蕊,含苞欲放的花,唐杜甫《江畔独步寻花》"繁枝容易纷纷落,嫩蕊商量细细开"。莎,草名,即莎草,南唐李中《安福县秋吟寄陈锐秘书》有"卧听寒蛩莎砌月,行冲落叶水村风"。平仄上,"长杨"是平平,"细柳"是仄仄;"嫩蕊"是仄仄,"寒莎"是平平。语法上,"长杨""细柳"皆为地名的简称,定中结构;"嫩蕊""寒莎"也是定中结构,形容词修饰植物名词。

④追风马,挽日戈:"追风"本是形容足力强、速度快,比如孔颖达《春秋左传正义》"然则千里之路,往还八反,车率日行一百六十里,计则一万六千里,虽追风逐日之足,犹将不逮于此";后来作为骏马的名称,北魏杨衒之《洛阳伽蓝记·法云寺》"琛在秦州,多无政绩,遣使向西域求名马,远至波斯国,得千里马,号曰'追风赤骥'"。挽日戈,出自鲁阳公的典故,《论衡·对作篇》曰"《淮南书》言共工与颛顼争为天子,不胜,怒而触不周之山,使天柱折,地维绝。尧时十日并出,尧上射九日。鲁阳战而日暮,援戈麾日,日为却还",据说鲁阳作战的时候太阳下山了,他就拿起戈把太阳给挽回来了。有大量诗词赞美鲁阳的勇武,唐岑参《送裴

侍御赴岁入京》"惜别津亭暮,挥戈忆鲁阳",明冯琦《送操江张
中丞二首》"练甲含江动,雕戈挽日回"。平仄上,"追风马"是平平
仄,"挽日戈"是仄仄平。语法上,二者都是定中结构,其定语"追
风""挽日"都是动宾结构。

⑤玉液对金波:玉液,比喻美酒。金波,亦泛指酒。二者经常并提,
或作"玉液金波",或作"金波玉液",比如《西厢记·崔莺莺夜听
琴》"他其实咽不下玉液金波。谁承望月底西厢,变做了梦里南
柯"。平仄上,"玉液"是仄仄,"金波"是平平。语法上,二者都
是定中结构。

⑥紫诏(zhào)衔(xián)丹凤,黄庭换白鹅:上联说的是周文王和
周武王的典故,《今本竹书纪年·周武王》载:"文王梦日月著其
身,又鸑鷟鸣于岐山。孟春六旬,五纬聚房。后有凤凰衔书,游
文王之都。书又曰:'殷帝无道,虐乱天下。星命已移,不得复
久。灵祇远离,百神吹去。五星聚房,昭理四海。'文王既没,太
子发代立,是为武王。"传说有凤凰衔着诏书游于文王之都,昭示
殷商快要灭亡的预言。后来果然周武王灭商,建立了周朝。《宋
书·符瑞上》亦有类似的记载。紫诏,又叫"紫泥诏""紫泥书",
指皇帝诏书,古人以泥封书信,泥上盖印,皇帝诏书则用紫泥,故
名。唐李白《玉壶吟》有"凤凰初下紫泥诏,谒帝称觞登御筵"。
丹凤,头和翅膀上的羽毛为红色的凤鸟,比喻下达诏书的使者,唐
黄滔《贺清源仆射新命》"二天在顶家家咏,丹凤衔书岁岁来",
明高明《琵琶记·春宴杏园》"九重天上声名重,紫泥封已传丹
凤"。下联说的是王羲之的典故,王羲之写经换鹅有两次,《七修
类稿·辩证类·换鹅经》有详细的解说:"羲之书经换鹅事,张
汉《云谷杂记》辨之甚明,但文多而难备录,盖以羲之两次事也,
今予略具辨,直著其义于左。一书《道德经》,是偶悦山阴道士之
鹅,求市不得,因为之写换也。此出传中所谓'写毕,欣然笼鹅而

归'。一书《黄庭经》，亦山阴道士好黄庭，又知羲之爱白鹅，逆以数头赠之，得其妙翰。俱缘以写经换鹅，故后人指为一事，辩之纷纷也。独李太白于《右军》诗曰：'右军本清真，潇洒在风尘，山阴遇羽客，爱此好鹅宾，扫素写道德，笔精妙入神，书罢笼鹅去，何曾别主人？'又《送贺宾客归越》诗：'镜湖秋水漾晴波，狂客归舟逸兴多，山阴道士如相见，应写黄庭换白鹅。'此可知矣。至若衍极之论固精，恐白不至如此误也。"这两次换鹅都与山阴道士有关，一个喜欢《道德经》，一个喜欢《黄庭经》，皆请王羲之写经以换鹅，李渔此处用的是后一个典故，故作"黄庭换白鹅"。平仄上，上联是仄仄平平仄，下联是平平仄仄平。白，《广韵》"傍陌切"，入声。语法上，两句都是主谓结构，表达的是紫诏衔于丹凤、黄庭换取白鹅的含义。此联一共用了四个颜色词来对仗，构思巧妙。

⑦画阁江城梅作调（diào），兰舟野渡竹为歌：上联典出唐李白《与史郎中钦听黄鹤楼上吹笛》（或作《黄鹤楼闻笛》）"黄鹤楼中吹玉笛，江城五月落梅花"。到现在黄鹤楼还有一副楹联作"何时黄鹤重来，且自把金樽，看洲渚千年芳草；今日白云尚在，问谁吹玉笛，落江城五月梅花"。"画阁"指彩绘华丽的楼阁，即黄鹤楼；"江城"指临江之城市，武汉濒临长江，别称"江城"。黄鹤楼位于武汉长江南岸的武昌蛇山之巅，濒临万里长江，故曰"画阁江城"，其楹联有"对江楼阁参天立，全楚山河缩地来"。调，戏曲和歌曲的乐律、调子。琅环阁藏本"画阁"作"画角"，"调"作"引"。引，也有乐曲的意思，亦可。然"画角"是边城军乐，与黄鹤楼无关，当以"画阁"为是。兰舟，木兰舟，亦用为小舟的美称。野渡，荒落之处或村野的渡口，唐韦应物《滁州西涧》有"春潮带雨晚来急，野渡无人舟自横"。竹为歌，指的是《竹枝词》，原为四川东部一带民歌，唐代诗人刘禹锡根据民歌创作新词，多写男女爱情和乡土风俗，流传甚广，比如他的《竹枝词》有"杨柳青青江水

平，闻郎江上唱歌声"。平仄上，上联是仄仄平平平仄仄，下联是平平仄仄仄平平。阁，《广韵》"古落切"，入声；竹，《广韵》"张六切"，入声。语法上，"画阁江城"对"兰舟野渡"，皆由两个名词组成，表达的是"画阁立于江城""兰舟横于野渡"的意思，谓语动词省略；"梅作调"对"竹为歌"，都是主谓结构。

⑧门外雪飞，错认空中飘柳絮；岩边瀑响，误疑天半落银河：上联是东晋才女谢道韫的典故，出自《世说新语·言语》："谢太傅寒雪日内集，与儿女讲论文义。俄而雪骤，公欣然曰：'白雪纷纷何所似？'兄子胡儿（谢朗小字）曰：'撒盐空中差可拟。'兄女曰：'未若柳絮因风起。'公大笑乐。即公大兄无奕女，左将军王凝之（羲之第二子）妻也。"谢道韫年少时候和兄弟姐妹们一起学习，当时下起了大雪，叔叔谢安问他们："白雪纷纷拿什么来比喻好？"谢道韫以柳絮比拟雪花飘舞，颇得谢安的称赏。后人因此用"咏絮之才"比喻有文才的女子。下联典出唐李白《望庐山瀑布》"日照香炉生紫烟，遥看瀑布挂前川。飞流直下三千尺，疑是银河落九天"。平仄上，上联是平仄仄平，仄仄平平平仄仄；下联是平平仄仄，仄平平仄仄平平。语法上，"门外雪飞"对"岩边瀑响"，是状中结构，由"门外""岩边"两个方位短语修饰"雪飞""瀑响"两个主谓结构；"错认空中飘柳絮"对"误疑天半落银河"，也是状中短语，主语省略，"错""误"充当状语，谓语中心"认空中飘柳絮""疑天半落银河"是动宾结构，"空中飘柳絮""天半落银河"是主谓结构充当宾语。结构虽然复杂，对仗非常工整。

【译文】

慈爱和善良相对，残暴和苛刻相对。

缥缈和婆娑相对。

长杨宫和细柳营相对，娇嫩的花蕊和秋天的莎草相对。

追风一般迅捷的马，能把太阳挽回的戈。

玉液般的美酒和金波般的醇酿相对。

皇帝的诏书由丹凤口衔而来,白鹅是王羲之用黄庭经所换。

黄鹤楼立于江城之中,有人在楼中吹奏笛曲《梅花落》;木兰舟泊于野渡之口,有人在岸边高声歌唱《竹枝词》。

门外大雪纷飞,才女谢道韫将雪比作空中柳絮飘扬;山岩瀑布鸣响,诗仙李太白把它当作九天银河飞落。

其三

松对竹,荇对荷①。

薜荔对藤萝②。

雕云对镂月,樵唱对渔歌③。

升鼎雉,听经鹅④。

北海对东坡⑤。

吴郎哀废宅,邵子乐行窝⑥。

丽水良金皆待冶,昆山美玉总须磨⑦。

雨过皇州,琉璃色灿华清瓦;风来帝苑,荷芰香飘太液波⑧。

【注释】

① 松对竹,荇（xìng）对荷:"松"与"竹"皆属古代"岁寒三友",作为品格正直、高洁的象征物。"荇"与"荷"皆为水生植物,可以食用和入药;荇,《诗经·周南·关雎》有"参差荇菜,左右流之"。平仄上,"松""荷"是平声,"竹""荇"是仄声。竹,《广韵》"张六切",入声。语法上,四个词语都是植物名词。

② 薜荔（bì lì）对藤萝:薜荔,常绿藤本植物,蔓生,《楚辞·离骚》"揽木根以结茝兮,贯薜荔之落蕊",王逸注曰"薜荔,香草也,缘木而生蕊实也"。藤萝,紫藤的通称。二者经常并提,比如清李斗

《扬州画舫录·小秦淮录》"门挂藤萝,墙封薜荔"。平仄上,"薜荔"是仄仄,"藤萝"是平平。语法上,两者都是藤蔓类植物名词。不过,"薜荔"是联绵词,不能拆分;"藤萝"是并列式合成词。

③ 雕云对镂(lòu)月,樵(qiáo)唱对渔歌:"雕""镂"义同,都是雕刻的意思。古文中常见二者并提,如清解鉴《益智录》"……然无损于己,有益于人,犹胜于俪白妃红,雕云镂月,浪费笔墨而已也",清周凯《厦门志》卷十四"陈龙寿,字藕君,泉州人;鸿胪寺卿科捷季女也。……生长名门,雅娴吟咏。……然不肯多作,谓'雕云镂月,非闺阁所宜'"。可见,"雕云镂月"当是比喻在文字上的雕饰。今本多作"梯云对步月"。樵,柴薪,引申为打柴,还引申为打柴人、樵夫,此指后者,宋王安石《谢公墩》"问樵樵不知,问牧牧不言"。渔,打鱼,引申为渔父,此也指后者。平仄上,"雕云"是平平,"镂月"是仄仄;"樵唱"是平仄,"渔歌"是平平。语法上,"雕云""镂月"都是动宾结构,"樵唱""渔歌"都是主谓结构。

④ 升鼎雉(dǐng)(zhì),听经鹅:升鼎雉,典出《尚书·高宗肜日》:"高宗肜日,越有雊雉。祖己曰:'惟先格王,正厥事。'乃训于王曰:'惟天监下民,典厥义。降年有永有不永;非天夭民,民中绝命。民有不若德,不听罪;天既孚命正厥德,乃曰:"其如台?"呜呼!王司敬民;罔非天胤,典祀无丰于昵。'"《史记·殷本纪》也对此有详细记载。武丁祭祀高宗的那一天,有一只野鸡跳到鼎上鸣叫。祖己就提醒武丁说要修政事,武丁按照他所说的去实行,终于实现殷道复兴,百姓和乐。听经鹅,这类故事甚多。据清徐谦《物犹如此·通慧鉴》引《第一功德录》载:"明侍中钟公复秀、徐公遵寿,俱住罗家巷,奉佛,持《金刚经》。别洁一佛堂,二公联坐而诵。钟家有双白鹅,闻其念佛,辄尾二公后,作声而行,逐之不去,亦不近逼。其行其止,皆随鱼子声。严寒行多,鹅掌冻裂露骨,强行益力。逾数年,双鹅并对经案立化。二公为瘗

于净业寺后地,号'听经鹅冢'。"明代的钟复秀、徐遵寿住在罗家巷,他们信仰佛教,诵读《金刚经》。钟家有两只鹅,听到他们念佛,就跟随二人之后,赶也赶不走。几年后,两只鹅对着经案立化,钟、徐二人就把它们埋在净业寺,谓之"听经鹅冢"。除此以外,此书还引《两京记》曰"净因寺沙门慧远,养一鹅,尝随听经。每闻讲经,则入堂伏听。泛说他事,则鸣翔而出",说的都是鹅听经的故事。平仄上,"升鼎雉"是平仄仄,"听经鹅"是平平平。语法上,"升鼎雉""听经鹅"都是定中结构,其定语"升鼎""听经"都是动宾结构。

⑤北海对东坡:北海,古代泛指北方最远僻之地,也是汉代的郡名,汉景帝中元二年置,汉末孔融任北海相,人称孔北海,亦称北海。东坡,本指东边坡地,也是一个地名,在湖北黄冈,宋苏轼《东坡》诗曰"雨洗东坡月色清,市人行尽野人行",后苏轼就以此为号。平仄上,"北海"是仄仄,"东坡"是平平。语法上,两个词语都可为指人、地的名词,都是定中结构。

⑥吴郎哀废宅,邵(shào)子乐(lè)行窝:上联说的是唐代诗人吴融的典故,他有一首诗名叫《废宅》:"风飘碧瓦雨摧垣,却有邻人与锁门。几树好花闲白昼,满庭荒草易黄昏。放鱼池涸蛙争聚,栖燕梁空雀自喧。不独凄凉眼前事,咸阳一火便成原。"这首诗感叹了项羽火烧咸阳的历史往事。下联说的是宋代哲学家邵雍的典故。据《宋史·道学一》载:"(邵雍)初至洛,蓬荜环堵,不芘风雨,躬樵爨以事父母,虽平居屡空,而怡然有所甚乐,人莫能窥也。及执亲丧,哀毁尽礼。富弼、司马光、吕公著诸贤退居洛中,雅敬雍,恒相从游,为市园宅。雍岁时耕稼,仅给衣食。名其居曰'安乐窝',因自号'安乐先生'。旦则焚香燕坐,晡时酌酒三四瓯,微醺即止,常不及醉也,兴至辄哦诗自咏。春秋时出游城中,风雨常不出,出则乘小车,一人挽之,惟意所适。士大夫

家识其车音,争相迎候,童孺厮隶皆欢相谓曰:'吾家先生至也。'不复称其姓字。或留信宿乃去。好事者别作屋如雍所居,以候其至,名曰'行窝'。"邵雍在洛阳的时候,居室简陋,需要自耕以供食用。但他怡然自得,把自己居住的陋室称为"安乐窝",自号"安乐先生"。一些好事者模仿他的居所,谓之"行窝",恭候邵雍的来访。郎、子,都是对男子的美称。平仄上,上联是平平平仄仄,下联是仄仄仄平平。宅,《广韵》"场伯切",入声。语法上,上下联都是主谓结构。谓语部分"哀废宅""乐行窝"是动宾结构,"哀""乐"皆为心理动词,意为"为……而哀""为……而乐"。

⑦丽水良金皆待冶(yě),昆山美玉总须磨:上联典故出自《韩非子·内储说上·七术》:"是以丽水之金不守,而积泽之火不救","荆南之地,丽水之中生金,人多窃采金。采金之禁,得而辄辜磔于市,甚众,壅离其水也,而人窃金不止"。下联出自《史记·李斯列传》:"今陛下致昆山之玉,有随、和之宝,垂明月之珠,服太阿之剑,乘纤离之马,建翠凤之旗,树灵鼍之鼓。此数宝者,秦不生一焉,而陛下说之,何也?"可见丽水之金、昆山之玉皆被古代视为珍宝。"待",琅环阁藏本作"入",此取"待",因其与下文"须"对仗更工整。待、须,二者在此同义,都是"等待""需要"的意思。平仄上,上联是仄仄平平平仄仄,下联是平平仄仄仄平平。语法上,上下联都是主谓结构。

⑧雨过皇州,琉璃(liú lí)色灿华清瓦;风来帝苑(yuàn),荷芰(jì)香飘太液波:皇州,帝都、京城,南朝宋鲍照《侍宴覆舟山》诗之二"繁霜飞玉阕,爱景丽皇州";此处当指唐都长安。琉璃,此指用铝和钠的硅酸化合物烧制成的釉料,用来做砖瓦等,清唐孙华《东岳庙》"我来瞻庙貌,碧瓦琉璃光"。华清,长安有华清池,也有华清宫,唐白居易《长恨歌》"春寒赐浴华清池,温泉水滑洗凝脂";唐杜牧有《过华清宫绝句》"长安回望绣成堆,山顶千门次

第开",描写华清宫的壮观华丽。此指后者。苑,指帝王或贵族的园林。荷芰,荷花和菱角,唐杜审言《夏日过郑七山斋》"薜萝山径入,荷芰水亭开"。太液,指太液池,汉、唐、元、明、清都有太液池,唐白居易《长恨歌》有"归来池苑皆依旧,太液芙蓉未央柳"。平仄上,上联是仄仄平平,平平仄仄平平仄;下联是平平仄仄,平仄平平仄仄平。语法上,"雨过皇州""风来帝苑"相对,描写自然环境,都是主谓结构。"琉璃色灿华清瓦"对"荷芰香飘太液波",也是主谓结构;主语"琉璃""荷芰"不对仗,"琉璃"是联绵词,"荷芰"是并列结构;谓语部分"色灿华清瓦""香飘太液波"是对主语的陈述,也是主谓短语。

【译文】

松和竹相对,荇菜和荷花相对。

薜荔和藤萝相对。

雕云和镂月相对,樵夫唱山曲和渔夫唱渔歌相对。

飞到鼎上的野鸡,听人诵经书的鹅。

北海太守孔融和东坡居士苏轼相对。

吴融写《废宅》诗为项羽火烧咸阳而哀叹,邵雍因受到时人尊敬筑造行窝而怡然自乐。

丽水所采的金子也需冶炼方好,昆山所产的美玉也得打磨而成。

下过雨的皇城,华清宫的琉璃瓦色彩灿烂;清风吹来帝苑,太液池中的荷花香气袭人。

其四

笼对槛,饵对罛①。

及第对登科②。

冰清对玉润,地利对人和③。

韩擒虎，荣驾鹅④。

青女对素娥⑤。

破头朱泚笏，折齿谢鲲梭⑥。

留客酒怀应恨少，动人诗句不须多⑦。

绿野凝烟，但听村前双牧笛；沧江积雪，惟看滩上一渔蓑⑧。

【注释】

①笼对槛（jiàn），饵（ěr）对囮（é）：笼，用竹片编成的盛物的器具，引申为饲养鸟、虫、家禽等的笼子，《庄子·天地》"则鸠鸮之在于笼也，亦可以为得矣"。槛，关动物的大笼子、栅栏，《庄子·天地》"而虎豹在于囊槛，亦可以为得矣"。囮，一种用于诱捕同类鸟的鸟。笼、槛都是饲养动物的笼子；饵、囮都是猎捕动物的诱饵。平仄上，"笼""囮"都是平声；"槛""饵"都是仄声。今本"饵对囮"多作"巢对窝"，然"巢""窝"都是平声，失对。故本书取琅环阁藏本作"饵""囮"。语法上，两组都是名词。

②及第对登科：及第，科举应试中选，因榜上题名有甲乙次第，故名。登科，科举时代应考人被录取。两个词语语义上都跟科举考试有关。平仄上，"及第"是仄仄，"登科"是平平。及，《广韵》"其立切"，入声。语法上，二者都是动宾结构。

③冰清对玉润，地利对人和：冰清，像冰一样高洁，比喻德行高洁，《东观汉记·樊准传》"樊准，字幼陵，为州从事，临职公正，不发私书，世称冰清"，现在有成语"冰清玉洁"。玉润，像玉一样温润，也是形容德行美好，《礼记·聘义》"君子比德于玉焉，温润而泽，仁也"。玉，《说文解字》如此解释："石之美有五德：润泽以温，仁之方也；䚡理自外，可以知中，义之方也；其声舒扬，专以远

闻,知之方也;不挠而折,勇之方也;锐廉而不忮,絜之方也。"玉器之美,其中之一就是因为"润泽以温",合乎古代儒家对于君子的要求。地利,本指对农业生产有利的土地条件,后也指地理优势,如《孙膑兵法·月战》"天时、地利、人和,三者不得,虽胜有殃",《孟子·公孙丑下》"天时不如地利,地利不如人和",赵岐注"地利,险阻城池之固也"。人和,指人事和协,民心和乐。平仄上,"冰清"是平平,"玉润"是仄仄;"地利"是仄仄,"人和"是平平。语法上,"冰清""玉润"是状中结构,"冰""玉"皆为名词作状语,表比喻;"地利""人和"是主谓结构。

④韩擒虎,荣驾鹅:上联说的是隋朝名将韩擒虎。《隋书》中有《韩擒虎传》:"韩擒字子通,河南东垣人也,后家新安。父雄,以武烈知名,仕周,官至大将军、洛、虞等八州刺史。擒少慷慨,以胆略见称,容貌魁岸,有雄杰之表。性又好书,经史百家皆略知大旨。周太祖见而异之,令与诸子游集。后以军功,拜都督、新安太守,稍迁仪同三司,袭爵新义郡公。"荣驾鹅,春秋时期鲁国大夫名,是一位贤臣。《左传·定公元年》载:"六月癸亥,公之丧至自乾侯。戊辰,公即位。季孙使役如阚公氏,将沟焉。荣驾鹅曰:'生不能事,死又离之,以自旍也。纵子忍之,后必或耻之。'乃止。"鲁昭公曾经攻打权臣季氏,失败以后逃到国外,最后客死在他乡。昭公的灵柩从乾侯运回的时候,季孙出于报复心理打算挖一条沟。荣驾鹅劝止他说:"国君在世的时候不能侍奉他,死后又要将他与祖墓隔开,这是要彰显自己的过错吗?"后来还劝谏季孙不要给昭公恶谥,季氏都接纳了他的意见。平仄上,"韩擒虎"是平平仄,"荣驾鹅"是平仄平。两个词语都是人名。语法上,其结构形式都可以分析为主谓结构:"韩""荣"都是古国名,也可以是姓,为主语;"擒""驾"是行为动词,它们所带的宾语"虎""鹅"都是动物名词。对仗十分巧妙。

⑤青女对素娥：青女，传说中掌管霜雪的女神，《淮南子·天文训》高诱注曰"青女，天神，青霄玉女，主霜雪也"。素娥，也是传说中古代神女，月宫仙女；娥，是美女的意思。平仄上，"青女"是平仄，"素娥"是仄平。语法上，都是表示天女的名词，皆为定中结构。

⑥破头朱泚（cǐ）笏（hù），折齿谢鲲（kūn）梭（suō）：上联说的是唐代著名忠臣名将段秀实的典故，据《旧唐书·段秀实传》载，"段秀实，字成公，陇州汧阳人也"，"四年，朱泚盗据宫阙，源休教泚伪迎銮驾，阴济逆志"，"泚以秀实尝为泾原节度，颇得士心，后罢兵权，以为蓄愤且久，必肯同恶，乃召与谋议"。唐建中四年，泾原兵变，朱泚占据长安，想任用段秀实，段无奈假装相从。"秀实初诈从之，阴说大将刘海宾、何明礼、姚令言判官岐灵岳同谋杀泚，以兵迎乘舆"，段秀实暗中与人谋划诛杀朱泚，迎接德宗。"明日，泚召秀实议事，源休、姚令言、李忠臣、李子平皆在坐。秀实戎服，与泚并膝，语至僭位，秀实勃然而起，执休腕，夺其象笏，奋跃而前，唾泚面大骂曰：'狂贼，吾恨不斩汝万段，我岂逐汝反耶！'遂击之。泚举臂自捍，才中其颡，流血匍匐而走。凶徒愕然，初不敢动；而海宾等不至，秀实乃曰：'我不同汝反，何不杀我！'凶党群至，遂遇害焉。海宾、明礼、灵岳相次被杀。德宗在奉天闻其事，惜其委用不至，垂涕久之"。朱泚传召段秀实等人商议称帝之事，段秀实夺了源休的象牙笏，击打朱泚，击中朱泚的额头。朱的凶徒上来杀死了秀实，其他相与谋划刺杀朱泚的人也相继被杀。笏，古代臣朝见君时所执的狭长板子、用玉、象牙、竹木制成。下联是晋代名士谢鲲的典故，《晋书·谢鲲传》载："邻家高氏女有美色，鲲尝挑之，女投梭，折其两齿。时人为之语曰：'任达不已，幼舆折齿。'鲲闻之，傲然长啸曰：'犹不废我啸歌。'"谢鲲曾调戏邻家高氏女，结果被这女子用织梭打断了

两颗门牙。齿,本义指门牙,后以"投梭折齿"作为女子拒绝调戏的典故,亦作"投梭之拒",或省作"投梭"。平仄上,上联是仄平平仄仄,下联是仄仄仄平平。折,《广韵》"旨热切",入声。语法上,上下联都运用了倒置的手法,语序比较独特。"破头"与"折齿"相对,皆为动宾结构,"破""折"皆用如使动;"朱泚"对"谢鲲",是"头""齿"的领有者;"笏""梭"是"破""折"所用之工具。按照正常的语序表达,即笏破朱泚头,梭折谢鲲齿。

⑦留客酒怀应恨少,动人诗句不须多:古人送行之时,常常痛饮以畅离情别绪,如唐李白《金陵酒肆留别》"金陵子弟来相送,欲行不行各尽觞",唐王维《送元二使安西》"劝君更尽一杯酒,西出阳关无故人"等等,与上联意境相类。下联仿造了宋王安石《石榴花》诗中的"浓绿万枝红一点,动人春色不须多"(按,亦或作唐人诗)。平仄上,上联是平仄仄平平仄仄,下联是仄平平仄仄平平。语法上,上下联皆为主谓结构。主语是"留客酒怀""动人诗句"两个定中结构;"应恨少""不须多"是谓语部分,皆为状中结构。二者略有不相对仗之处,"应恨少"的结构当为"应/恨少","不须多"的结构是"不须/多"。

⑧绿野凝烟,但听村前双牧笛;沧江积雪,惟看滩上一渔蓑(suō):牧笛,牧童或牧民所吹的笛子,宋陆游《看梅绝句》有"月淡烟深听牧笛,死生常事不须愁"。沧江,江流、江水,唐陈子昂《群公集毕氏林亭》"子牟恋魏阙,渔父爱沧江"。蓑,雨具名,即蓑衣,唐张志和《渔歌子》"青箬笠,绿蓑衣,斜风细雨不须归"。村中牧童吹笛常常和江上渔翁垂钓一起构成古诗中的意境,比如唐张乔《题河中鹳雀楼》"渔人遗火成寒烧,牧笛吹风起夜波"。平仄上,上联是仄仄平平,仄仄平平平仄仄;下联是平平仄仄,平平平仄仄平平。笛,《广韵》"徒历切",入声;积,《广韵》"资昔切",入声,或者"子智切",去声。听,《广韵》有平、去两个读音,都有"聆"的意

思,此取去声,以合格律。看,《广韵》亦有平、去二读,此取平声以合平仄。语法上,"绿野凝烟""沧江积雪"相对,都是主谓结构。"但听村前双牧笛""惟看滩上一渔蓑"相对,都是状中结构,宾语"村前双牧笛""滩上一渔蓑"都是定中结构。从语法上看,二者对仗较为工整。

【译文】

笼和槛相对,捕鱼的饵和猎鸟的罘相对。

科举中选和应试录取相对。

像冰一样高洁和像玉一样温润相对,地势有利与民心和谐相对。

隋朝名将韩擒虎,春秋贤臣荣驾鹅。

霜雪女神和月宫仙女相对。

段秀实用笏打破了朱泚的额头,邻家女用梭打断了谢鲲的门牙。

劝远行的客人留下只恨酒太少,打动人的诗句却不需要写太多。

绿色的郊野炊烟袅袅,只听见村前两个骑牛牧童在吹笛;苍茫的江面积雪覆盖,只看到滩上一个蓑衣渔翁在垂钓。

六 麻

【题解】

"麻"是"平水韵"中下平声的第六韵部。

"麻"在《广韵》中作"莫霞切",平声,麻韵。

《笠翁对韵》所用到的韵脚字有嘉、夸、牙、槎、华、砂、筢、家、衙、霞、茶、花、涯、葭、斜、嗟、蛇、沙、纱、鸦、麻、叉、哗、瓜等24个,《声律启蒙》所用到的韵脚字有麻、衙、鸦、茶、筢、花、纱、琶、凹、涯、沙、瓜、巴、霞、槎、砂等16个。其中两书共用的韵脚字有13个:槎、砂、筢、衙、霞、茶、花、涯、沙、纱、鸦、麻、瓜。《笠翁对韵》用到而《声律启蒙》未用的有11个,嘉、夸、牙、华、家、葭、斜、嗟、蛇、叉、哗;《声律启蒙》用到而《笠翁对韵》未用到的有琶、凹、巴3个。

其一

清对浊，美对嘉^①。

鄙吝对矜夸^②。

花须对柳眼，屋角对檐牙^③。

志和宅，博望槎^④。

秋实对春华^⑤。

乾炉烹白雪，坤鼎炼丹砂^⑥。

深宵望冷沙场月，绝塞听残野戍笳^⑦。

满院松风，鱼声隐隐为僧舍；半窗花月，鹤影依依是道家^⑧。

【注释】

①清对浊，美对嘉："清""浊"是一对反义词，可以表示清水、浊水的意思，也可以表示品性的高低、还可以表示声音的清浊等等。"美""嘉"都是好的意思，褒义词。平仄上，"清""嘉"是平声，"浊""美"是仄声。浊，《广韵》作"直角切"，入声。语法上，四个词语都是形容词。

②鄙吝（bǐ lìn）对矜（jīn）夸：鄙吝，形容心胸狭窄，也形容过分爱惜钱财。矜夸，夸耀。二者都是贬义词。平仄上，"鄙吝"是仄仄，"矜夸"是平平。语法上，二者都是形容词，都是并列结构。

③花须对柳眼，屋角对檐牙：花须，就是花蕊，蕊在花心内，形如触须一般。柳眼，早春初生的柳叶如人睡眼初展，故称，唐元稹《生春》"何处生春早，春生柳眼中"。檐牙，檐际翘出如牙的部分，唐杜牧《阿房宫赋》"五步一楼，十步一阁；廊腰缦回，檐牙高啄；各抱地势，钩心斗角"。屋角，屋檐如角的部分，宋辛弃疾《满江红》

"云破林梢添远岫，月临屋角分层阁"。四个词语中的"须""眼""角""牙"皆用于比喻义。平仄上，"花须"是平平，"柳眼"是仄仄；"屋角"是仄仄，"檐牙"是平平。屋，《广韵》"乌谷切"，入声；角，《广韵》"古岳切"，入声。语法上，"花须""柳眼"都是与植物有关的名词，二者都是定中结构；"屋角""檐牙"都是与建筑相关的名词，也是定中结构。

④志和宅，博望槎（chá）：上联说的是唐代诗人张志和的典故，他浪迹江湖，隐居不仕，《新唐书·隐逸传·张志和》载："张志和，字子同，婺州金华人。始名龟龄。……十六擢明经，以策干肃宗，特见赏重，命待诏翰林，授左金吾卫录事参军，因赐名。后坐事贬南浦尉，会赦还，以亲既丧，不复仕，居江湖，自称烟波钓徒。……兄鹤龄恐其遁世不还，为筑室越州东郭，茨以生草，椽栋不施斤斧。豹席棷屏，每垂钓不设饵，志不在鱼也。……观察使陈少游往见，为终日留，表其居曰玄真坊。以门隘，为买地大其阃，号回轩巷。……颜真卿为湖州刺史，志和来谒，真卿以舟敝漏，请更之，志和曰：'愿为浮家泛宅，往来苕、霅间。'"从"浮家泛宅"可见，"志和宅"指的是隐士张志和所渴望的浮踪浪迹、超然物外的生活，不是指某个现实的宅院，如明祝允明《家藏刘松年小方》有"湖上烟波志和宅，山阴风雪戴逵家"。下联说的是西汉博望侯张骞的典故，《史记·卫将军骠骑列传》"张骞从大将军，以尝使大夏，留匈奴中久，导军，知善水草处，军得以无饥渴，因前使绝国功，封骞博望侯"。博望槎，宋胡仔《苕溪渔隐丛话前集·杜少陵六》引南朝梁宗懔《荆楚岁时记》："张华《博物志》云：汉武帝令张骞穷河源，乘槎经月而去，至一处，见城郭如官府，室内有一女织，又见一丈夫牵牛饮河。骞问云：'此是何处？'答曰：'可问严君平。'织女取支机石与骞而还。"汉武帝喜欢求仙访道，有一次他派张骞去黄河的源头，乘坐木筏，来到一处。在那里，

张骞遇到一个女子在室内织布,还见到一个男子牵着牛在河里饮水。槎,木筏,晋张华《博物志》卷三"年年八月,有浮槎去来不失期"。张骞槎说的是神仙故事,象征的是古人对于神仙世界的向往和追求。平仄上,"志和宅"是仄平仄,"博望槎"是仄仄平。宅,《广韵》"场伯切",入声;博,《广韵》"补各切",入声。语法上,二者都是定中结构。

⑤秋实对春华:秋实,秋季成熟的谷物及果实;春华,春天的花。"秋实"常与"春华"相对:北齐颜之推《颜氏家训·勉学》"夫学者犹种树也,春玩其华,秋登其实。讲论文章,春华也;修身利行,秋实也"。平仄上,"秋实"是平仄,"春华"是平平。实,《广韵》"神质切",入声。语法上,二者都是定中结构。

⑥乾(qián)炉烹(pēng)白雪,坤鼎(dǐng)炼丹砂:清代道士傅金铨《丹道吕洞宾》曰:"安炉立鼎譬内外,两个乾坤,炼己筑基,固彼我一身邦国。"又曰:"鼎器法天象地,因而有乾炉坤鼎之喻,有内鼎外鼎之称。"乾炉、坤鼎,是道家用来煮茶炼丹的器皿,亦可作"坤炉""乾鼎"。烹白雪,是指用雪水煮茶,唐喻凫《送潘咸》有"煮雪问茶味,当风看雁行"。炼丹砂,道教法术,源于古代方术,指置朱砂于炉中炼制。汉刘向《列仙传》:"主柱者,不知何所人也。与道士共上宕山,言此有丹砂,可得数万斤。宕山长吏,知而上山封之。砂流出,飞如火,乃听柱取。为邑令章君明饵砂,三年得神砂飞雪,服之,五年能飞行,遂与柱俱去云。主柱同窥,道士精彻。玄感通山,丹砂出穴。荧荧流丹,飘飘飞雪。宕长悟之,终然同悦。"道家认为服用丹砂可以长生或飞升。平仄上,上联是平平平仄仄,下联是平仄仄平平。白,《广韵》"傍陌切",入声。语法上,上下联都是主谓结构。

⑦深宵(xiāo)望冷沙场月,绝塞(sài)听残野戍(shù)笳:上联化用唐王昌龄《出塞二首》(或作李白诗)的"战罢沙场月色寒"。

深宵，深夜。沙场，战场，唐王翰《凉州词二首》其一"醉卧沙场君莫笑，古来征战几人回"。下联化用明刘基《杀气》中的"夜哭城笳里，朝烟野戍傍"。绝塞，指极边远的塞外。野戍，指野外驻防之处；戍，戍守，守边。笳，就是胡笳，汉时流行于塞北和西域一带；传说是汉张骞从西域传入，其音悲凉；魏晋以后成为军乐，三国魏杜挚《笳赋》"羁旅之士，感时用情，乃命狄人，操笳扬清"。月、关、笳，是古代边塞诗词中常见的意象，皆有凄清、寒冷的意境。如唐孟浩然《凉州词》"异方之乐令人悲，羌笛胡笳不用吹。坐看今夜关山月，思杀边城游侠儿"。平仄上，上联是平平仄仄平平仄，下联是仄仄平平仄仄平。绝，《广韵》"情雪切"，入声。"沙场"之"场"今读上声，chǎng；《广韵》"直良切"，平声。语法上，上下联都是状中结构："深宵""绝塞"，都是定中结构作地点状语；谓语中心"望冷沙场月""听残野戍笳"是动宾结构，"冷""残"在这里充当补语。

⑧满院松风，鱼声隐隐为僧舍；半窗花月，鹤影依依是道家：此联以"满院风""半窗月"相对，化用唐杜荀鹤《题唐兴寺小松》中的"侵僧半窗月，向客满襟风"。满院松风，庭院中种植松树，有风时便是满院松风，典出《晋书·陶弘景传》："弘景为人员通谦谨，出处冥会，心如明镜，遇物便了。言无烦舛，有亦随觉。永元初，更筑三层楼，弘景处其上，弟子居其中，宾客至其下。与物遂绝，唯一家僮得至其所。本便马善射，晚皆不为，唯听吹笙而已。特爱松风，庭院皆植松，每闻其响，欣然为乐。有时独游泉石，望见者以为仙人。"鱼声隐隐，寺庙中僧人敲木鱼所发出的声音；今本多作"钟声隐隐"。隐隐，象声词。半窗，古代诗文常用"半窗"形容月光照耀，窗棂明暗各半的情景，唐王建《李处士故居》"一院落花无客醉，半窗残月有莺啼"，宋王之道《惜奴娇》"花月多情，摇碎半窗清影"。鹤影，隐逸诗中常见的意象，如唐齐己《湖西逸人》"老隐洞庭西，渔樵共一溪。琴前孤鹤影，石上远僧题"。今本多

作"锡影"。依依,是隐约的意思,晋陶渊明《归园田居》之一"暧暧远人村,依依墟里烟"。"钟声""锡影"亦可对仗,然而"鱼声"与"僧舍"、"鹤影"与"道家"照应更佳,故本书取此说。平仄上,上联是仄仄平平,平平仄仄平平仄;下联是仄平平仄,仄仄平平仄仄平。语法上,"满院松风"对"半窗花月",皆为定中结构,描写环境;"松风""花月"也是定中结构,意为吹拂松树之风,映衬花影之月。"鱼声隐隐为僧舍""鹤影依依是道家"相对,都是主谓结构:其主语"鱼声隐隐""鹤影依依"也是主谓结构,谓语"为僧舍""是道家"对其作出判断。此联对仗工整。

【译文】

清和浊相对,美和好相对。

鄙陋吝啬和骄傲浮夸相对。

花蕊和柳叶相对,屋角和檐牙相对。

张志和的浮宅,博望侯的木筏。

秋天的果实和春天的花朵相对。

乾炉烹煮白雪,坤鼎炼制丹砂。

深夜里望着沙场上的月色慢慢清冷,边塞上听着郊野里的笳声逐渐微弱。

风吹得满院松树沙沙,远处传来寺庙隐隐的木鱼声;月照得半窗花影摇曳,依稀可以看到鹤飞过的身影。

其二

雷对电,雾对霞①。

蚁阵对蜂衙②。

寄梅对怀橘,酿酒对烹茶③。

宜男草,益母花④。

杨柳对蒹葭⑤。

班姬辞帝辇,蔡琰泣胡笳⑥。

舞榭歌楼千万户,竹篱茅舍两三家⑦。

珊枕半床,月明时梦飞塞外;银筝一曲,花落处人在天涯⑧。

【注释】

①雷对电,雾对霞:平仄上,"雷""霞"是平声,"电""雾"是仄声。语法上,两组都是名词。

②蚁阵对蜂衙(yá):蚁阵,蚂蚁战斗时的阵势;蜂衙,群蜂早晚聚集,簇拥蜂王,如旧时官吏到上司衙门排班参见。蚁阵,琅环阁藏本作"蚁阙",今本多作"蚁阵"。古代诗文中"蚁阵""蜂衙"并提之例甚多,用于比喻人们追逐名利,有如蚁集蜂拥,不知疲倦。比如《秦修然竹坞听琴》第二折"都为那蜗角虚名,蝇头微利,蚁阵蜂衙"等等。从用典的角度看,以"蚁阵"为佳。《声律启蒙》下"六麻"亦作"蚁阵对蜂衙"。平仄上,"蚁阵"是仄仄,"蜂衙"是平平。语法上,二者都是定中结构。

③寄梅对怀橘(jú),酿酒对烹茶:寄梅,是南朝时陆凯与范晔的典故,《太平御览·果部》引《荆州记》曰:"陆凯与范晔相善,自江南寄梅花一枝诣长安与晔并赠花诗,曰:'折花逢驿使,寄与陇头人。江南无所有,聊赠一枝春。'"后人常用此典,如《全唐诗》中徐铉《送应之道人归江西》曰"岁暮定知回未得,信来凭为寄梅花"。怀橘,说的是三国时吴国陆绩的故事,出自《三国志·吴书·陆绩传》的记载:"陆绩字公纪,吴郡吴人也。父康,汉末为庐江太守。绩年六岁,于九江见袁术。术出橘,绩怀三枚,去,拜辞堕地,术谓曰:'陆郎作宾客而怀橘乎?'绩跪答曰:'欲归遗母。'

术大奇之。”陆绩见袁术的时候，才六岁。袁术给他橘子，他在怀里揣了三个。临走的时候拜辞，橘子掉到了地上。袁术问他为什么做客还偷藏橘子，他说是带给母亲吃。“寄梅”“怀橘”，前者对友人寄托思念，后者对母亲表达孝心，情怀类似。平仄上，“寄梅”是仄平，“怀橘”是平仄；“酿酒”是仄仄，“烹茶”是平平。橘，《广韵》“居聿切”，入声。语法上，两组词语都是动宾结构。

④宜男草，益母花：宜男草，萱草的别名，古人认为孕妇佩戴萱草则生男。清孙枝蔚《房兴公新姬》诗之二：“生儿便是宜男草，对客休矜解语花。”益母，草药名，明李时珍《本草纲目》曰“益母草之根、茎、花、叶、实，并皆入药，可同用。若治手、足厥阴血分风热，明目益精，调女人经脉，则单用茺蔚子为良。若治肿毒疮疡，消水行血，妇人胎产诸病，则宜并用为良。盖其根、茎、花、叶专于行，而子则行中有补故也”，可见古人主要用它来治疗妇女产前产后的一些疾病，故曰“益母”。平仄上，“宜男草”是平平仄，“益母花”是仄仄平。语法上，两个词语都是定中结构。

⑤杨柳对蒹葭（jiān jiā）：杨柳，指杨树和柳树，也可以特指杨柳，《诗经·小雅·采薇》“昔我往矣，杨柳依依”。此处当指前者。蒹葭，荻草与芦苇，《诗经·秦风·蒹葭》“蒹葭苍苍，白露为霜”。平仄上，“杨柳”是平仄，“蒹葭”是平平。语法上，二者都是名词，都是并列结构。

⑥班姬辞帝辇（niǎn），蔡琰（yǎn）泣胡笳（jiā）：上联说的是班婕妤的典故，出自《汉书·外戚传》：“孝成班婕妤。帝初即位选入后宫。始为少使，蛾而大幸，为婕妤，居增成舍，再就馆，有男，数月失之。成帝游于后庭，尝欲与婕妤同辇载，婕妤辞曰：‘观古图画，贤圣之君皆有名臣在侧，三代末主乃有嬖女，今欲同辇，得无近似之乎？’上善其言而止。太后闻之，喜曰：‘古有樊姬，今有班婕妤。’婕妤诵《诗》及《窈窕》《德象》《女师》之篇。每进见上

疏,依则古礼。"班姬就是班婕妤,她是汉成帝宫中女官,德才兼备,为成帝所宠幸。成帝让她和自己同车出行,她拒绝了,说:"古代的图画中,圣贤之君都是名臣在身边,末代天子才让宠爱的女人在旁侍奉,如果让我同车,那不就类似这种情况吗?"赵飞燕得宠后,班婕妤被冷落。下联说的是蔡琰的典故,蔡琰是蔡邕的女儿,字文姬,也是一个才貌双全的女子。《后汉书·列女传》记载:"陈留董祀妻者,同郡蔡邕之女也,名琰,字文姬。博学有才辩,又妙于音律。适河东卫仲道。夫亡无子,归宁于家。兴平中,天下丧乱,文姬为胡骑所获,没于南匈奴左贤王,在胡中十二年,生二子。曹操素与邕善,痛其无嗣,乃遣使者以金璧赎之,而重嫁于祀。"史书记载蔡琰在第一任丈夫去世后回到家中,又遇到战乱,被匈奴掳走,嫁给了南匈奴左贤王,生了两个孩子。十二年后,曹操把她赎回,嫁给了董祀。相传她曾作《胡笳十八拍》,叙述自己一生悲惨的遭遇,表达了她思念故乡又不舍骨肉的矛盾心情。平仄上,上联是平平平仄仄,下联是仄仄仄平平。平仄上,两句都是主谓结构。

⑦舞榭(xiè)歌楼千万户,竹篱(lí)茅舍两三家:榭,建在高台上的木屋,多为游观之所。"舞榭"常与"歌楼""歌台"并提,皆指供歌舞用的楼屋,如唐武元衡《古意》"舞榭黄金梯,歌楼白云面",唐许尧佐《石季伦金谷园》"舞榭苍苔掩,歌台落叶繁"。竹篱茅舍,常指乡村中简陋的屋舍。乡村居处不如城里密集,故而前面是"千万户",而后面是"两三家",这是古诗词里常见的景象。如宋汪莘《蓦山溪》"竹篱茅舍,鸡犬两三家"。平仄上,上联是仄仄平平平仄仄,下联是仄平平仄仄平平。竹,《广韵》"张六切",入声。语法上,上下联都是主谓结构:主语"舞榭歌楼""竹篱茅舍"皆为名词性并列结构;谓语"千万户""两三家"是数量短语,陈述主语的数量情况。

⑧珊（shān）枕半床，月明时梦飞塞（sài）外；银筝（zhēng）一曲，花落处人在天涯：珊枕，用珊瑚装饰的枕头，宋韩淲《恋绣衾》"香浓翠被屏山曲，把珊枕，侧过又移"。半床，古人常用"半床空""半床月"来表现女子对远在天涯的情郎的思念，比如唐许浑《南海府罢南康阻浅行侣稍稍登陆而遇宴饯至频暮宿东溪》"离歌不断如留客，归梦初惊似到家。山鸟一声人未起，半床春月在天涯"，宋贺铸《小重山》"楚梦冷沉踪。一双金缕枕，半床空"等等，上联当是化用了这样的诗句。银筝，用银装饰的筝，常借来表示女子思念情郎的心情，如唐王涯《杂曲歌辞·秋夜曲》"银筝夜久殷勤弄，心怯空房不忍归"。人在天涯，元马致远《天净沙·秋思》有"夕阳西下，断肠人在天涯"的句子，融化在此联中，意境非常吻合。此联两句都是表达闺中人对远在塞外、天涯的情郎的思念之情。平仄上，上联是平仄仄平，仄平平仄平仄仄；下联是平平仄仄，平仄仄平仄平平。一，《广韵》"於悉切"，入声。上联下半句的第四字和第六字都是仄声，失替；下联下半句的第四字和第六字都是平声，失替。语法上，"珊枕半床"与"银筝一曲"相对，都是主谓结构。"月明时梦飞塞外"与"花落处人在天涯"相对，都是状中结构："月明时""花落处"作状语，"处"在这里和"时"意思差不多，乃对文互训，意思是月明之时，花落之时；中心语"梦飞塞外""人在天涯"是主谓结构。

【译文】

雷和电相对，雾和霞相对。

蚂蚁排列如战阵和群蜂聚集如衙门相对。

寄一枝梅花给友人和藏三只橘子给母亲相对，酿酒和煮茶相对。

宜男草，益母花。

杨柳和芦苇相对。

班婕妤拒绝和皇帝共坐辇车，蔡文姬写下了感人的胡笳曲。

歌舞亭台多达千万户,农家茅舍只有三两家。

月明之时,梦里已经飞到边塞外,而眼前只有半床珊枕相伴;落花时节,弹奏起动听的银筝曲,思念远在天涯的那个情郎。

其三

圆对缺,正对斜^①。

笑语对咨嗟^②。

沈腰对潘鬓,孟笋对卢茶^③。

百舌鸟,两头蛇^④。

帝里对仙家^⑤。

尧仁敷率土,舜德被流沙^⑥。

桥上授书曾纳履,壁间题句已笼纱^⑦。

远塞迢迢,露碛风沙何可极;长沙渺渺,雪涛烟浪信无涯^⑧。

【注释】

①圆对缺,正对斜:圆、缺,在形容月亮的变化上是相反的一组词,宋苏轼《水调歌头》有"人有悲欢离合,月有阴晴圆缺,此事古难全"的话。"正""斜"也是一对相反意义的词,唐王周《志峡船具诗·梢》"制之居首尾,俾之辨斜正"。平仄上,"圆""斜"是平声,"缺""正"是仄声。缺,《广韵》"苦穴切",入声。语法上,四个词语都是形容词。

②笑语对咨嗟(jiē):笑语,谈笑、说笑,唐贾岛《喜雍陶至》"今朝笑语同,几日百忧中"。咨嗟,感叹、叹息,汉焦赣《易林·离之升》"车伤牛罢,日暮咨嗟"。"咨""嗟"义同,《尚书·尧典》:"帝曰:'咨!汝羲暨和。'"孔安国传:"咨,嗟。"平仄上,"笑语"是仄仄,

"咨嗟"是平平。语法上,二者都是动词,都是并列结构。

③ 沈腰对潘(pān)鬓,孟笋对卢茶:沈腰,说的是南朝沈约的典故,据《梁书·沈约传》载,"初,约久处端揆,有志台司,论者咸谓为宜,而帝终不用,乃求外出,又不见许"。因为得不到重用,"与徐勉素善,遂以书陈情于勉",和徐勉关系好,所以写信跟他陈情:"……外观傍览,尚似全人,而形骸力用,不相综摄。常须过自束持,方可僶俛。解衣一卧,支体不复相关","百日数旬,革带常应移孔;以手握臂,率计月小半分。以此推算,岂能支久?若此不休,日复一日,将贻圣主不追之恨。冒欲表闻,乞归老之秩。若天假其年,还得平健,才力所堪,惟思是策"。他表示自己身体不好,瘦骨难支,请求告老归乡。后来人们就用"沈腰"作为腰围瘦减的代称。潘鬓,说的是晋潘岳的典故,潘岳有《秋兴赋》序"余春秋三十有二,始见二毛",二毛是头发花白的意思,后来人们以"潘鬓"表示鬓发初白。沈腰、潘鬓连用,用于表示饱受摧折的神情外貌,南唐李煜《破阵子》中有"一旦归为臣虏,沈腰潘鬓销磨"。孟笋,说的是三国吴人孟宗的典故,《三国志·吴书·吴主传》裴松之注孟宗之事曰:"《吴录》曰:仁字恭武,江夏人也,本名宗,避皓字,易焉。少从南阳李肃学。……迁吴令。时皆不得将家之官,每得时物,来以寄母,常不先食。及闻母亡,犯禁委官,语在权传。特为减死一等,复使为官,盖优之也。《楚国先贤传》曰:宗母嗜笋,冬节将至。时笋尚未生,宗入竹林哀叹,而笋为之出,得以供母,皆以为至孝之所致感。"孟宗至孝,他母亲喜欢吃笋,时值冬日,笋未形成,孟宗在竹林中哀叹,竟使得竹笋提前长了出来。卢茶,指的是唐代诗人卢仝的典故,他著有《茶谱》,人称"茶仙",有《走笔谢孟谏议寄新茶》一诗,其中有"七碗茶歌"颇负盛名:"一碗喉吻润;二碗破孤闷;三碗搜枯肠,唯有文字五千卷;四碗发轻汗,平生不平事,尽向毛孔散;五碗肌骨清;

六碗通仙灵;七碗吃不得也,唯觉两腋习习清风生。"平仄上,"沈腰"是仄平,"潘鬓"是平仄;"孟笋"是仄仄,"卢茶"是平平。语法上,四个词语都是定中结构,名词。

④百舌鸟,两头蛇:百舌鸟,鸟名,《礼记·月令》"(仲夏之月)反舌无声",汉郑玄注"反舌,百舌鸟"。两头蛇,蛇名,古人传说见到这种蛇就会死,汉贾谊《新书·春秋》:"孙叔敖之为婴儿也,出游而还,忧而不食。其母问其故,泣而对曰:'今日吾见两头蛇,恐去死无日矣。'其母曰:'今蛇安在?'曰:'吾闻见两头蛇者死,吾恐他人又见,吾已埋之也。'其母曰:'无忧,汝不死。吾闻之,有阴德者,天报以福。'"孙叔敖年幼的时候,见了两头蛇,怕别人见到之后遭殃,就把蛇杀了埋了。平仄上,"百舌鸟"是仄仄仄,"两头蛇"是仄平平。百,《广韵》"博陌切",入声;舌,《广韵》"食列切",入声。语法上,两个词语都是名词,定中结构。

⑤帝里对仙家:帝里,就是帝都,唐李百药《赋得魏都》"帝里三方盛,王庭万国来"。仙家,就是仙人所住的地方,唐牟融《天台》"洞里无尘通客境,人间有路入仙家"。平仄上,"帝里"是仄仄,"仙家"是平平。语法上,两个词语都是名词,定中结构。

⑥尧(yáo)仁敷率土,舜(shùn)德被流沙:敷,传布、散布,《尚书·大禹谟》"文命敷于四海,祗承于帝"。率土,《诗经·小雅·北山》有"普天之下,莫非王土;率土之滨,莫非王臣",王引之《经义述闻》云:"《尔雅》曰:'率,自也。''自土之滨'者,举外以包内,犹言'四海之内,莫非王臣'。""率土"和"普天"相对,都是境域之内的意思。被,达到、延及,《尚书·禹贡》"东渐于海,西被于流沙",孔安国传"被,覆"。流沙,就是沙漠,因为沙经常被风吹而流动,故名;《楚辞·离骚》"忽吾行此流沙兮,遵赤水而容与",王逸注"流沙,沙流如水也"。平仄上,上联是平平平仄仄,下联是仄仄仄平平。德,《广韵》"多则切",入声。语法上,上下联都是主谓结构。

⑦桥上授书曾纳履（lǚ），壁间题句已笼纱：上联说的是张良的故事。张良的祖先是战国时期韩国人，根据《史记·留侯世家》载，韩国被秦国所灭之后，张良曾与大力士试图在博浪沙刺杀秦始皇而失败，不得不到下邳躲起来。"良尝闲从容步游下邳圯上，有一老父，衣褐，至良所，直堕其履圯下，顾谓良曰：'孺子，下取履！'良鄂（愕）然，欲殴之。为其老，强忍，下取履。父曰：'履我！'良业为取履，因长跪履之。父以足受，笑而去。良殊大惊，随目之。父去里所，复还，曰：'孺子可教矣。后五日平明，与我会此。'良因怪之，跪曰：'诺。'"他在下邳遇到一位老人，他的鞋子掉到桥下，让张良去捡起来，还要张良为自己穿上。张良一一照做，老人就约他五天后的早上相见。"五日平明，良往。父已先在，怒曰：'与老人期，后，何也？'去，曰：'后五日早会。'五日鸡鸣，良往。父又先在，复怒曰："后，何也？"去，曰：'后五日复早来。'五日，良夜未半往。有顷，父亦来，喜曰：'当如是。'出一编书，曰：'读此则为王者师矣。后十年兴。十三年孺子见我济北，谷城山下黄石即我矣。'遂去，无他言，不复见。旦日视其书，乃太公兵法也。良因异之，常习诵读之。"经过反复地考验以后，老人送了他一本兵书。张良学了之后，辅佐刘邦打下了天下。纳履，穿鞋的意思，《乐府诗集·相和歌辞七·君子行》"瓜田不纳履，李下不正冠"。下联的典故是有关唐代诗人王播的，《苕溪渔隐丛话后集·唐人杂纪上》引《古今诗话》云："王播少孤贫，尝客扬州惠昭寺木兰院，随僧斋飡，僧颇厌之；及播至，已饭矣。后二纪，播自重位镇是邦，因访旧游，向所题以碧纱笼之。播乃题二绝云：'二十年前此院游，木兰花发院初修。而今再到经行处，树老无花僧白头。''上堂已了各西东，惭愧阇黎饭后钟。二十年来尘扑面，而今始得碧纱笼。'"王播贫弱之时，寄食于木兰院，遭到僧人们的厌弃。等到二十多年后做了大官回去，发现原来题在寺里

的诗句已经用碧纱笼罩起来了,于是就有了"二十年来尘扑面,而今始得碧纱笼"的诗句。平仄上,上联是平仄仄平平仄仄,下联是仄平平仄仄平平。语法上,"桥上授书"与"壁间题句"相对,都是状中结构,主语省去。"曾纳履"与"已笼纱"相对,两个都是状中结构,也省去主语。

⑧远塞(sài)迢迢(tiáo),露碛(qì)风沙何可极;长沙渺渺(miǎo),雪涛烟浪信无涯:迢迢,形容道路遥远,唐孟浩然《凉州词》"胡地迢迢三万里,那堪马上送明君"。碛,沙漠的意思,《资治通鉴·隋炀帝大业四年》"世雄孤军度碛,伊吾初谓隋军不能至,皆不设备;闻世雄军已度碛,大惧,请降",胡三省注"流沙亦谓之碛"。渺渺,悠远,宋王安石《忆金陵》"想见旧时游历处,烟云渺渺水茫茫"。信,确实、实在,唐李白《梦游天姥吟留别》"海客谈瀛洲,烟涛微茫信难求"。无涯,没有边际。平仄上,上联是仄仄平平,仄仄平平平仄仄;下联是平平仄仄,仄平平仄仄平平。碛,《广韵》"七迹切",入声;极,《广韵》"渠力切",入声。语法上,"远塞迢迢"对"长沙渺渺",皆为主谓结构。"露碛风沙何可极"对"雪涛烟浪信无涯",也都是主谓结构;谓语部分"何可极""信无涯"皆为状中结构;状语"何""信",前者用疑词表反问,后者用确语表肯定,都表达一种无可置疑的语气。

【译文】

圆和缺相对,正和斜相对。

谈笑和叹息相对。

沈约的细腰和潘岳的苍鬓相对,孟宗的笋和卢仝的茶相对。

百舌鸟,两头蛇。

帝王所居之处和仙人所处之家相对。

尧帝的仁德遍及天下,虞舜的德泽传到流沙。

张良在桥上遇到老人,他给老人穿鞋,老人授与他兵书;王播曾在寺墙上题诗,二十多年之后,诗句被罩上碧纱。

　　边塞迢迢,那裸露的沙砾如何可以穷尽;平沙渺渺,这海上的波浪实在无边无涯。

其四

疏对密,朴对华①。

义鹘对慈鸦②。

鹅群对雁阵,白苎对黄麻③。

读三到,吟八叉④。

肃静对喧哗⑤。

围棋兼把钓,沉李并浮瓜⑥。

羽客片时能煮石,狐禅千劫似蒸沙⑦。

党尉粗豪,金帐笼香斟美酒;陶生清逸,银铛融雪啜团茶⑧。

【注释】

①疏对密,朴对华:朴,指未经加工的木料,与"华丽""华美"的"华"意义相对。平仄上,"疏""华"是平声,"密""朴"是仄声。朴,《广韵》"匹角切",入声。语法上,两组词语皆是意义相对的形容词。

②义鹘(hú)对慈鸦:义鹘,典出唐杜甫《义鹘行》诗:"阴崖有苍鹰,养子黑柏颠。白蛇登其巢,吞噬恣朝餐。雄飞远求食,雌者鸣辛酸。力强不可制,黄口无半存。其父从西归,翻身入长烟。斯须领健鹘,痛愤寄所宣。斗上捩孤影,嗷哮来九天。修鳞脱远枝,巨颡拆老拳。高空得蹭蹬,短草辞蜿蜒。折尾能一掉,饱肠皆已穿。生虽灭众雏,死亦垂千年。物情有报复,快意贵目前。兹实鸷鸟最,急难心炯然。功成失所往,用舍何其贤。近经滩水湄,

此事樵夫传。飘萧觉素发，凛欲冲儒冠。人生许与分，只在顾盼间。聊为义鹘行，用激壮士肝。"苍鹰的孩子被白蛇吃了，雌鸟力不能胜。后来雄鸟从外面觅食归来，得知此事，翻身去找来一只健鹘。鹘、蛇大斗一场，终得报仇雪恨。功成之后，鹘却不知所踪，故而诗人记录了此鹘的侠义之事，流传人间。鹘，鸟名，飞得很快，善于袭击其它鸟类，亦名隼，明李时珍《本草纲目·禽四·鹘》"鹘，小于鸱而最猛捷，能击鸠、鸽，亦名鹘子，一名笼脱"。慈鸦，就是慈乌，乌鸦的一种，相传此鸟能反哺其母，故称。明李时珍《本草纲目·禽三·慈乌》"此鸟初生，母哺六十日，长则反哺六十日，可谓慈孝矣"。平仄上，"义鹘"是仄仄，"慈鸦"是平平。鹘，《广韵》"户骨切"，入声。语法上，"义鹘""慈鸦"都是定中结构。

③鹅群对雁阵，白苎（zhù）对黄麻：鹅群，这里用的是王羲之的典故，《晋书·王羲之传》载："又山阴有一道士，养好鹅，羲之往观焉，意甚悦，固求市之。道士云：'为写《道德经》，当举群相赠耳。'羲之欣然写毕，笼鹅而归，甚以为乐。"王羲之好鹅，曾写《道德经》与山阴道士换一群鹅。雁阵，成列而飞的雁群，唐王勃《滕王阁序》"雁阵惊寒，声断衡阳之浦"。兵法和书法中都有"雁阵"之说。白苎，白色的苎麻；黄麻，大麻。二者都是药名，李时珍的《本草纲目》中皆有提及。平仄上，"白苎"是仄仄，"黄麻"是平平。白，《广韵》"傍陌切"，入声。语法上，四个词语都是定中结构。

④读三到，吟八叉：读三到，清代教育家李毓秀《弟子规》有"读书法，有三到，心眼口"，这个典故出自南宋朱熹《训学斋规》："余尝谓读书有'三到'，谓心到、眼到、口到。心不在此，则眼不看仔细，心眼既不专一，只漫浪诵读，决不能记，记不能久也。'三到'之中，心到最急。心既到矣，眼口岂不到乎？"吟八叉，是唐代诗

人温庭筠的典故。据《唐才子传》载："庭筠字飞卿,旧名岐,并州人,宰相彦博之孙也。少敏悟,天才雄赡,能走笔成万言。善鼓琴吹笛,云:'有弦即弹,有孔即吹,何必爨桐与柯亭也。'侧词艳曲,与李商隐齐名,时号'温、李'。才情绮丽,尤工律赋。每试,押官韵,烛下未尝起草,但笼袖凭几,每一韵一吟而已,场中曰'温八吟'。又谓八叉手成八韵,名'温八叉'。"温庭筠写诗,押官韵,每一韵一吟叉一次手,人称"温八吟""温八叉"。平仄上,"读三到"是仄平仄,"吟八叉"是平仄平。读,《广韵》"徒谷切",入声;八,《广韵》"博拔切",入声。语法上,"读三到""吟八叉"都是主谓结构:主语"读""吟"都是动词,指读书、吟诗两种行为,是古代文人常做的两件事;"三到""八叉"陈述读书的要求和吟诗的状态,皆为状中结构。

⑤肃静对喧哗:肃静,严肃而安静。喧哗,声音嘈杂混乱。二者语义相对。平仄上,"肃静"是仄仄,"喧哗"是平平。语法上,二者都是形容词,并列结构。

⑥围棋兼把钓,沉李并浮瓜:把钓,就是手持钓竿钓鱼,唐韩偓《秋深闲兴》"把钓覆棋兼举白,不离名教可颠狂";把,手持的意思。围棋、钓鱼皆颇为耗时,古人常通过描写这两种行为来抒发隐逸散淡的情怀。沉李浮瓜,这个词语又作"浮瓜沉李",出自三国魏曹丕《与朝歌令吴质书》"浮甘瓜于清泉,沉朱李于寒水",谓以凉水泡洗瓜果解渴;后便借此来代指消夏乐事,宋苏轼《答苏伯固四首》之四"大盆如命取去,为暑中浮瓜沉李之一快也"。平仄上,上联是平平平仄仄,下联是平仄仄平平。语法上,两句皆用两个动作行为表并列关系,用"兼""并"两个词连接。

⑦羽客片时能煮石,狐禅(chán)千劫似蒸沙:羽客,指神仙或方士,唐柳宗元《摘樱桃赠元居士时在望仙亭南楼与朱道士同处》"蓬莱羽客如相访,不是偷桃一小儿"。煮石,就是煮白石,据说神

仙以煮白石为粮,晋葛洪《神仙传·白石先生》"(白石先生)常煮白石为粮,因就白石山居"。狐禅,禅门指妄称开悟、流入邪僻者,后用以泛指异端邪说,又叫"野狐禅""野狐"。千劫,指旷远的时间与无数的生灭成坏,唐太宗《圣教序》"无灭无生历千劫";劫,是佛教名词,"劫波"的略称,意为极久远的时节。蒸沙,出自《大佛顶如来密因修证了义诸菩萨万行首楞严经》:"是故阿难,若不断淫修禅定者,如蒸沙石,欲其成饭,经百千劫,祇名热沙。何以故? 此非饭本,沙石成故。汝以淫身求佛妙果,纵得妙悟,皆是淫根。"佛经中常见此语,如《宗镜录》"足抹大地石,蒸沙成饭无"等。可见下联意谓如果其心不正,修野狐禅这种邪门外道,则即便历尽千劫,如蒸沙做饭,也是不能得道成功的。平仄上,上联是仄仄仄平平仄仄,下联是平平平仄仄平平。石,《广韵》"常隻切",入声;劫,《广韵》"居怯切",入声。语法上,上下联都是主谓结构:"羽客""狐禅"是主语,前者是正道,后者是外道;谓语部分"片时能煮石""千劫似蒸沙",都是状中结构,状语是"片时""千劫",表时间,前者强调时间之短,后者表示历时之久。

⑧党尉(wèi)粗豪,金帐笼香斟美酒;陶生清逸,银铛(chēng)融雪啜(chuò)团茶:此联说的是北宋名臣陶谷的典故,《苕溪渔隐丛话前集》载:"宋陶谷,字秀实,为学士,得党太尉家姬。遇雪,陶取雪水烹茶,谓姬曰:'党家有此风否?'对曰:'彼粗人,安有此。但能于销金帐中浅斟低唱,饮羊羔儿酒耳。'陶默然,惭其言。"陶谷有个小妾,曾是党太尉的家姬。这一天下雪,陶谷就取雪水煮茶,问这歌姬说:"党家有没有这样的做法?"她回说:"那是个粗人,怎么会做这种事情? 他只会在销金帐中浅斟低唱,饮羊羔酒罢了!"陶谷听了感到很惭愧。铛,一种古代的温器,用来把茶和酒温热。铛一般以金属或陶、瓷等制成,此处说用银,当是嘲讽陶生的卖弄。啜,饮的意思。团茶,宋代用圆模制成的茶

饼,宋欧阳修《归田录》卷二"茶之品,莫贵于龙凤,谓之团茶,凡八饼重一斤"。平仄上,上联是仄仄平平,平仄平平平仄仄;下联是平平平仄,平平平仄仄平平。语法上,"党尉粗豪"对"陶生清逸",是主谓结构,形容词充当谓语。"金帐笼香""银铛融雪"相对,是状中结构,"金帐""银铛"是表工具的状语。"斟美酒""啜团茶"相对,都是动宾结构。对仗工整。

【译文】

疏和密相对,朴和华相对。

仁义的鹃和慈孝的鸦相对。

鹅群和雁阵相对,白苎和黄麻相对。

古人读书讲究三到,温庭筠吟诗须八叉。

肃静和喧哗相对。

一边围棋一边垂钓,又是泡李又是浸瓜。

神仙方士片刻就能把石头煮成食物,邪魔外道历经千劫也无法修成正果。

党尉性情粗豪,在销金帐里斟饮美酒;陶谷为人清雅,用银铛融雪烹煮好茶。

七　阳

【题解】

"阳"是"平水韵"中下平声的第七韵部。

"阳"在《广韵》中读"与章切",平声,阳韵。

《笠翁对韵》中所用到的韵脚字有塘、阳、娘、肠、浆、香、床、常、黄、长、樯、乡、凰、觞、廊、强、妆、杨、羊、光、梁、墙、王、霜、堂、房、梁、凉等28个,《声律启蒙》用到的有长、香、王、塘、妆、堂、霜、阳、汤、唐、肠、黄、庄、杨、廊、乡、螂、煌等18个字。其中两书共用到的有12个字:长、香、王、塘、妆、堂、霜、阳、肠、杨、廊、乡。仅《笠翁对韵》用到的有娘、浆、床、常、黄、樯、凰、筋、强、羊、光、梁、墙、房、梁、凉等16个字，仅《声律启蒙》用到的有汤、唐、黄、庄、螂、煌等6个字。

其一

台对阁，沼对塘①。

朝雨对夕阳②。

游人对隐士，谢女对秋娘③。

三寸舌，九回肠④。

玉液对琼浆⑤。

秦皇照胆镜，徐肇返魂香⑥。

青萍夜啸芙蓉匣，黄卷时摊薜荔床⑦。

元亨利贞，天地一机成化育；仁义礼智，圣贤千古立纲常⑧。

【注释】

①台对阁，沼（zhǎo）对塘：台，是一种高而上平的方形建筑物，主要用于眺望和观赏。阁，也是一种建筑物的名称，可以用来指楼阁，如《淮南子·主术训》"高台层榭，接屋连阁，非不丽也"。沼、塘，皆指水池。平仄上，"台""塘"是平声，"阁""沼"是仄声。阁，《广韵》"古落切"，入声。语法上，四个词语都是名词。

②朝（zhāo）雨对夕阳：朝雨，早晨的雨，唐王维《送元二使安西》"渭城朝雨浥轻尘，客舍青青柳色新"。夕阳，傍晚的太阳，常与"朝雨"并举，唐王昌龄《送欧阳会稽之任》"万室霁朝雨，千峰迎夕阳"。一早一晚，一雨一晴，恰好相对。平仄上，"朝雨"是平仄，"夕阳"是仄平。夕，《广韵》"祥易切"，入声。语法上，两个词语都是定中结构。

③游人对隐士，谢女对秋娘：游人，一般指闲散的人、游玩的人，唐韦庄《菩萨蛮》"人人尽说江南好，游人只合江南老"；出来做官的人也叫宦游人，唐王勃《送杜少府之任蜀州》"与君离别意，同是宦游人"。隐士，指隐居不出来做官的人。谢女，指晋女诗人谢道韫，唐李绅《登禹庙回降雪五言二十韵》"麻引诗人兴，盐牵谢女才"。《世说新语·言语》："谢太傅（指谢安）寒雪日内集，与儿女讲论文义，俄而雪骤，公欣然曰：'白雪纷纷何所似？'兄子胡儿曰：'撒盐空中差可拟。'兄女曰：'未若柳絮因风起。'公大笑乐。即公大兄无奕女，左将军王凝之妻也。"文中的才女就是谢道韫。秋娘，有两个所指，一是泛指唐代歌妓女伶，唐白居易《琵琶行》"曲罢曾教善才伏，妆成每被秋娘妒"；一是指唐时金陵女子杜秋娘，本为李锜妾，后锜叛变被诛，入宫有宠于宪宗。穆宗立，为皇子傅姆。皇子废，秋娘赐归故乡，穷老而终。此当指后者，杜秋娘有才，曾作《金缕衣》（亦有人认为是无名氏所作）"劝君莫惜金缕衣，劝君惜取少年时。花开堪折直须折，莫待无花空折枝"。唐杜牧有《杜秋娘》一诗叙述她的故事。平仄上，"游人"是平平，"隐士"是仄仄；"谢女"是仄仄，"秋娘"是平平。语法上，四个词语都是指人的名词，都是定中结构。

④三寸舌，九回肠：三寸舌，今有所谓"三寸不烂之舌"，出自《史记·留侯世家》"今以三寸舌，为帝者师，封万户，位列侯，此布衣之极，于良足矣"，形容口齿伶俐，口才很好。九回肠，"九回"形容反复翻转，比喻忧思郁结难解，语出汉司马迁《报任少卿书》"是以肠一日而九回"。平仄上，"三寸舌"是平仄仄，"九回肠"是仄平平。舌，《广韵》读"食列切"，入声。语法上，二者不甚相对，三寸舌指三寸之舌，其停顿是"三寸/舌"，定中结构；九回肠是状中结构，其停顿当为"九/回肠"，多次回转其肠，形容很痛苦。

⑤玉液对琼浆（qióng jiāng）：玉液，琼树花蕊的汁液，引申泛指甘美

的浆汁，如南朝梁庾肩吾《答陶隐居赉术蒸启》"味重金浆，芳逾玉液"，后来用于比喻美酒。琼浆，本指仙人的饮料，也用来比喻美酒。"玉液""琼浆"经常相提并论，唐吕岩《赠刘方处士》"瑶琴宝瑟与君弹，琼浆玉液劝我醉"。平仄上，"玉液"是仄仄，"琼浆"是平平。语法上，两个词语都是定中结构。

⑥秦皇照胆镜，徐肇（zhào）返魂香：上联出自《西京杂记》："高祖初入咸阳宫，周行库府，金玉珍宝不可称言。……有方镜，广四尺，高五尺九寸。表里有明，人直来照之，影则倒见。以手扪心而来，则见肠胃五脏，历然无硋。人有疾病在内，掩心而照之，则知病之所在。又女子有邪心，则胆张心动。秦始皇常以照宫人，胆张心动者则杀之。高祖悉封闭，以待项羽。羽并将以东，后不知所在。"刘邦攻破咸阳之时，在秦朝的府库里发现了一面镜子，可以照见人的五脏六腑，且能照到疾病之所在，也能看出人是否有邪心。秦始皇常常用这个来照宫人之心，如有胆张大而心动摇者，就把他们杀掉。秦皇，指秦始皇。下联是有关徐肇的典故，明《香乘》引宋洪刍《香谱》："司天主簿徐肇，遇苏氏子德哥者，自言善为返魂香，手持香炉，怀中以一帖如白檀香末，撮于炉中，烟气袅袅直上，甚于龙脑。德哥微吟曰：'东海徐肇，欲见先灵，愿此香烟，用为引道。'尽见其父母曾高。德哥曰：'但死经八十年以上者，则不可返矣。'"徐肇曾经遇到一个名叫苏德哥的，善于制作返魂香，放在香炉里点燃，能引导人见其亲人亡灵，不过若是去世八十年以上，就不能返魂。徐肇，或作"徐兆"，误。返魂香，汉东方朔《海内十洲记》较早记录了返魂香的来历，"聚窟洲……山多大树，与枫木相类，而花叶香闻数百里，名为返魂树。……死者在地，闻香气乃却活，不复亡也。以香熏死人，更加神验"。平仄上，上联是平平仄仄仄，下联是平仄仄平平。语法上，上下联都是由两个名词组合而成，构成定中结构："秦皇""徐肇"是人名

充当定语；中心语"照胆镜""返魂香"也是定中结构，由动宾结构"照胆""返魂"充当定语。

⑦青萍夜啸（xiào）芙蓉匣，黄卷时摊薜荔（bì lì）床：青萍，亦作"青萍"，古宝剑名，《文选·陈琳〈答东阿王笺〉》"君侯体高世之才，秉青萍、干将之器"，吕延济注"青萍、干将，皆剑名也"。晋王嘉《拾遗记·颛顼》记载："帝颛顼高阳氏，黄帝孙昌意之子。……颛顼居位，奇祥众社，莫不总集。……有曳影之剑，腾空而舒，若四方有兵，此剑则飞起，指其方则克伐。未用之时，常于匣里，如龙虎之吟。"传说颛顼拥有一把宝剑，如果四方有战争，这把剑就会飞起来，指着哪个方向就能把那个地方的战乱平息下去；不用的时候，它就在剑匣中作虎啸龙吟之声。古诗中常用此典，如唐李白《邺中赠王大》"紫燕栎下嘶，青萍匣中鸣"。下联化用了宋朱敦儒《浪淘沙》中的"拥被换残香。黄卷堆床。开愁展恨翦思量"。黄卷，书籍，晋葛洪《抱朴子·疾谬》"杂碎故事，盖是穷巷诸生，章句之士，吟咏而向枯简，匍匐以守黄卷者所宜识"，杨明照校笺"古人写书用纸，以黄蘗汁染之防蠹，故称书为黄卷"。因佛道两家写书用黄纸，因此也指道书或佛经。薜荔床，隐士们所用的草木之床；薜荔，香草名。平仄上，上联是平平仄仄平平仄，下联是平仄平平仄仄平。匣，《广韵》"胡甲切"，入声。语法上，上下联都是主谓结构，谓语"夜啸芙蓉匣""时摊薜荔床"都是状中结构，"夜""时"充当状语。

⑧元亨利贞，天地一机成化育；仁义礼智，圣贤千古立纲常：元亨利贞，出自《周易·乾》"乾，元亨利贞"，孔颖达疏曰："元亨利贞者，是《乾》之四德也。《子夏传》云：'元，始也；亨，通也；利，和也；贞，正也。'"天地一机成化育，与宋代理学家程颐的理念有关，其《程氏易传》曰："元亨利贞，谓之四德。元者，万物之始；亨者，万物之长；利者，万物之遂；贞者，万物之成。"可见元、亨、利、贞就

是天地造化万物的四种德行。仁义礼智,出自《孟子·公孙丑上》:"恻隐之心,仁之端也;羞恶之心,义之端也;辞让之心,礼之端也;是非之心,智之端也。人之有是四端也,犹其有四体也。"从孟子起,儒家多认为仁、义、礼、智是人生而固有的道德。纲常,"三纲五常"的简称:"三纲"指君为臣纲、父为子纲、夫为妻纲,"五常"指仁、义、礼、智、信。平仄上,上联是平平仄平,平仄仄平平仄;下联是平仄仄仄,仄平平仄仄平平。一,《广韵》"於悉切",入声。上联上半句第二字和第四字都是平声,失替;下联上半句的第二字和第四字都是仄声,亦失替。语法上,上下联两句都是主谓结构:主语"元亨利贞""仁义礼智",皆为四个词语并列的结构;谓语部分"天地一机成化育""圣贤千古立纲常",也是主谓结构,对其主语进行陈述。

【译文】

高台和楼阁相对,沼泽和池塘相对。

朝雨和夕阳相对。

游人和隐士相对,谢道韫和杜秋娘相对。

三寸不烂之舌,多次翻转愁肠。

玉液和琼浆相对。

秦始皇留下的照胆镜,徐肇所用到的返魂香。

青萍剑夜晚在芙蓉匣中作龙虎之吟,黄卷书写的经书时时放在薜荔床上。

元亨利贞,天地以此化生天下万物;仁义礼智,圣贤立下人世千古纲常。

其二

红对白,绿对黄①。

昼永对更长②。

龙飞对凤舞,锦缆对牙樯③。

云弁使,雪衣娘④。

故国对他乡⑤。

雄文能徙鳄,艳曲为求凰⑥。

九日高峰惊落帽,暮春曲水喜流觞⑦。

僧占名山,云绕双林藏古殿;客栖胜地,风飘万叶响空廊⑧。

【注释】

①红对白,绿对黄:平仄上,"红""黄"是平声,"白""绿"是仄声。白,《广韵》"傍陌切",入声。语法上,四个词语都是颜色名词。

②昼永对更(gēng)长:昼永,白昼漫长。更长,以更鼓声长形容夜晚漫长,唐蒋贻恭《咏蚕》"辛勤得茧不盈筐,灯下缫丝恨更长";更,更鼓。平仄上,"昼永"是仄仄,"更长"是平平。语法上,两个词语都是主谓结构,"永""长"是形容词充当谓语。

③龙飞对凤舞,锦缆对牙樯(qiáng):龙飞,出自《周易·乾》"飞龙在天,利见大人",孔颖达疏"若圣人有龙德,飞腾而居天位",后来以"龙飞"为帝王的兴起或即位。凤舞,琅环阁藏本作"鲤跃",今本多作"凤舞",龙、凤都是传说中的神奇动物,二者常相并举,今有成语"龙飞凤舞"。故本书取"凤舞"。锦缆,锦制的缆绳。牙樯,象牙装饰的桅杆;一说桅杆顶端尖锐如牙,故名。后为桅杆的美称。"锦缆""牙樯"二者经常并提,如唐杜甫《城西陂泛舟》"春风自信牙樯动,迟日徐看锦缆牵"。平仄上,"龙飞"是平平,"凤舞"是仄仄;"锦缆"是仄仄,"牙樯"是平平。语法上,"龙飞""凤舞"都是主谓结构,"锦缆""牙樯"都是定中结构。

④云弁(biàn)使,雪衣娘:云弁使,一般认为是指蜻蜓,大约因为蜻

蜓头部形如古人所戴之弁帽。《恒春县志》卷九云："蜻蜓：《尔雅》疏'一名负劳，一名桑根。《方言》谓之螂蛉'，《吕览》注'谓之白宿'，《古今注》'谓之青亭，又名赤衣使者'，又曰'赤弁丈人'。"弁，一种帽子，通常是礼仪场合时使用。雪衣娘，指白鹦鹉。《太平御览》卷九二四引唐郑处诲《明皇杂录》曰："开元中，岭南献白鹦鹉，养之宫中……忽一日，飞上贵妃镜台，语曰：'雪衣娘昨夜梦为鸷鸟所搏，将尽于此乎？'"平仄上，"云弁使"是平仄仄，"雪衣娘"是仄平平。语法上，二者皆为定中结构。蜻蜓本为"赤弁使"，为了与"雪"构成对仗，换为"云弁使"。实际上"雪衣娘"之"雪"表颜色，与"赤"相对更佳。

⑤故国对他乡：平仄上，"故国"是仄仄，"他乡"是平平。国，《广韵》"古或切"，入声。语法上，二者都是定中结构。

⑥雄文能徙鳄（è），艳曲为求凰：上联说的是唐代大文豪韩愈的典故。元和十四年，韩愈因谏迎佛骨而被贬为潮州刺史。据《新唐书·韩愈传》记载："初，愈至潮，问民疾苦，皆曰：'恶溪有鳄鱼，食民畜产且尽，民以是穷。'"韩愈刚到潮州的时候，都说恶溪的鳄鱼危害百姓甚多，"数日，愈自往视之，令其属秦济以一羊一豚投溪水而祝之"。"今与鳄鱼约：'尽三日，其率丑类南徙于海，以避天子之命吏。三日不能，至五日；五日不能，至七日；七日不能，是终不肯徙也，是不有刺史、听从其言也。不然，则是鳄鱼冥顽不灵，刺史虽有言，不闻不知也。夫傲天子之命吏，不听其言，不徙以避之，与顽不灵而为民物害者，皆可杀。刺史则选材技民，操强弓毒矢，以与鳄鱼从事，必尽杀乃止，其无悔！'"过了几天，韩愈就亲自去了解情况，他令属下把一头羊一头猪扔到溪水里，并且向神祷告。他和鳄鱼约定，限鳄鱼三天之内迁徙到南海去，最多宽限到七日。如果七日之内不走，那就是冥顽不灵。到时官吏们就会准备好强弓毒箭，杀尽不肯迁徙的鳄鱼。当晚

电闪雷鸣，几天之内溪水干涸了，鳄鱼全都迁走了。"雄文"就是指韩愈的《祭鳄鱼文》。下联是说西汉文学家司马相如的典故。据《史记·司马相如列传》载："临邛中多富人，而卓王孙家僮八百人，程郑亦数百人，二人乃相谓曰：'令有贵客，为具召之。'并召令。令既至，卓氏客以百数。至日中，谒司马长卿，长卿谢病不能往，临邛令不敢尝食，自往迎相如。相如不得已，强往，一坐尽倾。酒酣，临邛令前奏琴曰：'窃闻长卿好之，愿以自娱。'相如辞谢，为鼓一再行。是时卓王孙有女文君新寡，好音，故相如缪与令相重，而以琴心挑之。相如之临邛，从车骑，雍容闲雅甚都；及饮卓氏，弄琴，文君窃从户窥之，心悦而好之，恐不得当也。既罢，相如乃使人重赐文君侍者通殷勤。文君夜亡奔相如，相如乃与驰归成都。"司马相如在临邛的时候，曾以艳曲追求卓文君，最终促使文君与他一起私奔。艳曲，爱情歌曲，后多带贬义。据《乐府诗集·琴曲歌辞四》，司马相如所弹之曲为："凤兮凤兮归故乡，遨游四海求其凰。时未遇兮无所将，何悟今夕升斯堂。有艳淑女在闺房，室迩人遐毒我肠。何缘交颈为鸳鸯，胡颉颃兮共翱翔。凤兮凤兮从我栖，得托孳尾永为妃。交情通体心和谐，中夜相从知者谁。双翼俱起翻高飞，无感我思使余悲。"此曲即名为"凤求凰"，司马相如利用此曲赢得了卓文君的芳心。凤凰，古代传说中的百鸟之王，雄的叫凤，雌的叫凰。平仄上，上联是平平平仄仄，下联是仄仄仄平平。语法上，两句都是主谓结构。

⑦ 九日高峰惊落帽，暮春曲水喜流觞（shāng）：上联讲的是东晋名士孟嘉的典故，据《晋书·桓温传》载："孟嘉，字万年，江夏鄳人，吴司空宗曾孙也。……后为征西桓温参军，温甚重之。九月九日，温燕龙山，僚佐毕集。时佐吏并着戎服，有风至，吹嘉帽堕落，嘉不之觉。温使左右勿言，欲观其举止。嘉良久如厕，温令取还之，命孙盛作文嘲嘉，着嘉坐处。嘉还见，即答之，其文甚

美,四坐嗟叹。"九月九日,桓温在龙山宴请诸吏,风吹落了孟嘉的帽子。桓温故意命人写文章嘲讽他,孟嘉也写文章酬答之,且文辞甚美,在座之人都觉叹服。下联说的是曲水流觞的典故,晋王羲之《兰亭集序》曰:"永和九年,岁在癸丑,暮春之初,会于会稽山阴之兰亭,修禊事也。群贤毕至,少长咸集。此地有崇山峻岭,茂林修竹,又有清流激湍,映带左右,引以为流觞曲水,列坐其次。虽无丝竹管弦之盛,一觞一咏,亦足以畅叙幽情。是日也,天朗气清,惠风和畅。仰观宇宙之大,俯察品类之盛,所以游目骋怀,足以极视听之娱,信可乐也。"古人夏历三月初三到水边洗濯沐浴,以驱除不祥,谓之"修禊"。王羲之、谢安等在公元353年三月初三聚会于山阴兰亭,进行修禊。他们在曲绕的水流中放置酒杯,临流取饮。王羲之还创作了千古名篇《兰亭集序》,从此人们就以为习俗,谓之"曲水流觞"。觞,一种酒杯。平仄上,上联是仄仄平平平仄仄,下联是仄平仄仄仄平平。语法上,上下联皆为状中结构。"九日"对"暮春",作时间状语;"高峰"对"曲水",作处所状语。中心语"惊落帽""喜流觞"是动宾结构,"惊""喜"都是动词用于为动,"为……惊""为……喜"的意思,"落帽""流觞"是动宾结构充当宾语。

⑧僧占名山,云绕双林藏(cáng)古殿;客栖(qī)胜地,风飘万叶响空廊:上联典出唐吴融《题越州法华寺》"寺在五峰阴,穿缘一径寻。云藏古殿暗,石护小房深。宿鸟连僧定,寒猿应客吟。上方应见海,月出试登临"。下联典出宋王镃《宿香严院》的"地炉煨火柏枝香,借宿寒寮到上方。山近白云归古殿,风高黄叶响空廊"。清徐世昌辑《晚晴簃诗汇》所收贾田祖的《落叶》诗,与下联意境类似:"西风吹败叶,半夜响空廊。似我无依客,终年辞故乡。暂谋栖息地,狼藉避繁霜。"平仄上,上联是平仄平平,平仄平平平仄仄;下联是仄平仄仄,平平仄仄仄平平。语法上,"僧占

名山"对"客栖胜地",是主谓结构;"云绕双林"对"风飘万叶",也是主谓结构;"藏古殿"对"响空廊",前者为动宾结构,后者为动补结构。其中对联的下半句所包含的两个结构是相扣的,即:云绕双林,(双林)藏古殿;风飘万叶,(万叶)响空廊。

【译文】

红和白相对,绿和黄相对。

白昼漫漫和更鼓绵长相对。

龙飞和凤舞相对,锦缎做的缆绳和象牙做的桅杆相对。

云弁使,雪衣娘。

故国和他乡相对。

韩愈在潮州作《祭鳄鱼文》能让鳄鱼迁走,司马相如在临邛弹奏《凤求凰》追求文君。

重阳九月九登高,人们为吹落孟嘉之帽而惊讶;暮春三月三修禊,王羲之在兰亭曲水流觞为乐。

僧人住在名山上,云雾缭绕树林茂密掩藏着古老的寺庙;游人栖息于胜地,风吹落叶的声音回响在空寂的长廊里。

其三

衰对壮,弱对强①。

艳饰对新妆②。

御龙对司马,破竹对穿杨③。

读班马,识求羊④。

水色对山光⑤。

仙棋藏绿橘,客枕纳黄粱⑥。

池草入诗因有梦,海棠带恨为无香⑦。

风起画堂,帘箔影翻青荇沼;月斜金井,辘轳声度碧梧墙⑧。

【注释】

① 衰对壮,弱对强:平仄上,"衰""强"是平声,"壮""弱"都是仄声。语法上,两组词语是两对反义形容词。

② 艳饰对新妆:艳饰,装扮得很浓艳;新妆,打扮装饰得新颖别致。平仄上,"艳饰"是仄仄,"新妆"是平平。语法上,可以理解为状中结构,动词;也可以理解为定中结构,即浓艳、新颖的打扮方式。

③ 御龙对司马,破竹对穿杨:御龙,官名,帝王近卫官卒,宋庞元英《文昌杂录》卷三"仗马每面三疋,每疋御龙官四人";复姓,《左传·昭公二十九年》载"夏后嘉之,赐氏曰御龙"。司马,官名,掌军旅之事;也是复姓。破竹,是劈开竹子的意思,比喻循势而下,顺利无阻,《晋书·杜预传》"昔乐毅藉济西一战以并强齐,今兵威已振,譬如破竹,数节之后,皆迎刃而解,无复着手处也"。今有"势如破竹"一词。穿杨,指射箭能于远处命中杨柳的叶子,出自《战国策·西周策》"楚有养由基者,善射;去柳叶者百步而射之,百发百中"。今有"百步穿杨"形容射箭技术高超。平仄上,"御龙"是仄平,"司马"是平仄;"破竹"是仄仄,"穿杨"是平平。竹,《广韵》"张六切",入声。语法上,"御龙"对"司马",都是官名、复姓名词相对,其内部结构都是动宾结构。"破竹""穿杨"都是动宾结构,"破""穿"在这里都是使动用法。

④ 读班马,识求羊:班马,指的是班固和司马迁;此指二人的著作班固的《汉书》和司马迁的《史记》,故曰"读班马"。下联说的是东汉隐士蒋诩的典故。李善注《文选·谢灵运〈田南树园激流植援〉诗》"唯开蒋生径,永怀求羊踪"时,引《三辅决录》曰:"蒋诩,字元卿,隐于杜陵。舍中三径,惟羊仲、求仲从之游。"蒋诩品格廉洁正直,王莽篡位以后,他告病返乡,终身不仕。他庭院中有三条小路,只与羊、求二位隐士来往。求羊,指汉代隐士求仲与

羊仲，唐皎然《因游支硎寺寄邢端公》"论文征贾马，述隐许求羊"。平仄上，"读班马"是仄平仄，"识求羊"是仄平平。读，《广韵》"徒谷切"，入声；识，《广韵》"赏职切"，入声。上下联第二字平仄相同，失对。语法上，两个词语都是动宾结构，宾语"班马""求羊"都是并列结构。

⑤水色对山光：此联琅环阁藏本作"山色对江光"，此从今本。平仄上，"水色"是仄仄，"山光"是平平。语法上，两个词语都是定中结构。

⑥仙棋藏绿橘（jú），客枕纳黄粱：上联出自明张岱《夜航船·荒唐部》引《幽怪录》所载："巴邛人剖橘而食，橘中有二叟弈棋。一叟曰：'橘中之乐，不减商山。'一叟曰：'君输我瀛洲玉尘九斛，龙缟袜八辆，后日于青城草堂还我。'乃出袖中一草，食其根，曰：'此龙根脯也。'食讫，以水喷其草，化为龙，二叟骑之而去。"故事说有个巴邛人剖开橘子吃的时候，发现橘子中有两位老人在下棋。他们还从袖子里拿出一根草，吃了草根。之后喷了一口水，草化为龙，两人骑龙而去。下联本自唐沈既济的传奇《枕中记》，记叙落第的卢生遇到道士吕翁，后来卢生觉得很困。"时主人方蒸黍。翁乃探囊中枕以授之，曰'子枕吾枕，当令子荣适如志'"，主人正在蒸黍，给了他一个枕头，让他睡觉去。卢生在梦中官运亨通，子孙满堂，一生享尽荣华富贵。临终之时，"卢生欠伸而悟，见其身方偃于邸舍，吕翁坐其傍，主人蒸黍未熟，触类如故。生蹶然而兴，曰：'岂其梦寐也？'翁谓生曰：'人生之适，亦如是矣。'生怃然良久，谢曰：'夫宠辱之道，穷达之运，得丧之理，死生之情，尽知之矣。此先生所以窒吾欲也。敢不受教！'稽首再拜而去"。《夜航船·九流部》也有类似的记载，只不过主人公则换成了汉钟离和吕纯阳（即吕洞宾）。吕纯阳也是梦到自己享尽荣华富贵。梦醒之时，"黄粱犹未熟"，故谓之黄粱梦。明汤显祖

的戏剧《邯郸记》也是根据类似的故事写成。平仄上，上联是平平平仄仄，下联是仄仄仄平平。橘，《广韵》"居聿切"，入声。语法上，上下联都是主谓结构。

⑦池草入诗因有梦，海棠带恨为无香：上联出自《南史·谢惠连传》："（谢方明）子惠连，年十岁能属文，族兄灵运嘉赏之，云'每有篇章，对惠连辄得佳语'。尝于永嘉西堂思诗，竟日不就，忽梦见惠连，即得'池塘生春草'，大以为工。常云'此语有神功，非吾语也'。"南朝宋诗人谢灵运《登池上楼》诗有"池塘生春草，园柳变鸣禽"的名句，据说是因梦见族弟谢惠连而得。下联出自北宋惠洪的《冷斋夜话》卷九："（刘渊材）尝曰：'吾平生无所恨，所恨者五事耳。'人问其故。渊材敛目不言，久之曰：'吾论不入时听，恐汝曹轻易之。'问者力请说，乃答曰：'第一恨鲥鱼多骨，第二恨金橘太酸，第三恨莼菜性冷，第四恨海棠无香，第五恨曾子固不能作诗。'闻者大笑，而渊材瞠目曰：'诸子果轻易吾论也。'"平仄上，上联是平仄仄平平仄仄，下联是仄平仄仄仄平平。语法上，上下联皆为表示因果关系的句子。"池草入诗""海棠带恨"是果，"因有梦""为无香"是因。细究起来，上下联在主语问题上也有不对仗之处。上联"入诗"的主语是"池草"，"有梦"的主语当为谢灵运；下联"带恨"和"无香"的主语都是"海棠"。其实从典故上看，"无香"的是海棠，"带恨"的却是刘渊材其人，对联把"海棠"移到前面，是为了构成对仗；即便如此，仍然留下了结构上的漏洞。可见在创作对联时，运用典故、安排文字和结构，有时很难两全其美。

⑧风起画堂，帘箔（bó）影翻青荇（xìng）沼（zhǎo）；月斜金井，辘轳（lù lú）声度碧梧墙：上联当化用了唐韩偓《秋雨内宴（乙卯年作）》中的"一带清风入画堂，撼真珠箔碎玎珰"。画堂，古代宫中有彩绘的殿堂，也用来泛指华丽的堂舍。帘箔，帘子；箔，也是帘子的意思。青荇，即荇菜，是一种可以食用和入药的水生植物，《诗

经·周南·关雎》有"参差荇菜,左右流之"。下联当化用唐陆
龟蒙《井上桐》"美人伤别离,汲井长待晓。愁因辘轳转,惊起双
栖鸟。独立傍银床,碧桐风袅袅"。金井,井栏雕饰华美的井。辘
轳,古代一种井上汲水的起重装置。金井与辘轳是常常一起在诗
中出现的意象,宋苏轼《用前韵答西掖诸公见和》"双猊蟠础龙缠
栋,金井辘轳鸣晓瓮"。碧梧墙,或作"碧桐墙",从语义、语法、平
仄上看,二者皆可。平仄上,上联是平仄仄平,平仄仄平平仄仄;
下联是仄平平仄,仄平平仄仄平平。箔,《广韵》"傍各切",入声。
语法上,"风起画堂"对"月斜金井",都是主谓结构;"帘箔影翻青
荇沼""辘轳声度碧梧墙"相对,也是主谓结构,其中的"帘箔"和
"辘轳"严格说来不甚相对,前者是并列结构,后者则是联绵词。

【译文】

衰和壮相对,弱和强相对。

浓艳的装饰和新潮的打扮相对。

御龙氏和司马氏相对,劈开竹子和射穿杨柳相对。

阅读班固和司马迁的史书,结识求仲和羊仲两位隐士。

水色和山光相对。

有人剖开橘子发现里面竟藏着两个下棋的仙人,客人梦见一生荣
华的时间里其实黄粱都没煮熟。

谢灵运梦里得到"池塘生春草"的佳句,刘渊材平生有遗憾乃是因
为"海棠无香"。

微风吹动帘箔,映照在满是青荇的池塘中的影子也在轻轻摇曳;月
影斜掠井栏,辘轳的声音也悄悄越过碧绿的梧桐传到了墙外。

其四

臣对子,帝对王[①]。

日月对风霜[②]。

乌台对紫府，蔀屋对岩廊③。

香山社，昼锦堂④。

雪牖对云房⑤。

芬椒涂内壁，文杏饰高梁⑥。

贫女幸分东壁影，幽人高卧北窗凉⑦。

绣阁探春，丽日半笼青镜色；水亭醉夏，薰风常透碧筒香⑧。

【注释】

①臣对子，帝对王：平仄上，"臣""王"是平声，"子""帝"是仄声。语法上，四个词语都是名词。

②日月对风霜："日月"包括太阳和月亮，引申指时光；"风霜"指风和霜，引申指艰辛。平仄上，"日月"是仄仄，"风霜"是平平。语法上，两个都是名词，且都是并列结构。

③乌台对紫府，蔀（bù）屋对岩廊：乌台，指御史台；紫府，道教称仙人所居。蔀屋，草席盖顶之屋，一般指贫穷简陋的房子，宋王安石《寄道光大师》"秋雨漫漫夜复朝，可嗟蔀屋望重霄"；蔀，覆盖于棚架上遮蔽阳光的草席。岩廊，高峻的廊庑，是富贵之人的居所；岩，表示崖岸，山或高地的边，引申为高的意思。平仄上，"乌台"是平平，"紫府"是仄仄；"蔀屋"是仄仄，"岩廊"是平平。屋，《广韵》"乌谷切"，入声。语法上，四个词语都是定中结构。"蔀屋对岩廊"或作"雪牖对云房"，即与注⑤对调，此从琅环阁藏本之序。

④香山社，昼锦堂：香山社，即香火社，因香山居士曾参与，故名；香山居士是唐代诗人白居易的别号。昼锦堂，宋代丞相韩琦曾建昼锦堂，欧阳修曾为之创作《昼锦堂记》，"公，相人也，世有令德，

为时名卿。自公少时，已擢高科，登显仕。海内之士闻下风而望余光者，盖亦有年矣"，韩琦少登高位，然不以此炫耀于人前，不愿学那苏秦和朱买臣做了高官回家乡炫耀于嫂、妻之前，而以德泽百姓为己之志向，"惟德被生民而功施社稷，勒之金石，播之声诗，以耀后世而垂无穷，此公之志，而士亦以此望于公也"。"公在至和中，尝以武康之节来治于相，乃作'昼锦'之堂于后圃"，韩琦在治理相州的时候在后花园建了一座"昼锦堂"，还在石碑上刻诗赠送给当地的百姓，"其言以快恩仇、矜名誉为可薄，盖不以昔人所夸者为荣，而以为戒"。欧阳修盛赞韩琦的才能和品格，说"余虽不获登公之堂，幸尝窃诵公之诗，乐公之志有成，而喜为天下道也。于是乎书"。昼锦，《汉书·项籍传》载项羽入函谷关以后，不愿留在关中，而要回江东老家，说"富贵不归故乡，如衣锦夜行"；后称富贵还乡为"衣锦昼行"，省作"昼锦"。平仄上，"香山社"是平平仄，"昼锦堂"是仄仄平。语法上，二者都是定中结构，"香山""昼锦"修饰"社""堂"。然而定语不相对仗："香山"是一个名词，定中结构，"昼锦"是状中结构，"锦"在这里用作动词，穿锦绣之服的意思；从字面上看，形容词"香"与时间名词"昼"，"山"与"锦"亦不能说对仗工稳。

⑤雪牖（yǒu）对云房：本指映着雪光的窗户，形容贫穷的读书人勤奋读书的情景，唐顾云《上池州庾员外启》"披经阅史，无怠于光阴；雪牖萤窗，每加于悬刺"。这个典故又叫"映雪"或"映雪读书"，《南史·范云传》曰："孙伯翳，太原人，晋秘书监盛之玄孙。曾祖放，晋国子博士、长沙太守。父康，起部郎，贫常映雪读书，清介，交游不杂。"牖，窗户，唐韩愈《东都遇春》"朝曦入牖来，鸟唤昏不醒"。云房，僧道或隐者所居住的房屋，唐刘得仁《山中寻道人不遇》"石路特来寻道者，云房空见有仙经"。二者也常并提，如唐姚鹄《题终南山隐者居》"夜吟明雪牖，春梦闭云房"。平

仄上,"雪牖"是仄仄,"云房"是平平。语法上,二者都是定中结构。

⑥芬椒涂内壁,文杏饰高梁:芬椒,指芬芳馥郁的花椒,古人一般叫"芳椒",古人用之和泥涂抹在墙壁上,《楚辞·九歌·湘夫人》"荪壁兮紫坛,播芳椒兮成堂"。汉代以花椒涂抹后宫的墙壁,取温暖、芬芳、多子之义,谓之"椒房",《三辅黄图·未央宫》"椒房殿在未央宫,以椒和泥涂,取其温而芬芳也"。下联出自汉司马相如《长门赋》的"刻木兰以为榱兮,饰文杏以为梁"。文杏,就是银杏,木质纹理坚密,古人用来建筑房屋,此后用来指代文杏做的房梁,唐李商隐《越燕二首》之一"卢家文杏好,试近莫愁飞"。平仄上,上联是平平平仄仄,下联是平仄仄平平。语法上,二者都是主谓结构。

⑦贫女幸分东壁影,幽人高卧北窗凉:上联典出《战国策·秦策二·甘茂亡秦且之齐》:"夫江上之处女,有家贫而无烛者,处女相与语,欲去之。家贫无烛者将去矣,谓处女曰:'妾以无烛,故常先至,扫室布席。何爱余明之照四壁者? 幸以赐妾,何妨于处女? 妾自以有益于处女,何为去我?'处女相与语以为然,而留之。"有几个没出嫁的女子,其中一个家里贫穷,晚上点不起蜡烛。有钱点蜡烛的女子想把她赶出去,不让她分享自己的烛光。贫女说:"我因为没有蜡烛,所以每次先到,打扫好房间,铺好席子。我对你们是有益处的,你们为什么要舍不得这一点照在四壁上的余光呢?"下联出自晋陶渊明《与子俨等疏》"常言五六月中,北窗下卧,遇凉风暂至,自谓是羲皇上人",后常以"北窗高卧"形容闲散之人。幽人,隐居之士。北窗,北向的窗户,一般比较凉快,古人夏日常在北窗下高卧纳凉。诗人多爱化用此句,如唐李白《戏赠郑溧阳》"清风北窗下,自谓羲皇人",唐韦应物《夏景园庐》"群木昼阴静,北窗凉气多"。平仄上,上联是平仄仄平

平仄仄,下联是平平平仄仄平平。语法上,两句皆为主谓结构。

⑧绣阁探春,丽日半笼青镜色;水亭醉夏,薰(xūn)风常透碧筒香:绣阁,指女子的绣房,因女子的居室装饰华丽如绣,故称。探春,早春郊游,唐宋风俗,都城士女在正月十五日收灯后争先至郊外宴游,谓之探春,唐孟郊《长安早春》"公子醉未起,美人争探春"。丽日,明媚的太阳,《清平山堂话本·洛阳三怪记》"这一年四季,无过是春天,最好景致。日谓之'丽日',风谓之'和风'"。青镜,青铜做的镜子,唐李峤《梅》"妆面回青镜,歌尘起画梁"。水亭,临水的亭子,宋欧阳修《荷花赋》"况其晚浦烟霞,水亭风日",因为临水,故而比较凉快。薰风,和暖的风,或作"熏风",皆可,明徐渭《忆潘公》诗"记得当时官舍里,熏风已过荔枝红"。碧筒,又作"碧筒杯""碧桐""碧桐杯""碧箑""碧箑杯",一种用荷叶制成的饮酒器,故而带有清香。唐段成式《酉阳杂俎·酒食》载:"历城北有使君林。魏正始中,郑公悫三伏之际,每率宾僚避暑于此。取大莲叶置砚格上,盛酒二升,以簪刺叶,令与柄通,屈茎上轮菌(按,轮菌,盘曲的样子)如象鼻,传吸之,名为'碧箑杯'。历下学之,言酒味杂莲气,香冷胜于水。"郑悫(què)在历城避暑时,把大荷叶放在砚格上,上面倒上二升酒,又用簪子刺穿叶子和柄相连接处,在叶茎下吸食。酒味掺杂着莲叶的香气,比喝水更加清凉可口。后人纷纷效法,宋冯取洽《金菊对芙蓉》有"夜深欢极忘归去,锦江酿透碧筒香"。平仄上,上联是仄仄仄平,仄仄仄平平仄仄;下联是仄平仄仄,平平平仄仄平平。阁,《广韵》"古落切",入声。语法上,"绣阁探春""水亭醉夏"相对,主语指人,已省略,二者皆为状中结构。"丽日半笼青镜色"对"薰风常透碧筒香",都是主谓结构。

【译文】

臣和子相对,帝和王相对。

日月和风霜相对。

御史台和仙人居相对,茅草之屋和高峻之廊相对。

白居易参加的香山社,韩琦所建造的昼锦堂。

雪窗和云房相对。

芬芳的花椒涂抹在宫廷的内墙上,文理漂亮的银杏木用来装饰房梁。

贫女有幸与邻家女子分得烛光,隐士夏日高卧于北边窗下纳凉。

在绣阁中探春,看到明媚的日光照耀着房中的青铜镜;在水亭内乘凉,陶醉于和煦的凉风中透出的荷叶清香。

八　庚

【题解】

"庚"是"平水韵"中下平声的第八韵部。

"庚"在《广韵》中读"古行切",平声,庚韵。

《笠翁对韵》中所用到的韵脚字有声、京、筝、卿、莺、茎、笙、兵、情、行、瀛、评、成、城、清、英、明、晴、兄、生、鸣、平、耕、名等24个,《声律启蒙》在此用了轻、声、醒、行、明、倾、赓、迎、庚、鲸、琤、茎、莺、耕、笙、筝、生、营、惊等20个韵脚字。两书共同用到的有7个韵脚字:声、茎、笙、行、明、生、耕。《笠翁对韵》用到而《声律启蒙》没用的韵脚字有京、筝、卿、莺、兵、情、瀛、评、成、城、清、英、晴、兄、鸣、平、名等17个,《声律启蒙》用到而《笠翁对韵》没有用到的韵脚字有轻、醒、倾、赓、迎、庚、鲸、琤、莺、倾、筝、营、惊等13个。

其一

形对貌,色对声①。

夏邑对周京②。

江云对渭树,玉磬对银筝③。

人老老，我卿卿④。

晓燕对春莺⑤。

玄霜春玉杵，白露贮金茎⑥。

贾客君山秋弄笛，仙人缑岭夜吹笙⑦。

帝业独兴，尽道汉高能用将；父书空读，谁言赵括善知兵⑧。

【注释】

①形对貌，色对声：平仄上，"形""声"是平声，"貌""色"是仄声。语法上，四个词语都是名词。

②夏邑（yì）对周京："夏""周"是朝代名；"邑""京"都有京城、国都的意思，也有城市的意思，是同义词。平仄上，"夏邑"是仄仄，"周京"是平平。语法上，二者都是名词性词语，且都是定中结构。

③江云对渭（wèi）树，玉磬（qìng）对银筝（zhēng）：江云，长江上的云。渭树，渭水边的树。"江云""渭树"常并提，如宋葛长庚《贺新郎》"渭树江云多少恨，离合古今非偶"。玉磬，古代一种石制乐器，《礼记·郊特牲》"诸侯之宫县，而祭以白牡，击玉磬……诸侯之僭礼也"。银筝，用银装饰的筝或用银字表示音调高低的筝。平仄上，"江云"是平平，"渭树"是仄仄；"玉磬"是仄仄，"银筝"是平平。语法上，四个词语都是定中结构。

④人老老，我卿卿（qīng）：人老老，出自《孟子·梁惠王上》"老吾老，以及人之老；幼吾幼，以及人之幼"。第一个"老"是尊敬、赡养的意思，用作动词；第二个"老"是老人的意思，用作名词。"人老老"就是人们都尊敬老人。我卿卿，出自《世说新语·惑溺》："王安丰妇，常卿安丰。安丰曰：'妇人卿婿，于礼为不敬，后勿复尔。'妇曰：'亲卿爱卿，是以卿卿；我不卿卿，谁当卿卿！'遂

恒听之。”王安丰的妻子总是以“卿”来称呼安丰,安丰觉得不符合礼,让她不要这样称呼。他妻子回答说:“我爱你所以才用卿来称呼你,我不用这个称呼,谁该用这个称呼呢?”第一个“卿”是动词用法,用“卿”来称呼的意思;第二个“卿”是名词,是一种称呼语,指对方。平仄上,上联是平仄仄,下联是仄平平。语法上,二者都是主谓结构,谓语“老老”“卿卿”是动宾结构。此联在语义、用典、平仄、语法上对仗都十分工整。

⑤晓燕对春莺:平仄上,“晓燕”是仄仄,“春莺”是平平。语法上,二者都是定中结构。

⑥玄霜舂(chōng)玉杵(chǔ),白露贮(zhù)金茎(jīng):上联用了裴航的典故。唐裴铏《传奇·裴航》记载,唐长庆中有个秀才裴航,因下第而游于鄂渚,拜访故旧友人崔相国。相国赠钱二十万,他雇了一条大船回京。当时同船的有一位樊夫人,长得天姿国色。裴航非常倾慕这个女子,但女子已经罗敷有夫,且操行高洁。夫人送给他一首诗:“一饮琼浆百感生,玄霜捣尽见云英。蓝桥便是神仙窟,何必崎岖上玉清。”裴航当时并不能理解诗中的含义。之后樊夫人不告而别,不知所踪,裴航遍寻不得。后来他经过蓝桥驿附近,找浆水喝的时候看见几间茅屋,有个老太太在织麻,叫她的孙女云英给他取来水浆。这云英姿容绝丽,裴航求娶之。老妇回答说:“渠已许嫁一人,但时未就耳。我今老病,只有此女孙。昨有神仙遗灵丹一刀圭,但须玉杵臼捣之百日,方可就吞,当得后天而老。君约取此女者,得玉杵臼,吾当与之也。其余金帛,吾无用处耳。”老妇的意思是必须要有一个玉杵臼才能许嫁。裴航寻访数月,终于在一个药铺找到杵臼。回到蓝桥驿,女子说需要捣药百日,方议姻好。老妇从襟带间解下药来,裴航为她捣药,白天工作晚上休息,晚上老妇将药臼收到内室。裴航听到夜晚有捣药声,偷看的时候却看到有玉兔持杵臼,“雪

光辉室，可鉴毫芒”，于是裴航意志更加坚定，终于娶得云英。结婚当日，发现原来当日同船的樊夫人就是云英的姐姐云翘夫人。玄霜，神话中的一种仙药；玄，指赤黑色或黑色。春，用杵臼捣去谷物的皮壳，或把药物捣碎。杵，春药物的棒槌。下联的典故和汉武帝有关，《史记·孝武本纪》载武帝“作柏梁铜柱，承露仙人掌之属”，司马贞《史记索隐》注引“《三辅故事》曰'建章宫承露盘高三十丈，大七围，以铜为之。上有仙人掌承露，和玉屑饮之'。故张衡赋曰'立修茎之仙掌，承云表之清露'是也”。汉武帝好求长生不老，故而在柏梁台建了铜柱，在建章宫有铜承露盘，用来接取天上降落的甘露。金茎，指用以擎承露盘的铜柱，《文选》收班固《西都赋》曰“抗仙掌以承露，擢双立之金茎”，李善注“金茎，铜柱也”。后代诗人常用此典，唐杜甫《秋兴八首》其五“蓬莱高阙对南山，承露金茎霄汉间”，唐李商隐《汉宫词》“侍臣最有相如渴，不赐金茎露一杯”。平仄上，上联是平平平仄仄，下联是仄仄仄平平。白，《广韵》“傍陌切”，入声。语法上，两句都是主谓结构，主语皆为受事，宾语皆是工具。其实际意思是：（以）玉杵春玄霜，（用）金茎贮白露。

⑦贾（gǔ）客君山秋弄笛，仙人缑（gōu）岭夜吹笙（shēng）：上联的典故出自唐谷神子《博异志·吕卿筠》的记载，据说洞庭有个商人名叫吕卿筠，“常以货殖贩江西杂货，逐什一之利”，如果挣的钱有余，就“施贫亲戚，次及贫人，更无余贮”。卿筠“善吹笛，每遇好山水，无不维舟探讨，吹笛而去。尝于中春月夜，泊于君山侧，命樽酒独饮，饮一杯而吹笛数曲”，结果有一位须眉皆白的老人乘渔舟而来，老人跟他说，“闻君笛声嘹亮，曲调非常，我是以来”。卿筠请他一起喝酒，老人说自己从小就以吹笛为业，愿意教他吹笛。他拿出三支笛子，“其一大如合拱，其次大如常人之蓄者，其一绝小，如细笔管”。卿筠拜请老人吹一曲，老人说“其大

者不可发"，卿筠却说"愿闻其不可发者"。老人说："其第一者在诸天，对诸上帝，或元君，或上元夫人，合上天之乐而吹之。若于人间吹之，人消地坼，日月无光，五星失次，山岳崩坼，不暇言其余也。第二者对诸洞府仙人、蓬莱姑射、昆丘王母及诸真君等，合仙乐而吹之。若于人间吹之，飞沙走石，翔鸟坠地，走兽脑裂，五里内稚幼振死，人民僵踣，不暇言其余也。其小者，是老身与朋侪所乐者，庶类杂而听之，吹的不安，未知可终一曲否？"说完，抽出笛子吹了三声，果然"湖上风动，波涛沆瀁，鱼鳖跳喷"，卿筠和童仆吓得悚然变色；吹了五六声之后，"君山上鸟兽叫噪，月色昏昧。舟楫大恐"。老人于是停了笛声，喝酒数杯，与卿筠约了第二年秋天再会，就摇船而去，"隐隐渐没于波间"。"至明年秋，卿筠十旬于君山伺之，终不复见也"。贾客，就是指商人，古代商人叫商或贾。君山，在湖南洞庭湖口，又名湘山，北魏郦道元《水经注·湘水》"湖（洞庭湖）中有君山……湘君之所游处，故曰君山矣"。下联的典故出自汉刘向《列仙传·王子乔》："王子乔者，周灵王太子晋也。好吹笙作凤凰鸣。游伊、洛之间，道士浮丘公接以上嵩高山。三十余年后，求之于山上，见桓良，曰：'告我家，七月七日待我于缑氏山巅。'至时，果乘白鹤驻山头，望之不得到，举手谢时人，数日而去。"王子乔好吹笙，后来得道。遇到故人桓良，就跟他说："告诉我家里人，七月七日在缑氏山顶等我。"届时果然见到王子乔骑着白鹤停留于山头。缑岭，缑氏山，一般指修道成仙之处。平仄上，上联是仄仄平平平仄仄，下联是平平平仄仄平平。笛，《广韵》"徒历切"，入声。语法上，上下联都是主谓结构；谓语部分"君山秋弄笛""缑岭夜吹笙"皆为状中结构，"君山""缑岭"为地点状语，"秋""夜"为时间状语。

⑧帝业独兴，尽道汉高能用将；父书空读，谁言赵括善知兵：上联是汉高祖刘邦的典故，出自《史记·淮阴侯列传》："上常从容与信

言诸将能不，各有差。上问曰：'如我能将几何？'信曰：'陛下不过能将十万。'上曰：'于君何如？'曰：'臣多多而益善耳。'上笑曰：'多多益善，何为为我禽？'信曰：'陛下不能将兵，而善将将，此乃信之所以为陛下禽也。且陛下所谓天授，非人力也。'"刘邦曾经与韩信讨论各位将领的才能，韩信说自己带兵是多多益善。刘邦笑说，那你为什么被我所擒呢。韩信说，陛下虽然不能带兵，但善于带将领。下联说的是战国时候赵国将领赵括的故事。赵括是赵国名将赵奢的儿子，《史记·廉颇蔺相如列传》载，秦赵长平之战时期，"时赵奢已死，而蔺相如病笃，赵使廉颇将攻秦，秦数败赵军，赵军固壁不战。秦数挑战，廉颇不肯"。于是秦国施行反间计，说"秦之所恶，独畏马服君赵奢之子赵括为将耳"。赵王于是以赵括为将，取代廉颇。蔺相如劝谏说"王以名使括，若胶柱而鼓瑟耳。括徒能读其父书传，不知合变也"，意思是赵括虽然能熟读他父亲的兵书，却不知道灵活运用。赵王没有采纳蔺相如的建议。"赵括自少时学兵法，言兵事，以天下莫能当。尝与其父奢言兵事，奢不能难，然不谓善"，赵奢虽然不能在书本上难倒赵括，但并不认为他的兵法学得好，他生前曾跟自己的夫人说，将来害得赵国军队大败的一定是赵括。赵括被命为将领的时候，他的母亲上书进言说"赵括不能做将领"，赵王还是没听。后来果然在长平之战中大败，赵国损失惨重，从此一蹶不振。后有"纸上谈兵"一词，说的就是赵括的事。平仄上，上联是仄仄仄平，仄仄仄平平仄仄；下联是仄平平仄，平平仄仄仄平平。独、读，《广韵》皆为"徒谷切"，入声。语法上，"帝业独兴"对"父书空读"，是主谓结构。"尽道汉高能用将"与"谁言赵括善知兵"相对，二者语法上不相对仗。前者是状中结构，后者为主谓结构，因为"尽"是副词，"谁"是代词。不过，"尽"有全、都的意思，上联表示大家都认为汉高祖善用将；"谁"在此表反问，意即没有人认为赵括真的会用兵。二者语义上恰好构成对比。

【译文】

外形和相貌相对,颜色和声音相对。

夏代的城邑和周代的京师相对。

长江上的白云和渭水边的树木相对,玉磬和银筝相对。

别人尊敬老人,我们夫妻恩爱。

晓燕和春莺相对。

玄霜由玉杵春成,白露用金茎收集。

商人吕卿筠秋夜在君山遇仙人吹笛,周王子乔在缑山之巅吹笙给家人听。

刘邦建立汉朝基业,皆因他善于任用将才;赵括空读满腹兵书,谁说他善于用兵打仗?

其二

功对业,性对情①。

月上对云行②。

乘龙对附骥,阆苑对蓬瀛③。

春秋笔,月旦评④。

东作对西成⑤。

隋珠光照乘,和璧价连城⑥。

三箭三人唐将勇,一琴一鹤赵公清⑦。

汉帝求贤,诏访严滩逢故旧;宋廷优老,年尊洛社重耆英⑧。

【注释】

①功对业,性对情:"功""业"意义相近,都是功业、功绩的意思。"性""情"意义也相类,表示人的禀性、气质。平仄上,"功""情"

是平声,"业""性"是仄声。语法上,四者都是名词。

②月上对云行:月上,月亮上升,唐戴叔伦《对月答袁明府》"山下孤城月上迟,相留一醉本无期",宋欧阳修《生查子·元夕》"月上柳梢头,人约黄昏后"。云行,浮云在天空飘移,《周易·乾》:"《象》曰:大哉乾元,万物资始,乃统天。云行雨施,品物流形……"平仄上,"月上"是仄仄,"云行"是平平。语法上,两个词语都是主谓结构。

③乘(chéng)龙对附骥(jì),阆苑(làng yuàn)对蓬瀛(yíng):乘龙,比喻趁时而动,如《周易·乾》"时乘六龙以御天",王弼注"升降无常,随时而用,处则乘潜龙,出则乘飞龙,故曰'时乘六龙'也"。后来也用以比喻得佳婿,今人常说"乘龙快婿"。附骥,附骥尾的意思,即蚊蝇附在骏马的尾巴上,从而达到远行千里的目的,一般用来比喻依附先辈或名人之后而成名,《史记·伯夷列传》"颜渊虽笃学,附骥尾而行益显",司马贞《索隐》"按:苍蝇附骥尾而致千里,以譬颜回因孔子而名彰也"。骥,骏马,《荀子·劝学》有"骐骥一跃,不能十步;驽马十驾,功在不舍"的话。"乘""附"两个动词在这里都有骑或附着在某物身上以达到行进或上升目的的意思,动作对象"龙""骥"都是神勇的动物,能飞跃或奔驰很远的距离。前者褒义,后者贬义,语义正相对。阆苑,阆风之苑,传说中仙人的住处;阆风,山名,在昆仑之上。《红楼梦》中的《枉凝眉》有"一个是阆苑仙葩,一个是美玉无瑕"。蓬瀛,蓬莱和瀛洲,神山名,相传为仙人所居之处,晋葛洪《抱朴子·对俗》"(得道之士)或委华驷而辔蛟龙,或弃神州而宅蓬瀛"。"阆苑""蓬瀛"相类,都是表仙人之所。平仄上,"乘龙""蓬瀛"是平平,"附骥""阆苑"是仄仄。语法上,"乘龙""附骥"都是动宾结构;"阆苑""蓬瀛"都是名词,结构上不甚相对,前者是定中结构,后者是并列结构。

④春秋笔,月旦评:春秋笔,相传孔子据史实修《春秋》,字寓褒贬,

不佞不谀,使乱臣贼子惧,后来人们就以"春秋笔"指据事直书的史笔。春秋,指的是五经之一的《春秋》,是春秋时期鲁国的史书,据说经过了孔子的编定。月旦评,出自《后汉书·许劭传》"初,劭与靖俱有高名,好共核论乡党人物,每月辄更其品题,故汝南俗有'月旦评'焉",也可以省作"月评"。月旦,农历的每月初一叫月旦,"旦"是第一天的意思。"春秋笔"与"月旦评"经常并提,宋刘辰翁《读杜拾遗百忧集行有感》"毁誉都忘月旦评,姓名不上《春秋》笔"。平仄上,"春秋笔"是平平仄,"月旦评"是仄仄平。语法上,二者都是定中结构。不过定语"春秋"是并列结构,"月旦"是定中结构。

⑤ 东作对西成:两词皆出自《尚书·尧典》:"寅宾出日,平秩东作",孔安国传"岁起于东,而始就耕,谓之东作";"平秩西成",孔颖达疏"秋位在西,于时万物成熟"。春天色青,五行属木,对应东方;秋天色白,五行属金,对应西方。故而"东作"指春耕,"西成"指秋天庄稼成熟,农事完成。平仄上,"东作"是平仄,"西成"是平平。语法上,两个词语都是状中结构,"东""西"是表方位的名词,又暗指春季和秋天两个时间,用作状语。

⑥ 隋珠光照乘(shèng),和璧价连城:此联化自宋陆游《书宛陵集后》"赵璧连城价,隋珠照乘明"。隋珠,隋侯之珠,是稀世珍宝,出自《淮南子·览冥训》"譬如隋侯之珠,和氏之璧,得之者富,失之者贫",高诱注曰:"隋侯,汉东之国,姬姓诸侯也。隋侯见大蛇伤断,以药傅之。后蛇于江中衔大珠以报之,因曰隋侯之珠,盖明月珠也。"据说隋侯曾经遇到一只受伤的蛇,于是为它敷药治疗。后来蛇衔来一颗大珠报答,这颗珠子就叫"隋侯之珠"。照乘,过去有所谓"照乘珠",光亮能照明车辆,唐高适《涟上别王秀才》"何意照乘珠,忽然欲暗投"。下联出自《史记·廉颇蔺相如列传》记载,"赵惠文王时,得楚和氏璧。秦昭王闻之,使人遗

赵王书,愿以十五城请易璧"。蔺相如担当了送和氏璧到秦国交换十五座城市的艰巨任务,后来虽未得到城池,他终究做到了完璧归赵,和氏璧"价值连城"的典故也因此流传下来。和璧即和氏璧,由和氏发现,出自《韩非子·和氏》的记载,"楚人和氏得玉璞楚山中",和氏发现了一块玉璞,知道它的价值,献给厉王、武王,都被认为是在撒谎,被先后砍掉了左脚和右脚。文王即位时,和氏抱着玉璞在楚山下哭了三天三夜,泪流干了,眼睛就流出血来。文王找玉匠雕琢这块玉璞,果然是一块难得的宝玉,因此命名为和氏璧。连城,连成一片的许多城池,即指《史记·廉颇蔺相如列传》中秦王交换和氏璧的十五座城池。"隋侯珠"与"和氏璧"经常并提,《汉书·邹阳传》"故无因而至前,虽出随珠、和璧,只怨结而不见德"。平仄上,上联是平平平仄仄,下联是平仄仄平平。语法上,上下联都是主谓结构。主语"隋珠""和璧"都是定中结构,谓语"光照乘""价连城"是主谓结构,陈述主语的珍贵程度。

⑦**三箭三人唐将勇,一琴一鹤赵公清**:上联说的是薛仁贵的故事。《旧唐书·薛仁贵传》载,"薛仁贵,绛州龙门人。贞观末,太宗亲征辽东,仁贵谒将军张士贵应募,请从行。至安地,有郎将刘君昂为贼所围甚急,仁贵往救之,跃马径前,手斩贼将,悬其头于马鞍,贼皆慑伏,仁贵遂知名"。高宗的时候,"又领兵击九姓突厥于天山,将行,高宗内出甲,令仁贵试之。上曰:'古之善射有穿七札者,卿且射五重。'仁贵射而洞之,高宗大惊,更取坚甲以赐之。时九姓有众十余万,令骁健数十人逆来挑战,仁贵发三矢,射杀三人,自余一时下马请降。仁贵恐为后患,并坑杀之。更就碛北安抚余众,擒其伪叶护兄弟三人而还。军中歌曰:'将军三箭定天山,战士长歌入汉关。'九姓自此衰弱,不复更为边患"。薛仁贵非常神勇,在天山攻打九姓突厥的时候,三箭射杀三人。

其余的人吓得赶紧下马请降。下联的典故出自《宋史·赵抃传》："赵抃，字阅道，衢州西安人。进士及第，为武安军节度推官。……神宗立，召知谏院。故事，近臣还自成都者，将大用，必更省府，不为谏官。大臣以为疑，帝曰：'吾赖其言耳，苟欲用之，无伤也。'及谢，帝曰：'闻卿匹马入蜀，以一琴一鹤自随，为政简易，亦称是乎？'未几，擢参知政事。抃感顾知遇，朝政有未协者，必密启闻，帝手诏褒答。"赵抃为人清廉，为政简易，只带一琴一鹤去蜀地上任。平仄上，上联是平仄平平平仄仄，下联是仄平仄仄仄平平。一，《广韵》"於悉切"，入声。语法上，两句都是主谓结构。不过，主语"三箭三人"与"一琴一鹤"在语义关系上不甚对仗，"三箭三人"是用三箭射中三人的省说；"一琴一鹤"是赵公所拥有的两件物品，是并列结构。

⑧汉帝求贤，诏访严滩逢故旧；宋廷优老，年尊洛社重（zhòng）耆（qí）英：上联说的是汉光武帝刘秀和严子陵的故事。据《后汉书·逸民列传》载："严光字子陵，一名遵，会稽余姚人也。少有高名，与光武同游学。及光武即位，乃变名姓，隐身不见。……除为谏议大夫，不屈，乃耕于富春山，后人名其钓处为严陵濑焉。建武十七年，复特征，不至。年八十，终于家。帝伤惜之，诏下郡县赐钱百万、谷千斛。"严子陵和汉光武帝刘秀年轻时候交好。后来光武帝即位，严子陵就隐居不见。后人把他隐居垂钓的地方叫严陵濑。严滩就是严陵濑。下联说的是文彦博等人的故事，据《宋史·文彦博传》记载："彦博虽穷贵极富，而平居接物谦下，尊德乐善，如恐不及。其在洛也，洛人邵雍、程颢兄弟皆以道自重，宾接之如布衣交。与富弼、司马光等十三人，用白居易九老会故事，置酒赋诗相乐，序齿不序官，为堂，绘像其中，谓之'洛阳耆英会'，好事者莫不慕之。"文彦博等人，效法唐诗人白居易的"九老会"，在洛阳聚集了一些人，重视年长而不重视高位，一

起置酒赋诗相乐。优老,优待老人,宋陆游《拜敕口号》"恭惟优老政,千古照青编",宋代重视优老政策,所谓"尊老尚齿"。耆英,年高望重者,明方孝孺《休日奉陪蜀府诸公宴集》"群公尽耆英,过从恨殊晚";耆,古称六十岁为耆,后来泛指老者、长者。下联的"年尊洛社重耆英"在"重老"这一语义上有重复之嫌。平仄上,上联是仄仄平平,仄仄平平平仄仄;下联是仄平平仄,平平仄仄仄仄平平。语法上,"汉帝求贤""宋廷优老"相对,是主谓结构;"诏访严滩逢故旧""年尊洛社重耆英"相对,皆由两个动词结构组成,"诏访严滩"与"逢故旧"是连谓结构,"年尊洛社"和"重耆英"是并列结构。

【译文】

功和业相对,性和情相对。

月亮上升和白云飘浮相对。

乘飞龙和附骥尾相对,阆风之苑和蓬莱仙山相对。

孔子的春秋笔法,许劭的月旦品评。

春天耕种和秋天收获相对。

隋侯珠能照亮车马,和氏之璧价值连城。

唐朝大将薛仁贵三箭射死三个敌人,宋代赵抃去蜀地赴任只带一琴一鹤。

汉帝诏令使者访求自己的旧日好友严子陵于严滩,洛阳贤老因为宋廷优老政策而受尊于洛阳耆英会。

其三

昏对旦,晦对明①。

久雨对新晴②。

蓼湾对花港,竹友对梅兄③。

黄石叟,丹丘生④。

犬吠对鸡鸣⑤。

暮山云外断,新水月中平⑥。

半榻清风宜午梦,一犁好雨趁春耕⑦。

王旦登庸,误我十年迟作相;刘贲下第,愧他多士早成名⑧。

【注释】

①昏对旦,晦（huì）对明:昏,天刚黑的时候,傍晚;旦,天亮的时候,早晨。晦,昏暗、不明亮;明,光线比较亮。平仄上,"昏""明"是平声,"旦""晦"是仄声。语法上,"昏""旦"是时间名词;"晦""明"是形容词,形容光线的不同。

②久雨对新晴:久雨与新晴语义相对。平仄上,"久雨"是仄仄,"新晴"是平平。语法上,两者都是状中结构。

③蓼（liǎo）湾对花港,竹友对梅兄:蓼湾,长有许多蓼草的水湾,宋张咏《过武陵溪二首》"武陵山下水冲溶,往事追寻兴莫穷。欲就渔人问闲趣,叶舟齐过蓼湾东";蓼,水草名;湾,水流弯曲之处。港,与江河湖泊相通的小河,西湖胜景中有"花港观鱼",宋王镃《花港观鱼》"桃花落尽杏花嫣,碧港红沉水底天。山雨忽晴风亦退,钓鱼人在小湖船"。竹友、梅兄,是对"竹""梅"的雅称,意谓视竹、梅为好友、兄弟,宋吴潜《朝中措（老香堂和刘自昭韵）》"谩寻欢笑,翠涛杯满,金缕歌清。况有兰朋竹友,柳词贺句争鸣",宋高观国《金人捧露盘》"杯擎清露,醉春兰友与梅兄"。平仄上,"蓼湾"是仄平,"花港"是平仄;"竹友"是仄仄,"梅兄"是平平。竹,《广韵》"张六切",入声。语法上,四个词语皆为定中结构。

④黄石叟（sǒu）,丹丘生:上联说的是黄石老人的典故,《史记·留侯世家》载,张良曾经在下邳一座桥上遇到一位老人,老人让他

去桥下拾鞋子,还要求给他穿上。后来这位老人见他孺子可教,送给他一部书,"读此则为王者师矣。后十年兴。十三年孺子见我济北,谷城山下黄石即我矣"。叟,老人。丹丘生,或作"丹邱生",皆可。唐李白《将进酒》"岑夫子,丹丘生,将进酒,杯莫停",王琦注"岑夫子,即集中所称岑征君是;丹丘生,即集中所称元丹丘是,皆太白好友也"。生,先生。平仄上,"黄石叟"是平仄仄,"丹丘生"是平平平。石,《广韵》"常隻切",入声。语法上,两个词语都是指人名词,都是定中结构。

⑤犬吠(fèi)对鸡鸣:平仄上,"犬吠"是仄仄,"鸡鸣"是平平。语法上,两个词语都是主谓结构。

⑥暮山云外断,新水月中平:此联化用了唐崔湜《江楼夕望》中的"试陟江楼望,悠悠去国情。楚山霞外断,汉水月中平"。暮山,日暮时分的青山,唐许浑《忆长洲》"鱼沉秋水静,鸟宿暮山空"。新水,春水,唐雍陶《晴诗》"新水乱侵青草路,残阳犹傍绿杨村"。平仄上,上联是仄平平仄仄,下联是平仄仄平平。语法上,两句都是主谓结构;谓语部分"云外断""月中平"是状中结构,"云外""月中"是处所状语,谓语中心词"断""平"表山和水因与云和月相参照而形成的空间状态。

⑦半榻(tà)清风宜午梦,一犁好雨趁春耕:上联化用了唐殷尧藩《闲居》的"花影一阑吟夜月,松声半榻卧秋风"和宋陈著《次韵雪窦寺主僧炳同招游山二首》中的"肯分半榻清风况,翻怪诗来挠耵闲"。榻,狭长而矮的坐卧用具。下联化用了宋赵师侠《蝶恋花》中的"宜入新春闻好语,一犁处处催耕雨"和宋葛长庚《水调歌头》中的"一犁梅雨,前村布谷正催耕"。一犁,古人经常用来形容春雨的量,如《全唐文》有詹敦仁的《清隐堂记》"春而耕,一犁雨足;秋而敛,万顷云黄",正以"一犁"对"万顷"。好雨,出自唐杜甫《春夜喜雨》中的"好雨知时节,当春乃发生"。平仄上,

上联是仄仄平平平仄仄，下联是仄平仄仄仄平平。一，《广韵》"於悉切"，入声。语法上，两句都是主谓结构：主语"半榻清风""一犁好雨"都是定中结构，谓语"宜午梦""趁春耕"都是状中结构。

⑧王旦登庸（yōng），误我十年迟作相；刘蕡（fén）下第，愧他多士早成名：上联说的是王旦的典故。王旦，北宋著名宰相，为人正直，知人善任。据《宋史·王旦传》载，"帝欲相王钦若，旦曰：'钦若遭逢陛下，恩礼已隆，且乞留之枢密，两府亦均。臣见祖宗朝未尝有南人当国者，虽古称立贤无方，然须贤士乃可。臣为宰相，不敢沮抑人，此亦公议也。'真宗遂止"，王旦曾经阻止皇帝任用王钦若。"旦没后，钦若始大用，语人曰：'为王公迟我十年作宰相。'"王旦去世以后，王钦若才爬上相位，故而声称是王旦导致他迟了十年才做宰相。王钦若，《宋史·王钦若传》载，"王钦若，字定国，临江军新喻人"，"智数过人，每朝廷有所兴造，委曲迁就，以中帝意。又性倾巧，敢为矫诞。马知节尝斥其奸状，帝亦不之罪。其后仁宗尝谓辅臣曰：'钦若久在政府，观其所为，真奸邪也。'王曾对曰：'钦若与丁谓、林特、陈彭年、刘承珪，时谓之"五鬼"。奸邪险伪，诚如圣谕。'"王钦若是一个奸佞之臣。登庸，选拔任用，《尚书·尧典》"帝曰：畴咨若时登庸"，孔安国传"畴，谁。庸，用也。谁能咸熙庶绩，顺是事者，将登用之"。下联说的是刘蕡的典故，《旧唐书·文苑下》载，刘蕡"字去华，昌平人。父勉"，"宝历二年进士擢第。博学善属文，尤精《左氏春秋》"，"好谈王霸大略，耿介嫉恶。言及世务，慨然有澄清之志"。文宗太和二年，策试贤良，刘蕡极力劝谏文宗诛杀宦官，"言论激切，士林感动"。当时的考官不敢录用刘蕡，"物论喧然不平之"，当时登科的李郃对人说："刘蕡不第，我辈登科，实厚颜矣！"下第，就是科举考试不中的意思。多士，出自《尚书·多方》"猷告尔有方多士，暨殷多士"，指众多的贤士。平仄上，上联是平仄平平，仄

仄仄平平仄仄；下联是平平仄仄，仄平平仄仄平平。十，《广韵》
"是执切"，入声。语法上，上下联都是主谓结构。主语是"王旦登
庸""刘蒉下第"，是主谓结构指称事件，是这两个事件导致了后面
事情的发生。谓语部分"误我十年迟作相""愧他多士早成名"相
对，但这两句不太对仗。"十年"是修饰"迟作相"的状语，"多士"是
"早成名"的主语。二者一表时间，一指人，作不同的句子成分。

【译文】

黄昏和早晨相对，晦暗和明亮相对。

下很久的雨和天刚刚放晴相对。

蓼湾和花港相对，竹子和梅花相对。

黄石老人，丹丘先生。

狗吠和鸡鸣相对。

傍晚时分的青山被白云隔断，一池春水在月光下波平如镜。

清风吹拂床榻，正宜睡个午觉；一犁春雨下过，正好趁机耕田。

王旦举用之事，导致王钦若十年之后迟迟才做了宰相；刘蒉落第之
事，使其他士子因为比他早成名而觉惭愧。

九　青

【题解】

"青"是"平水韵"中下平声的第九韵部。

"青"在《广韵》中作"仓经切"，平声，青韵。

《笠翁对韵》中所用到的韵脚字有丁、庭、屏、汀、鸰、星、铃、青、宁、
萍、亭、型、经、馨、婷等15个，《声律启蒙》所用到的有青、扃、经、翎、亭、
星、醒、屏、霆、蜓、汀、铭、萤、鸰、萍、铃、冥等17字。其中两书共用的有
屏、汀、鸰、星、铃、青、萍、亭、经9个字；仅《笠翁对韵》用的有丁、庭、宁、
型、馨、婷等6个字；仅《声律启蒙》用的有8个，包括扃、翎、醒、霆、蜓、
铭、萤、冥。

其一

庚对甲,巳对丁①。

魏阙对彤庭②。

梅妻对鹤子,珠箔对银屏③。

鸳浴沼,鹭飞汀④。

鸿雁对鹡鸰⑤。

人间寿者相,天上老人星⑥。

八月好修攀桂斧,三春须系护花铃⑦。

江阁秋登,一水净连天际碧;石栏晓倚,群山秀向雨余青⑧。

【注释】

① 庚对甲,巳对丁:两组词都是干支里的项,古人以"甲、丙、戊、庚、壬"和"子、寅、辰、午、申、戌"相配,"乙、丁、己、辛、癸"和"丑、卯、巳、未、酉、亥"相配,排列组合成六十组,用以纪年、月、日,周而复始,循环使用。平仄上,"庚""丁"是平声,"甲""巳"是仄声。语法上,四个词语皆是名词。

② 魏阙(què)对彤(tóng)庭:魏阙,古代宫门外两边的楼观,用来借指朝廷,《庄子·让王》"身在江海之上,心居乎魏阙之下"。彤庭,汉代宫廷,用朱漆涂饰,汉班固《西都赋》"于是玄墀扣砌,玉阶彤庭";后用来泛指皇宫,唐杜甫《自京赴奉先县咏怀五百字》"彤庭所分帛,本自寒女出"。平仄上,"魏阙"是仄仄,"彤庭"是平平。语法上,二者都是指建筑物的名词;二者结构上不甚对仗,"魏阙"是同义并列结构,"彤庭"则是定中结构。

③ 梅妻对鹤子,珠箔(bó)对银屏:梅妻、鹤子,指的是宋代隐逸诗

人林逋的典故,清吕留良等《〈和靖诗钞〉序》"逋不娶,无子,所居多植梅、畜鹤。泛舟湖中,客至,则放鹤致之,因谓'梅妻鹤子'云"。林逋隐居杭州孤山,以梅为妻,以鹤为子。珠箔、银屏,出自唐白居易的《长恨歌》"揽衣推枕起徘徊,珠箔银屏迤逦开"。珠箔,珠帘;银屏,镶银的屏风。平仄上,"梅妻"是平平,"鹤子"是仄仄;"珠箔"是平仄,"银屏"是平平。箔,《广韵》"傍各切",入声。语法上,四者都是定中结构。

④鸳浴沼,鹭(lù)飞汀(tīng):鸳浴沼,鸳鸯在水池中游弋;沼,水池。汀,水洲,水边平整的沙地。诗文中,白鹭经常在沙汀出没,如唐李白《送殷淑三首》其三"醉歌惊白鹭,半夜起沙滩",唐贾岛《送朱可久归越中》"汀鹭潮冲起,船窗月过虚"。平仄上,"鸳浴沼"是平仄仄,"鹭飞汀"是仄平平。语法上,上下联都是主谓结构。

⑤鸿雁对鹡鸰(jí líng):鸿雁,即大雁,《孟子·梁惠王上》"王立于沼上,顾鸿雁麋鹿";后常用来借指书信,"鸿雁往来",指互相通信。鸿、雁,都是大雁的意思,《诗经·小雅·鸿雁》"鸿雁于飞,肃肃其羽",毛亨传曰"大曰鸿,小曰雁"。鹡鸰,鸟名,晋葛洪《抱朴子·守塉》"鸥鹏戾赤霄以高翔,鹡鸰傲蓬林以鼓翼",还可写作"脊令""脊鸰";常用来比喻兄弟,出自《诗经·小雅·常棣》"脊令在原,兄弟急难"。二者经常在诗中并提,比如宋黄庭坚《和答元明黔南赠别》"急雪脊令相并影,惊风鸿雁不成行"。平仄上,"鸿雁"是平仄,"鹡鸰"是仄平。鹡,《集韵》"资昔切",入声。语法上,二者都是指鸟的名词,但其内部结构不甚相对,"鸿雁"是并列结构,"鹡鸰"是联绵词。

⑥人间寿者相,天上老人星:相,佛教称一切事物的外观形状叫"相";佛教有四相,《金刚经》曰"须菩提!又念过去于五百世作忍辱仙人,于尔所世,无我相、无人相、无众生相、无寿者相。是故须菩提!菩萨应离一切相,发阿耨多罗三藐三菩提心,不应住

色生心，不应住声香味触法生心，应生无所住心。若心有住，即为非住。是故佛说：'菩萨心不应住色布施'"。寿者相，就是人之所谓寿命、所谓生命的期限。老人星，指的是南部天空一颗光度较亮的星，古人认为它象征长寿，故又名"寿星"。平仄上，上联是平平仄仄仄，下联是平仄仄平平。语法上，上下联都是定中结构。

⑦八月好修攀桂斧，三春须系（jì）护花铃：攀桂，攀援或攀折桂枝，古代用来比喻科举及第，又称"蟾宫折桂""折桂"，唐杜甫《同豆卢峰知字韵》"梦兰他日应，折桂早年知"。《汉语大词典》认为"攀桂"这个典故出自《晋书·郤诜传》："武帝于东堂会送，问诜曰：'卿自以为何如？'诜对曰：'臣举贤良对策，为天下第一，犹桂林之一枝，昆山之片玉。'"护花铃，为保护花朵、驱赶鸟雀而设置的铃，典出五代王仁裕《开元天宝遗事·花上金铃》："天宝初，宁王（按，指李宪）日侍好声乐，风流蕴藉，诸王弗如也。至春时，于后园中纫红丝为绳，密缀金铃，系于花梢之上。每有鸟鹊翔集，则令园吏掣铃索以惊之，盖惜花之故也。"宁王李宪非常爱惜花木。他会在春天的时候给花枝系上红色的丝绳，上面缀满金铃。如果有鸟雀飞来，就让园吏拉铃绳吓走它们，以保护花木不受鸟雀的啄食。三春，春季有三个月，称孟春、仲春、季春，故三春指春天。平仄上，上联是仄仄仄平平仄仄，下联是平平平仄仄平平。八，《广韵》"博拔切"，入声。语法上，上下联都是主谓结构。主语"八月"对"三春"，都是数词修饰时间名词的定中结构；谓语"好修攀桂斧""须系护花铃"是状中结构，陈述"八月""三春"所当做之事。

⑧江阁秋登，一水净连天际碧；石栏晓倚，群山秀向雨余青：上联化自唐李白《黄鹤楼送孟浩然之广陵》"故人西辞黄鹤楼，烟花三月下扬州。孤帆远影碧空尽，唯见长江天际流"。江阁，江边的高

楼，宋晏几道《愁倚阑令》"凭江阁，看烟鸿。恨春浓"；此当指黄鹤楼。下联当化自宋曹勋《山居杂诗》"水阔夕阳红，雨余群山秀"。石栏，石头雕的栏杆。雨余，刚下过雨之后的时刻，这时空气特别湿润，山总是特别青翠，花木也显得特别娇嫩，比如宋蔡伸《菩萨蛮》"双双紫燕来华屋，雨余芳草池塘绿"，宋陆游《晨起》"徐行梧楸阴，爱此雨余绿"和《春晓东郊送客》"雨余气清润，迫我送客时"，皆是这种意境的描写。平仄上，上联是平仄平平，仄仄仄平平仄仄；下联是仄平仄仄，平平仄仄仄平平。阁，《广韵》"古落切"，入声；石，《广韵》"常隻切"，入声。语法上，"江阁秋登"对"石栏晓倚"，都是主谓结构；主语"江阁""石栏"都是动作的对象；"秋登""晓倚"都是状中结构作谓语。今本"秋登"或作"凭临"，"晓倚"或作"闲倚"，不如"秋登""晓倚"对仗工整，故不取。"一水净连天际碧"对"群山秀向雨余青"，也是主谓结构。

【译文】

庚和甲相对，巳和丁相对。

宫门之外的楼观和朱漆装饰的宫廷相对。

以梅为妻和以鹤为子相对，珠帘和银屏相对。

鸳鸯在池塘中游水，白鹭在沙汀上盘旋。

大雁和鹁鸽相对。

人间的寿命期限，天上的长寿星宿。

八月正是修葺折桂斧的好时候，春天应该系好保护花枝的铃铛。

秋日登上江边的楼阁，远望江水清澈碧绿连天；清晨倚靠石雕的栏杆，雨后群山秀美青绿如洗。

其二

危对乱，泰对宁^①。

纳陛对趋庭^②。

金盘对玉箸,泛梗对浮萍③。

群玉圃,众芳亭④。

旧典对新型⑤。

骑牛闲读史,牧豕自横经⑥。

秋首田中禾颖重,春余园内菜花馨⑦。

旅次凄凉,塞月江风皆惨淡;筵前欢笑,燕歌赵舞独娉婷⑧。

【注释】

①危对乱,泰对宁:泰,安宁的意思。平仄上,"危""宁"是平声,"乱""泰"是仄声。语法上,四者都是形容词。

②纳陛对趋庭:纳陛,根据《汉语大词典》,是古代帝王赐给有殊勋的诸侯或大臣的"九锡(赐)"之一,凿殿基为登升的陛级,纳之于檐下,不使尊者露而升,故名。《韩诗外传》卷八:"诸侯之有德,天子锡之,一锡车马……五锡纳陛。"趋庭,出自《论语·季氏》"(孔子)尝独立,鲤趋而过庭。曰:'学诗乎?'对曰:'未也。''不学诗,无以言。'鲤退而学诗。他日,又独立,鲤趋而过庭。曰:'学礼乎?'对曰:'未也。''不学礼,无以立。'鲤退而学礼。"后来用"趋庭"表示子承父教。平仄上,"纳陛"是仄仄,"趋庭"是平平。语法上,二者都是动补结构。

③金盘对玉箸(zhù),泛梗(gěng)对浮萍:玉箸,玉做的筷子。泛梗,典出《战国策·齐策三》:"有土偶人与桃梗相与语。桃梗谓土偶人曰:'子,西岸之土也,挺子以为人。至岁八月,降雨下,淄水至,则汝残矣。'土偶曰:'不然,吾西岸之土也,土则复西岸耳。今子东国之桃梗也,刻削子以为人,降雨下,淄水至,流子而去,则子漂漂者将何如耳。'"有土做的人偶和桃木做的人偶讲话。

桃木人对泥偶人说:"你本来就是西岸的土,人们把你做成人。到八月下雨的时候,水一涨,你就被水冲坏啦!"泥偶人就说:"我本来就是西岸的泥巴,冲坏了就回到西岸做泥巴。而你是东国的桃木,人们把你刻削成人。下雨的时候,水把你冲走,那你就不知道漂到哪里去啦。"后来就用"泛梗"比喻漂泊。浮萍,浮生在水面上的一种草本植物,用来比喻漂泊不定的人或身世,唐杜甫《巴西驿亭观江涨呈窦使君》"相看万里外,同是一浮萍"。平仄上,"金盘"是平平,"玉箸"是仄仄;"泛梗"是仄仄,"浮萍"是平平。语法上,四者都是定中结构。"泛梗""浮萍"二词表示浮游之梗、漂泊之萍的意思。

④群玉圃(pǔ),众芳亭:群玉,《穆天子传》卷二"天子北征,东还,乃循黑水。癸巳,至于群玉之山……先王之所谓策府",郭璞注"言往古帝王以为藏书册之府,所谓藏之名山者也"。唐李白《清平调》有"云想衣裳花想容,春风拂槛露华浓。若非群玉山头见,会向瑶台月下逢",以此形容杨玉环之绝世容貌。众芳,本指百花,如宋林逋《山园小梅》"众芳摇落独暄妍,占尽风情向小园";古有修众芳亭者,如元王恽《秋涧集》有《题李巨川众芳亭》,曰"主人襟韵有余馨,俯仰乾坤一草亭"。平仄上,"群玉圃"是平仄仄,"众芳亭"是仄平平。语法上,二者都是定中结构。

⑤旧典对新型:旧典,旧的制度、规则,《尚书·君牙》"君牙,乃惟由先正旧典时式",孔颖达疏"惟当奉用先世正官之法,诸臣所行故事旧典,于是法则之"。新型,新的类型、式样。平仄上,"旧典"是仄仄,"新型"是平平。语法上,两个词语都是定中结构。

⑥骑牛闲读史,牧豕(shǐ)自横经:上联典故与唐李密有关。据《新唐书·李密传》载,"李密,字玄邃,一字法主,其先辽东襄平人","(李密)闻包恺在缑山,往从之。以蒲鞯乘牛,挂《汉书》一帙角上,行且读。越国公杨素适见于道,按辔蹑其后,曰:'何书生勤

如此?'密识素，下拜。问所读，曰：'《项羽传》。'因与语，奇之"。李密听说包恺在缑山，就去找寻；他骑在牛上，把《汉书》挂在牛角上，且行且读。下联说的是汉公孙弘的故事。《汉书·公孙弘传》载："公孙弘，菑川薛人也。少时为狱吏，有罪，免。家贫，牧豕海上。年四十余，乃学《春秋》杂说。"公孙弘少年时候曾以给人放猪为生。豕，猪。横经，横陈经籍，指受业或读书，清丁耀亢《蚺蛇胆》有"长歌自反，挂角横经歌夜旦。我想古人多少牧豕饭牛，后来发迹，做了一代名臣，何况俺杨椒山"。平仄上，上联是平平平仄仄，下联是仄仄仄平平。读，《广韵》"徒谷切"，入声。语法上，"骑牛"与"闲读史"、"牧豕"与"自横经"，皆表示两个同时进行的行为，是并列的动词结构关系。

⑦秋首田中禾颖（yǐng）重，春余园内菜花馨（xīn）：秋首，就是首秋，指农历七月，南朝梁元帝《纂要》"七月孟秋，亦曰初秋、首秋"。禾颖，谷物带芒的穗，唐太宗《幸武功庆善宫》"芸黄遍原隰，禾颖积京畿"。春余，春天将尽未尽之时，唐孟浩然《山中逢道士云公》"春余草木繁，耕种满田园"。馨，芳香。平仄上，上联是平仄平平平仄仄，下联是平平平仄仄平平。语法上，两句对仗工整，都是状中结构："秋首""春余"是时间状语，"田中""园内"是地点状语；"禾颖重""菜花馨"是主谓结构。

⑧旅次凄凉，塞（sài）月江风皆惨淡；筵（yán）前欢笑，燕（yān）歌赵舞独娉婷（pīng tíng）：旅次，旅游居住的所在；次，宿处，《周易·旅》"旅即次，怀其资，得童仆贞"，王弼注"次者，可以安行旅之地也"。旅居总是孤独凄清的，故曰"旅次凄凉"，如唐杜甫《毒热寄简崔评事十六弟》"老夫转不乐，旅次兼百忧"。塞月，边塞上所看到的月，一般也是给人带来思乡、凄凉的感受，唐白居易《听李士良琵琶》"声似胡儿弹舌语，愁如塞月恨边云"。筵，宴席。燕歌赵舞，古燕赵人擅长歌舞，后以此泛指美妙的歌舞。娉婷，

姿态美好之貌。平仄上,上联是仄仄平平,仄仄平平平仄仄;下联是平平平仄,平平仄仄仄平平。燕,今读平、去二声,地名读平声。独,《广韵》"徒谷切",入声。语法上,"旅次凄凉"对"筵前欢笑",都是状中结构;"塞月江风皆惨淡"与"燕歌赵舞独娉婷"相对,都是主谓结构,其谓语中心"惨淡"是并列结构,"娉婷"是联绵词。上下联整体结构对仗,细节略有不工整之处。

【译文】

危和乱相对,泰和宁相对。

纳陛之赐和快步过庭相对。

镶金的盘子和玉雕的筷子相对,漂泊的桃木和浮生的萍草相对。

群玉圃,众芳亭。

旧的制度和新的式样相对。

李密骑在牛背上读史书,公孙弘边放猪边学经书。

秋天到来的时候,田里的谷穗沉甸甸的;春天将尽的时刻,园内的菜花香喷喷的。

旅居在外心境凄凉,塞上的月光、江上的清风让人感到悲伤;筵席之上心情欢快,燕地的歌声、赵地的舞蹈格外动人心扉。

十　蒸

【题解】

"蒸"是"平水韵"中下平声的第十韵部。

"蒸"在《广韵》中作"煮仍切",平声,蒸韵。

《笠翁对韵》用到的韵脚字有菱、罾、绫、升、征、僧、绳、灯、称、曾、登、朋、蝇、兴、丞等15个;《声律启蒙》用到的韵脚字有16个,包括升、鹰、冰、罾、鹏、灯、蝇、僧、朋、兴、蒸、滕、绳、登、陵、藤。其中两书共用的韵脚字有罾、升、僧、绳、灯、登、朋、蝇、兴9个;仅《笠翁对韵》用到的有菱、绫、征、称、曾、丞等6个字,仅《声律启蒙》用到的有鹰、冰、鹏、蒸、滕、陵、藤等7个字。

其一

蘋对蓼，芡对菱①。

雁弋对鱼罾②。

齐纨对鲁缟，蜀锦对吴绫③。

星渐没，日初升④。

九聘对三征⑤。

萧何曾作吏，贾岛昔为僧⑥。

贤人视履循规矩，大匠挥斤按准绳⑦。

野渡春风，人喜乘潮移酒舫；江天暮雨，客愁隔岸对渔灯⑧。

【注释】

①蘋（pín）对蓼（liǎo），芡（qiàn）对菱（líng）：蘋，水草名，《诗经·召南·采蘋》"于以采蘋？南涧之滨"，毛亨传"蘋，大萍也"。蓼，水草名，《诗经·周颂·良耜》"以薅荼蓼"，毛亨传"蓼，水草也"。芡，水生植物名，种子称"芡实"，供食用或入药。芡，琅环阁藏本作"茨"，今本多作"芡"。茨，蒺藜，平声；芡，仄声。取"芡"更佳。菱，水草名，果实有硬壳，一般有角，俗称菱角。平仄上，"蘋""菱"都是平声，"蓼""芡"皆为仄声。语法上，四个词语都是水生植物名词。

②雁弋（yì）对鱼罾（zēng）：雁弋，指射雁的箭；弋，带丝绳的箭，《楚辞·九章·惜诵》"矰弋机而在上兮，罻罗张而在下"。鱼罾，捕鱼的网；罾，用木棍或竹竿做支架的方形鱼网，《楚辞·九歌·湘君》"鸟何萃兮蘋中，罾何为兮木上"，王逸注"罾，鱼网也"。平仄上，"雁弋"是仄仄，"鱼罾"是平平。语法上，两个词语都是定中

结构,且皆以狩猎对象名词作为定语。

③齐纨(wán)对鲁缟(gǎo),蜀(shǔ)锦对吴绫:齐纨,齐地出产的白细绢,是很名贵的丝织品,《列子·周穆王》"衣阿锡,曳齐纨",张湛注"齐,名纨所出也"。鲁缟,古代鲁地出产的一种白色生绢,以薄细著称,《淮南子·说山训》"矢之于十步贯兕甲,于三百步不能入鲁缟",古有所谓"强弩之末势不能穿鲁缟"的话。蜀锦,四川生产的彩锦,色彩鲜艳,质地坚韧,唐杜甫《白丝行》"缲丝须长不须白,越罗蜀锦金粟尺"。吴绫,吴地所产的绫,《新唐书·地理志》"明州余姚郡,上。开元二十六年,采访使齐浣奏以越州之鄮县置,以境有四明山为名。土贡:吴绫、交梭绫、海味、署预、附子……";绫,一种薄而细、纹如冰凌、光如镜面的丝织品。平仄上,"齐纨"是平平,"鲁缟"是仄仄;"蜀锦"是仄仄,"吴绫"是平平。语法上,四个词语都是定中结构。

④星渐没,日初升:星渐没,星星逐渐沉没,意味着早晨来临;日初升,太阳刚刚升起,也是早晨到来的意思。平仄上,"星渐没"是平仄仄,"日初升"是仄平平。语法上,二者都是主谓结构。

⑤九聘对三征:九聘,多次聘请;三征,朝廷三次征召,《晋书·刘兆传》"武帝时,五辟公府,三征博士,皆不就"。三、九,皆泛指多数。二者经常并用,泛指朝廷多次以隆重之礼征召,《快心编传奇二集》卷之二:"设非高宗汤文,卑辞枉躬,重之以三征九聘之礼,则亦终守岩壑,老死而无闻。"平仄上,"九聘"是仄仄,"三征"是平平。语法上,两个词语都是状中结构。

⑥萧何曾作吏,贾岛昔为僧:上联说的是西汉开国元勋萧何的典故。据《史记·萧相国世家》载,"高祖为布衣时,何数以吏事护高祖。高祖为亭长,常左右之",在汉高祖刘邦发迹之前,萧何常伴其左右。萧何曾经"以文无害为沛主吏掾",即在沛县做一个管人事的小吏,故曰"萧何曾作吏"。下联说的是唐代诗人贾岛

的典故。贾岛曾出家为僧,有"鸟宿池边树,僧敲月下门"的名句,后来还俗,屡试不第。平仄上,上联是平平平仄仄,下联是仄仄仄平平。昔,《广韵》"思积切",入声。语法上,两句都是主谓结构。

⑦贤人视履(lǚ)循规矩,大匠挥斤按准绳:视履,观察其行为,出自《周易·履》"上九:视履考祥,其旋元吉",孔颖达疏"视履考祥者,祥谓征祥,上九处履之极,履道已成。故视其所履之行,善恶得失,考其祸福之征祥"。规矩,就是规和矩两种工具,规用来校正圆形,矩用来校正方形,今有"不以规矩,不成方圆"的成语。挥斤,挥舞斧头,出自《庄子·徐无鬼》"运斤成风"的典故:"郢人垩漫其鼻端,若蝇翼,使匠石斫之。匠石运斤成风,听而斫之,尽垩而鼻不伤。"楚国有个涂墙的匠人,白粉落到他鼻端,薄薄一层。他的好朋友是个木匠,挥舞斧头砍下去,白粉没了,鼻子却丝毫没有受伤。准绳,测定物体平直的器具,准是测平面的水准器,绳是量直度的墨线。平仄上,上联是平平仄仄平平仄,下联是仄仄平平仄仄平。语法上,上下联都是主谓结构。主语"贤人视履""大匠挥斤"也都是主谓结构;动宾结构"循规矩""按准绳"作谓语,陈述主语,即"贤人视履""大匠挥斤"必须做到遵循规矩、按照准绳。

⑧野渡春风,人喜乘(chéng)潮移酒舫(fǎng);江天暮雨,客愁隔岸对渔灯:野渡,荒落之处或村野的渡口,唐韦应物《滁州西涧》"春潮带雨晚来急,野渡无人舟自横"。乘潮,顺着潮水,唐刘希夷《相和歌辞·江南曲八首》"舣舟乘潮去,风帆振草凉"。酒舫,供人饮酒作乐的船,唐元结《石鱼湖上醉歌》"长风连日作大浪,不能废人运酒舫"。下联当化用唐张继《枫桥夜泊》的"江枫渔火对愁眠"和宋柳永的《安公子》"雨残稍觉江天暮。拾翠汀洲人寂静,立双双鸥鹭。望几点、渔灯隐映蒹葭浦。停画桡、两两舟

人语。道去程今夜,遥指前村烟树。游宦成羁旅。短樯吟倚闲凝伫。万水千山迷远近,想乡关何处"。江天,江上的天空,江天一色,故而更显空阔辽远。暮雨,傍晚的雨。平仄上,上联是仄仄平平,平仄平平平仄仄;下联是平平仄仄,仄平仄仄仄平平。隔,《广韵》"古核切",入声。语法上,上下联都是状中结构。"野渡春风""江天暮雨"描述环境,前者表处所,后者表天气,作状语。"人喜乘潮移酒舫""客愁隔岸对渔灯"是句子的主体,为主谓结构;谓语动词"喜""愁"是两个心理活动动词,在此是"为……喜""为……愁"的用法;"乘潮移酒舫""隔岸对渔灯"两个状中结构作"喜""愁"的宾语。此联结构复杂,然而其对仗十分工整。

【译文】

蘋草和蓼草相对,芡实和菱角相对。

射雁的箭和捕鱼的网相对。

齐国产的纨和鲁国产的缟相对,蜀地产的锦和吴地产的绫相对。

星星逐渐隐没,太阳刚刚升起。

多次聘请和频频征召相对。

萧何曾经担任小吏,贾岛一度出家为僧。

贤德的人做事遵循规矩,高超的匠人运斧有准头。

村野渡口春风吹拂,人们高高兴兴利用潮水移动酒船;傍晚江边细雨绵绵,游子面对着隔岸的渔灯愁绪满怀。

其二

谈对吐,谓对称①。

冉闵对颜曾②。

侯嬴对伯嚭,祖逖对孙登③。

抛白纻,宴红绫④。

胜友对良朋⑤。

争名如逐鹿，谋利似趋蝇⑥。

仁杰姨惭周不仕，王陵母识汉方兴⑦。

句写穷愁，浣花寄迹传工部；诗吟变乱，凝碧伤心叹右丞⑧。

【注释】

①谈对吐，谓对称："谈""吐"都是表"谈论"义的同义词，"谓""称"都是表"称呼"义的同义词。平仄上，"谈""称"是平声，"吐""谓"是仄声。语法上，四个词语都是动词。

②冉闵（mǐn）对颜曾（zēng）：冉指冉求，字子有；闵指闵损，字子骞。孔子的弟子还有冉伯牛、冉仲弓的姓氏为冉，但只有冉求有被尊为"子"的记录，《论语·雍也》"子华使于齐，冉子为其母请粟"；闵损亦是如此，《论语·先进》"闵子侍侧，訚訚如也"。四人皆是孔子的弟子，各有专长，《论语·先进》曰："德行：颜渊、闵子骞、冉伯牛、仲弓；言语：宰我、子贡；政事：冉有、季路；文学：子游、子夏。"颜指颜回，字子渊；曾指曾参，字子舆。颜回也是德行科弟子。曾参是孔子弟子曾点的儿子，是孔门晚期最出名的弟子，据传《大学》是他所著。平仄上，"冉闵"是仄仄，"颜曾"是平平。语法上，四个词语都是指人名词。

③侯嬴（yíng）对伯嚭（pǐ），祖逖（tì）对孙登：侯嬴，战国时期魏国的一位贤德忠义之士，据《史记·魏公子列传》载，"魏有隐士曰侯嬴，年七十，家贫，为大梁夷门监者"，魏公子信陵君听说此人非常贤德，三番几次去拜访，又邀请他参加盛宴，向满座高朋介绍他。侯嬴也观察到信陵君确实是礼贤下士之人，为他出谋划策，不惜牺牲性命。唐李白《侠客行》有"闲过信陵饮，脱剑膝前

横。将炙啖朱亥,持觞劝侯嬴",即是叙写侯嬴等人的侠义行为。
伯嚭,春秋末期楚国人,后逃亡吴国,得到吴王夫差的信任。伯嚭
为人贪婪,是一个奸佞之臣。据《史记·越王勾践世家》载,勾践
被吴国打败以后,派大夫文种去吴国求和,向吴国称臣。文种跟
勾践说"夫吴太宰嚭贪,可诱以利",于是勾践就用美女宝器等贿
赂伯嚭,伯嚭就在吴王面前说越国的好话,使得吴王答应了越国
谈和的请求。最后,吴王夫差不但在伯嚭的谗言下杀死了忠臣
伍子胥,还最终导致了吴国的灭亡。祖逖,东晋时期的军事家,
《晋书·祖逖传》载,"祖逖字士稚,范阳遒人也。世吏二千石,为
北州旧姓"。祖逖为人轻财好义,又博览群书,有经世之才,有闻
鸡起舞的典故:"与司空刘琨俱为司州主簿,情好绸缪,共被同寝。
中夜闻荒鸡鸣,蹴琨觉曰:'此非恶声也。'因起舞。逖、琨并有
英气,每语世事,或中宵起坐,相谓曰:'若四海鼎沸,豪杰并起,
吾与足下当相避于中原耳。'"后率部北伐,收复黄河以南大片土
地,却也因此被朝廷忌惮,受到牵制,忧愤而死。孙登,《晋书·隐
逸传》载:"孙登,字公和,汲郡共人也。无家属,于郡北山为土窟
居之,夏则编草为裳,冬则被发自覆。好读《易》,抚一弦琴,见
者皆亲乐之。性无恚怒,人或投诸水中,欲观其怒,登既出,便大
笑。时时游人间,所经家或设衣食者,一无所辞,去皆舍弃。"嵇
康曾经跟他一起交游三年,问他志向,始终不答。分别时,嵇康
问他是否有什么话说,孙登跟他说:"子识火乎? 火生而有光,而
不用其光,果在于用光。人生而有才,而不用其才,而果在于用
才。故用光在乎得薪,所以保其耀;用才在乎识真,所以全其年。
今子才多识寡,难乎免于今之世矣! 子无求乎?"嵇康没有听进
去他的话,果然死于非命,临死之前作《幽愤诗》曰:"昔惭柳下,
今愧孙登。"平仄上,"侯嬴"是平平,"伯嚭"是仄仄;"祖逖"是仄
仄,"孙登"是平平。伯,《广韵》"博陌切",入声。语法上,四个词

语都是指人名词。"侯""伯"本为表爵位的名词,"祖""孙"本为表辈分的名词,作者利用其构成对仗。

④抛白纻(zhù),宴红绫(líng):抛白纻,就是抛弃一身白纻,丢掉白衣的身份,出自《聊斋志异·叶生》,"淮阳叶生者,失其名字。文章词赋,冠绝当时,而所遇不偶,困于名场",叶生才华很高,可惜时运不济,总是科场失利。丁乘鹤在叶生所在的地方做县令,对他的才华十分欣赏,时时接济他。后来科考,叶生仍然铩羽而归,从此一病不起。丁公慰问不绝,因为任期已到,他打算带着叶生一起走,一直等候叶生病愈。后来叶生忽然来到,丁公大喜,命自己的儿子拜叶生为师,从此学业大进。"生以生平所拟举业悉录授读,闱中七题,并无脱漏,中亚魁。公一日谓生曰:'君出余绪,遂使孺子成名。然黄钟长弃若何!'生曰:'是殆有命!借福泽为文章吐气,使天下人知半生沦落,非战之罪也,愿亦足矣。且士得一人知己可无憾,何必抛却白纻,乃谓之利市哉!'"丁乘鹤很为叶生惋惜,叶生说:人生得一知己可以无憾,不一定非要抛却白纻成就功名才知足。后来叶生返回家中,发现原来自己早已身故,跟随丁乘鹤离去的只是他的魂魄。白纻,白衣,古代士人未得功名时所穿衣服。宴红绫,《夜航船·选举部》记载了一个"红绫饼"的故事:"唐僖宗幸南内兴庆池,泛舟,方食饼。时进士在曲江,有闻喜宴。上命御府依人数各赐红绫饼餤。所司以金盒进,上命中官驰以赐。故徐演诗云:'莫欺老缺残牙齿,曾吃红绫饼餤来。'"唐僖宗有一次在兴庆池游玩,泛舟吃饼。当时中榜的进士们正在曲江亭子举行闻喜宴,庆祝高中,僖宗就命人赐予他们红绫饼。平仄上,"抛白纻"是平仄仄,"宴红绫"是仄平平。白,《广韵》"傍陌切",入声。语法上,两个都是动宾结构。

⑤胜友对良朋:胜友,就是良友、良朋的意思,唐王勃《滕王阁序》"十旬休暇,胜友如云;千里逢迎,高朋满座"。二者是同义词。

平仄上,"胜友"是仄仄,"良朋"是平平。语法上,二者都是定中结构。

⑥争名如逐鹿,谋利似趋蝇:逐鹿,出自《史记·淮阴侯列传》"秦失其鹿,天下共逐之,于是高材疾足者先得焉",这里的鹿指的是政权。趋蝇,追逐苍蝇般微小的利益,宋苏轼《满庭芳》"蜗角虚名,蝇头微利,算来着甚干忙"。平仄上,上联是平平平仄仄,下联是平仄仄平平。逐,《广韵》"直六切",入声。语法上,上下联都是主谓结构:"争名""谋利"为主语,"逐鹿""趋蝇"为宾语,都是动宾结构。

⑦仁杰姨惭周不仕,王陵母识汉方兴:上联说的是唐代名臣狄仁杰的典故。《太平广记·妇人·卢氏》引《松窗杂录》载:"狄仁杰之为相也,有卢氏堂姨居于午桥南别墅。姨止有一子,而未尝来都城亲戚家。仁杰每伏腊晦朔修礼甚谨。常经雪后休假,仁杰因候卢姨安否。适表弟挟弓矢、携雉兔而来归,进膳于母,顾揖仁杰,意甚轻简。仁杰因启于姨曰:'某今为相,表弟有何乐从,愿悉力从其旨。'姨曰:'相自贵尔,姨止有一子,不欲令其事女主。'仁杰大惭而退。"狄仁杰担任宰相的时候,有一次去探望他的堂姨卢氏。正逢卢氏的儿子带着猎物归来,狄仁杰对堂姨说,我现在担任宰相,表弟有什么想做的事,我一定尽力帮忙。他堂姨说,宰相你做你的官,我只有一个儿子,可不想让他去侍奉女主。狄仁杰听了这话感到十分惭愧。周,武则天称帝以后,改国号为周。下联说的是秦末汉初王陵的典故,《史记·陈丞相世家》载,"王陵者,故沛人,始为县豪,高祖微时,兄事陵。陵少文,任气,好直言。及高祖起沛,入至咸阳,陵亦自聚党数千人,居南阳,不肯从沛公",王陵一开始并未跟随刘邦。"及汉王之还攻项籍,陵乃以兵属汉。项羽取陵母置军中,陵使至,则东乡坐陵母,欲以招陵。陵母既私送使者,泣曰:'为老妾语陵,谨事汉王。汉王,

长者也，无以老妾故，持二心。妾以死送使者。'遂伏剑而死。项王怒，烹陵母。陵卒从汉王定天下。"后来，王陵带着自己的兵归服刘邦，项羽就把王陵的母亲抓起来，王陵母亲对使者说："请替我转告我儿子：好生跟随汉王，不要因为我的缘故而怀有二心。"伏剑而死。平仄上，上联是平仄平平平仄仄，下联是平平仄仄仄平平。杰，《广韵》"渠列切"，入声；识，《广韵》"赏职切"，入声。语法上，上下联都是主谓结构。其谓语部分"惭周不仕""识汉方兴"在语义结构上不对仗："惭周"的主语是"仁杰姨"，"不仕"的主语是仁杰姨的儿子；下联"识汉方兴"是动宾结构，"识"的主语是"王陵母"，"方兴"的主语是"汉"。可见上联的结构是"惭周／不仕"，下联是"识／汉方兴"。

⑧句写穷愁，浣（huàn）花寄迹传工部；诗吟变乱，凝碧伤心叹右丞：上联用的是唐代诗人杜甫的典故。安史之乱爆发，杜甫移居成都，在浣花溪上筑草堂而居。其《萧八明府堤处觅桃栽》诗曰"奉乞桃栽一百根，春前为送浣花村。河阳县里虽无数，濯锦江边未满园"，唐张籍《送客游蜀》亦曰"行尽青山到益州，锦城楼下二江流。杜家曾向此中住，为到浣花溪水头"。杜甫的诗歌沉郁顿挫，多写百姓愁苦，如"三吏""三别"等，因为真实反映唐朝由盛转衰的历史，其诗歌被称为"诗史"。《自京赴奉先县咏怀五百字》中说他自己"穷年忧黎元，叹息肠内热"，其穷愁多为推己及百姓的痛苦和忧虑，如其《茅屋为秋风所破歌》曰"安得广厦千万间，大庇天下寒士俱欢颜！风雨不动安如山。呜呼！何时眼前突兀见此屋，吾庐独破受冻死亦足"。寄迹，托身，借住。杜工部，杜甫因做过检校工部员外郎，故称。下联说的是唐代诗人王维的典故。根据《旧唐书·王维传》载："禄山陷两都，玄宗出幸，维扈从不及，为贼所得。维服药取痢，伪称喑病。禄山素怜之，遣人迎置洛阳，拘于普施寺，迫以伪署。禄山宴其徒于凝碧

宫，其乐工皆梨园弟子、教坊工人。维闻之悲恻，潜为诗曰：'万户伤心生野烟，百官何日再朝天？秋槐花落空宫里，凝碧池头奏管弦。'贼平，陷贼官三等定罪。维以《凝碧诗》闻于行在，肃宗嘉之。会缙请削己刑部侍郎以赎兄罪，特宥之，责授太子中允。乾元中，迁太子中庶子、中书舍人，复拜给事中，转尚书右丞。"安禄山攻破长安时，唐玄宗出逃，王维来不及逃亡，被安贼所得，拘禁于普施寺（疑即菩提寺），不得已接受了叛贼所安排的伪职。王维听到安禄山等人在凝碧宫用玄宗的梨园弟子、教坊工人奏乐，非常伤心，作诗遣怀。后来叛乱平定，王维也因为这首诗而得到了赦免。右丞，王维曾做过尚书右丞，故人称"王右丞"。平仄上，上联是仄仄平平，仄平仄仄平平仄；下联是平平仄仄，平仄平平仄仄平。迹，《广韵》"资昔切"，入声。语法上，"句写穷愁"对"诗吟变乱"，都是主谓结构。"浣花寄迹传工部"对"凝碧伤心叹右丞"，也都是主谓结构；主语"浣花""凝碧"皆为动宾结构，实际为事物之名。

【译文】

谈和吐相对，谓和称相对。

冉有、闵损和颜回、曾参相对。

侯嬴和伯嚭相对，祖逖和孙登相对。

丢弃平民的身份，赐予红绫包的饼。

好友和良朋相对。

争名好比逐鹿，谋利像是趋蝇。

狄仁杰的堂姨为武后所建的周朝羞惭不肯让儿子做官，王陵的母亲认识到汉朝一定会兴起不让儿子归附项羽。

杜工部曾住在浣花溪边，留下了许多抒发百姓穷困与愁苦的句子；王右丞困厄于安史之祸，为凝碧池遭遇丧乱写下忧国伤怀的诗篇。

十一　尤

【题解】

"尤"是"平水韵"中下平声的第十一韵部。

"尤"在《广韵》中作"羽求切",平声,尤韵。

《笠翁对韵》中所用到的韵脚字有忧、缪、鸥、愁、头、秋、钩、畴、裘、幽、筹、流、丘、讴、悠、鸠、楼、牛、侯、游、洲、舟等22个,《声律启蒙》所用到的有忧、游、牛、愁、头、秋、楼、洲(州)、鸠、舟、钩、裘、流、幽、畴等15个字。其中《声律启蒙》所用到的韵脚字,《笠翁对韵》都用到了,而缪、鸥、筹、丘、讴、悠、侯等7个字是《声律启蒙》没有用到的。

其一

荣对辱,喜对忧①。

缱绻对绸缪②。

吴娃对越女,野马对沙鸥③。

茶解渴,酒消愁④。

白眼对苍头⑤。

马迁修史记,孔子作春秋⑥。

莘野耕夫闲举耜,磻溪渔父晚垂钩⑦。

龙马游河,羲圣因图而画卦;神龟出洛,禹王取法以明畴⑧。

【注释】

①荣对辱,喜对忧:"荣""辱"这对概念是指地位的高低、名誉的好坏;"喜""忧"这对概念说的是情绪上的相对。两对都是反义词。

平仄上，"荣""忧"是平声，"辱""喜"是仄声。语法上，"荣""辱"是形容词，"喜""忧"是表心理活动的动词。

②缱绻（qiǎn quǎn）对绸缪（chóu móu）：缱绻，纠缠萦绕、固结不解，《诗经·大雅·民劳》"无纵诡随，以谨缱绻"；引申为缠绵，形容感情深厚，宋王安石《解使事泊棠阴时三弟皆在京师》"久留非吾意，欲去犹缱绻"。绸缪，紧密缠绵貌，《诗经·唐风·绸缪》"绸缪束薪，三星在天"，毛亨传"绸缪，犹缠绵也"；引申为情意殷切，汉李陵《与苏武诗》之二"独有盈觞酒，与子结绸缪"。二者属于同义词。平仄上，"缱绻"是仄仄，"绸缪"是平平。语法上，二者都是联绵词。

③吴娃对越女，野马对沙鸥：吴娃，《资治通鉴·周赧王二十年》载"主父初以长子章为太子，后得吴娃，爱之"，胡三省注"吴娃……吴、楚之间谓美女曰娃"。越女，越国的美女，如西施，汉枚乘《七发》"越女侍前，齐姬奉后"。沙鸥，栖息于沙洲上的鸥鸟，唐杜甫《旅夜书怀》"飘飘何所似，天地一沙鸥"。平仄上，"吴娃"是平平，"越女"是仄仄；"野马"是仄仄，"沙鸥"是平平。语法上，四个词语都是定中结构。

④茶解渴，酒消愁：消愁，消除忧愁，唐李白《宣州谢朓楼饯别校书叔云》"抽刀断水水更流，举杯消愁愁更愁"。平仄上，"茶解渴"是平仄仄，"酒消愁"是仄平平。语法上，二者都是主谓结构。

⑤白眼对苍头：白眼，眼白比较多的眼睛，此处说的是唐代将领张公素的典故，《新唐书·张公素传》"诏公素为节度使，进同中书门下平章事。性暴厉，眸子多白，燕人号'白眼相公'。"史书上说张公素这人性格比较暴躁，眼白多，人称"白眼相公"。苍头，指以青巾裹头的军队，出自《史记·项羽本纪》"少年欲立婴便为王，异军苍头特起"，裴骃《集解》引应劭曰"苍头特起，言与众异也。苍头，谓士卒皂巾，若赤眉、青领，以相别也"。平仄上，"白

眼"是仄仄,"苍头"是平平。白,《广韵》"傍陌切",入声。语法上,二者都是名词,且都为定中结构。

⑥马迁修史记,孔子作春秋:马迁,指西汉著名史学家司马迁,著有《史记》一书。孔子,春秋末期儒家学派的代表人物,相传他编定了鲁国的史书《春秋》。平仄上,上联是仄平平仄仄,下联是仄仄仄平平。语法上,二者都是主谓结构。

⑦莘(shēn)野耕夫闲举耜(sì),磻(pán)溪渔父(fǔ)晚垂钓:莘野,这个典故和伊尹有关,伊尹是商汤时的大臣,相传生于伊水,故名伊尹。本是汤妻陪嫁的奴隶,后助汤伐夏桀。汤去世后,辅佐卜丙、仲壬、太甲、沃丁。太甲荒淫,伊尹把他流放到桐宫,三年后看太甲改悔,就迎之复位。《孟子·万章上》"伊尹耕于有莘之野",赵岐注"有莘,国名。伊尹初隐之时,耕于有莘之国",后来,"莘野"就用来指隐居之所。耜,耕田的用具耒的下端铲土的部件,可拆卸置换。下联说的是姜太公的故事。磻溪,水名,传说为姜太公还没遇到周文王时的垂钓之处,《韩诗外传》卷八"太公望少为人婿,老而见去,屠牛朝歌,赁于棘津,钓于磻溪"。平仄上,上联是平仄平平平仄仄,下联是平平平仄仄平平。语法上,两句都是主谓结构。

⑧龙马游河,羲(xī)圣因图而画卦;神龟出洛,禹(yǔ)王取法以明畴(chóu):出自《汉书·五行志》:"刘歆以为,虑羲氏继天而王,受《河图》,则而画之,八卦是也;禹治洪水,赐《洛书》,法而陈之,《洪范》是也。"上联是有关伏羲氏的典故,《周易·系辞》曰"天垂象,见吉凶,圣人象之;河出图,洛出书,圣人则之"。龙马,传说龙头马身的神兽,《尚书·顾命》"天球,河图,在东序",孔安国传曰"伏牺王天下,龙马出河。遂则其文,以画八卦,谓之河图"。河,在古代特指黄河。羲圣,即虑羲氏、伏牺,就是伏羲氏,又作宓羲、宓戏等,古代传说中的三皇之一。下联说的是大禹的

典故,禹是古代部落联盟的领袖,也是古代的圣王之一。曾奉命治水,后舜传位于他,建立了夏代。《尚书·洪范》:"惟十有三祀,王访于箕子。王乃言曰:'呜呼!箕子,惟天阴骘下民,相协厥居,我不知其彝伦攸叙。'箕子乃言曰:'我闻在昔,鲧陻洪水,汨陈其五行。帝乃震怒,不畀洪范九畴,彝伦攸斁。鲧则殛死,禹乃嗣兴,天乃锡禹洪范九畴,彝伦攸叙。初一曰五行,次二曰敬用五事,次三曰农用八政,次四曰协用五纪,次五曰建用皇极,次六曰乂用三德,次七曰明用稽疑,次八曰念用庶征,次九曰向用五福、威用六极。'"孔安国传曰:"天与禹,洛出书,神龟负文而出,列于背,有数至于九。禹遂因而第之,以成九类。"箕子所说就是"洪范九畴"的由来,是上天赐予大禹的所谓治国安民的法则;"初一曰……六极"就是"洪范九畴"的纲目,汉儒将之视为《洛书》的本文,据说是神龟从洛水中背负而出。洪范九畴,九类大法则;范,法则;畴,类。洛,洛水。平仄上,上联是平仄平平,平仄平平平仄仄;下联是平平仄仄,仄平仄仄仄平平。出,《广韵》"赤律切",入声。语法上,"龙马游河"对"神龟出洛",都是主谓结构;"羲圣因图而画卦"对"禹王取法以明畴",也是主谓结构,其中"明"是形容词用于使动,与"画"相对。

【译文】

荣和辱相对,喜和忧相对。

缱绻和绸缪相对。

吴国的美女和越国的佳人相对,野马和沙鸥相对。

茶能解渴,酒可消愁。

眼白比较多的眼睛和用青巾裹头的军队相对。

司马迁撰写《史记》,孔仲尼编定《春秋》。

商朝的伊尹曾经在莘野举耜耕田,周朝的姜尚过去在磻溪垂钩钓鱼。

龙马游于黄河,伏羲氏根据《河图》画出了八卦;神龟出于洛水,夏禹王根据《洛书》制定了法则。

其二

冠对履,舄对裘①。

院小对庭幽②。

面墙对膝地,错智对良筹③。

孤嶂耸,大江流④。

方泽对圜丘⑤。

花潭来越唱,柳屿起吴讴⑥。

莺懒燕忙三月雨,蛩摧蝉报一天秋⑦。

钟子听琴,荒径入林山寂寂;谪仙捉月,洪涛接岸水悠悠⑧。

【注释】

①冠(guān)对履(lǚ),舄(xì)对裘(qiú):冠,古代贵族所戴的礼帽,后来泛指所有的帽子。履,鞋子。舄,古代一种以木为复底的鞋,也可泛指鞋子。裘,皮毛大衣,《诗经·豳风·七月》"一之日于貉,取彼狐狸,为公子裘"。平仄上,"冠""裘"是平声,"履""舄"是仄声。语法上,四个词语都是名词。

②院小对庭幽:平仄上,"院小"是仄仄,"庭幽"是平平。语法上,二者都是主谓结构,都是形容词充当谓语。

③面墙对膝地,错智对良筹(chóu):面墙,面孔对着墙壁,《尚书·周官》"不学墙面,莅事惟烦",孔安国传"人而不学,其犹正墙面而立,临政事必烦",孔颖达疏"人而不学,如面向墙无所睹见,以此临事,则惟烦乱不能治理"。后来就用"面墙"比喻不学而

识见浅薄,也指静心修养。膝地,两膝着地,唐黄滔《丈六金身碑》"檀信及门而膝地,童耋遍城而掌胶"。错智,指晁错的聪明,典出《史记·袁盎晁错列传》:"晁错者,颍川人也。学申商刑名于轵张恢先所,与雒阳宋孟及刘礼同师。以文学为太常掌故。"汉孝文帝的时候,曾师从伏生学习《尚书》,回来后"因上便宜事,以《书》称说。诏以为太子舍人、门大夫、家令。以其辩得幸太子,太子家号曰'智囊'"。良筹,指张良的筹策,据《史记·留侯世家》载,张良曾经从黄石老人那里得到太公兵法之书,后跟随刘邦打天下,"汉六年正月,封功臣",张良并没有军功,刘邦说:"运筹策帷帐中,决胜千里外,子房功也。"子房,是张良的字。平仄上,"面墙"是仄平,"膝地"是仄仄;"错智"是仄仄,"良筹"是平平。膝,《广韵》"息七切",入声。语法上,"面墙""膝地"两个词语都是动词性结构;"面""膝"都是名词活用为动词,"面"表示面孔朝向某个位置或方向,"膝"表示膝部靠近某个位置。"错智""良筹"都是定中结构。

④孤嶂(zhàng)耸,大江流:此联出自明唐文凤《梧冈集》"池口镇"其一:"城依孤嶂耸,水入大江流。"孤嶂,孤立的高山;嶂,耸立如屏障的山峰,宋范仲淹《渔家傲》"千嶂里,长烟落日孤城闭"。大江,即长江,宋苏轼《念奴娇·赤壁怀古》"大江东去,浪淘尽,千古风流人物"。平仄上,"孤嶂耸"是平仄仄,"大江流"是仄平平。结构上,二者都是主谓结构。

⑤方泽对圜(yuán)丘:方泽,古代夏至祭地祇的方坛,设于泽中,故称,出自《周礼·春官·大司乐》:"夏日至,于泽中之方丘奏之,若乐八变,则地示皆出,可得而礼矣。"圜丘,古代帝王冬至祭天的地方,后亦用以祭天地,出自《周礼·春官·大司乐》"冬日至,于地上之圜丘奏之",贾公彦疏"案《尔雅》,土之高者曰丘。取自然之丘圜者,象天圜也"。圜丘,今本或作"园丘",误;或作"圆

丘"，亦不确。因为"圜"既有天的意思，又有圆的意思；而"圜丘"就是祭天的地方，又因古人认为天圆地方，故而"圜丘"本就含有"圆丘"之义；而"圆丘"之"圆"仅有"圆"义，而无"天"义。故本书从琅环阁藏本作"圜丘"。古代"方泽""圜丘"经常并提，如唐杨炯《少室山少姨庙碑铭》"圜丘方泽，所以享天神地祇"。平仄上，"方泽"是平仄，"圜丘"是平平。泽，《广韵》"场伯切"，入声。语法上，两个词语都是定中结构。

⑥花潭来越唱，柳屿起吴讴（ōu）：此联化自唐王勃《相和歌辞·采莲归》："采莲归，绿水芙蓉衣，秋风起浪凫雁飞。桂棹兰桡下长浦，罗裙玉腕摇轻橹。叶屿花潭极望平，江讴越吹相思苦。"花潭，旁边种有许多花卉的池塘，唐储光羲《同武平一员外游湖五首时武贬金坛令》"花潭竹屿傍幽蹊，画楫浮空入夜溪"。越唱，越地的歌曲；越，本是春秋时期的国名，后来指浙江或浙东地区。柳屿，有许多垂柳的小岛。吴讴，吴地的歌曲；吴，本是春秋时期的国名，后来泛指我国东南（江苏南部和浙江北部）一带。讴，歌唱、歌曲。越唱和吴讴，都是江南民歌。平仄上，上联是平平平仄仄，下联是仄仄仄平平。语法上，上下联都是主谓结构，主语是处所名词，其句意实际是越唱来自花潭、吴讴起于柳屿。

⑦莺懒燕忙三月雨，蛩（qióng）摧蝉报一天秋：上联化用了宋陆游《幽居》"花过莺初懒，泥新燕正忙"。莺、燕在古诗中常常并提，如唐白居易《钱塘湖春行》"几处早莺争暖树，谁家新燕啄春泥"，也是描写春天黄莺与燕子忙碌的状态。下联也是出自陆游的诗句，陆游《闻蛩》有"蝉声未断已蛩鸣，徂岁峥嵘得我惊"，《秋思》又有"过雁未惊残月晓，片云先借一天秋"。蛩，蟋蟀。一般来说，蟋蟀会随着气候逐渐变冷，而离人的居所越来越近，《诗经·豳风·七月》曰"七月在野，八月在宇，九月在户，十月蟋蟀入我床下"。如此步步渐近，仿佛在提醒人们，秋天近了，如鼓声一般

有催促之感。摧，催、催促，如唐郑愔《秋闺》"音书秋雁断，机杼夜蛩催"。"报"，今本或作"退"，表义不明。平仄上，上联是平仄仄平平仄仄，下联是平平平仄仄平平。一，《广韵》"於悉切"，入声。语法上，"莺懒燕忙"与"蛩摧蝉报"相对，都是并列结构；"三月雨"与"一天秋"相对，都是定中结构。

⑧钟子听琴，荒径入林山寂寂；谪（zhé）仙捉月，洪涛接岸水悠悠：上联说的是春秋时楚人钟子期的故事。《列子·汤问》曰："伯牙善鼓琴，钟子期善听。伯牙鼓琴，志在登高山。钟子期曰：'善哉！峨峨兮若泰山！'志在流水，钟子期曰：'善哉！洋洋兮若江河！'伯牙所念，钟子期必得之。伯牙游于泰山之阴，卒逢暴雨，止于岩下；心悲，乃援琴而鼓之。初为霖雨之操，更造崩山之音，曲每奏，钟子期辄穷其趣。伯牙乃舍琴而叹曰：'善哉善哉！子之听夫，志想象犹吾心也。吾于何逃声哉？'"伯牙善于弹琴，而钟子期每每能听懂他琴声中的志趣。下联说的是唐代诗人李白的故事。据《唐才子传》记载，"白字太白，山东人。母梦长庚星而诞，因以命之"，"天宝初，自蜀至长安"，贺知章将他推荐给玄宗。后来因为得罪杨贵妃、高力士等人，故"恳求还山，赐黄金，诏放归"。安禄山叛乱时，李白跟随永王李璘。璘又起兵造反，李白被流放夜郎。"白晚节好黄、老，度牛渚矶，乘酒捉月，沉水中"。李白为捉月而死，其真实性颇受人怀疑，但亦不失为一个美丽的传说。平仄上，上联是平仄平平，平仄仄平平仄仄；下联是仄平仄仄，平平仄仄仄平平。谪，《广韵》"陟革切"，入声；捉，《广韵》"侧角切"，入声；接，《广韵》"即叶切"，入声。语法上，"钟子听琴"对"谪仙捉月"，都是主谓结构；"荒径入林"对"洪涛接岸"，也是主谓结构；"山寂寂"对"水悠悠"，也都是主谓结构。

【译文】

帽子和鞋子相对，鞋子和大衣相对。

院落小巧和庭院幽深相对。

面对墙壁和膝盖着地相对，晁错的智慧和张良的谋划相对。

高山耸立，大江奔流。

方形的地坛和圆形的天坛相对。

花潭中有人歌越人曲，柳屿上有人唱吴地歌。

三月的雨天中，黄莺悠闲，燕子繁忙；秋日的天气里，蟋蟀鸣叫，知了噪声。

钟子期听伯牙的琴声，仿佛荒凉的小径延伸到寂静山林；李太白醉酒捕捉月亮，此时悠悠江水中巨浪拍打着岸边。

其三

鱼对鸟，鸽对鸠①。

翠馆对红楼②。

七贤对三友，爱日对悲秋③。

虎类狗，蚁如牛④。

列辟对诸侯⑤。

陈唱临春乐，隋歌清夜游⑥。

空中事业麒麟阁，地下文章鹦鹉洲⑦。

旷野平原，猎士马蹄轻似箭；斜风细雨，牧童牛背稳如舟⑧。

【注释】

①鱼对鸟，鸽对鸠（jiū）：平仄上，"鱼""鸠"是平声，"鸟""鸽"是仄声。鸽，《广韵》"古沓切"，入声。语法上，四者都是动物名词。

②翠馆对红楼：翠馆，就是青楼妓院，元张宪《席上得摇字》"翠馆行厨雪乍消，墙头新柳又垂条"。红楼，指华美的楼房，也常用来指

青楼妓院。平仄上,"翠馆"是仄仄,"红楼"是平平。语法上,二者都是定中结构。

③七贤对三友,爱日对悲秋:七贤,即"竹林七贤",指魏晋时七个名士,《晋书·嵇康传》"(嵇康)所与神交者,惟陈留阮籍,河内山涛;豫其流者,河内向秀,沛国刘伶,籍兄子咸,琅玡王戎。遂为竹林之游,世所谓'竹林七贤'也"。三友,指松、竹、梅,俗称"岁寒三友",清朱荦《题三友图》诗序"三友,岁寒梅、竹、松也"。爱日,爱惜时光,《吕氏春秋·上农》"敬时爱日,至老不休"。悲秋,为万物凋零的秋景而伤感,古代文人常常伤春悲秋,引发时日无多的悲伤情感,唐杜甫《登高》"万里悲秋常作客,百年多病独登台"。平仄上,"七贤"是仄平,"三友"是平仄;"爱日"是仄仄,"悲秋"是平平。七,《广韵》"亲吉切",入声。语法上,"七贤""三友"都是定中结构,"爱日""悲秋"都是动宾结构。

④虎类狗,蚁如牛:虎类狗,出自《后汉书·马援传》的记载,"马援字文渊,扶风茂陵人也。其先赵奢为赵将,号曰马服君,子孙因为氏"。"初,兄子严、敦并喜讥议,而通轻侠客。援前在交阯,还书诫之曰:'吾欲汝曹闻人过失,如闻父母之名,耳可得闻,口不可得言也。好论议人长短,妄是非正法,此吾所大恶也,宁死不愿闻子孙有此行也。汝曹知吾恶之甚矣,所以复言者,施衿结褵,申父母之戒,欲使汝曹不忘之耳。龙伯高敦厚周慎,口无择言,谦约节俭,廉公有威,吾爱之重之,愿汝曹效之。杜季良豪侠好义,忧人之忧,乐人之乐,清浊无所失,父丧致客,数郡毕至,吾爱之重之,不愿汝曹效也。效伯高不得,犹为谨敕之士,所谓刻鹄不成尚类鹜者也。效季良不得,陷为天下轻薄子,所谓画虎不成反类狗者也。讫今季良尚未可知,郡将下车辄切齿,州郡以为言,吾常为寒心,是以不愿子孙效也。'"马援听说自己的侄儿喜欢议论他人,就写信跟他们说:龙伯高敦厚谨慎,谦逊内敛,廉洁

节约；而杜季良豪侠仗义，朋友遍天下。但马援愿意自己的侄儿学习龙伯高，不愿意他们学习杜季良。因为学习龙伯高不成功，还可以成为一个谨慎之人，"所谓刻鹄不成尚类鹜者"；要是学习杜季良失败，那就会成为一个轻薄之人，"画虎不成反类狗者"。蚁如牛，出自《世说新语·纰漏》："殷仲堪父病虚悸，闻床下蚁动，谓是牛斗。孝武不知是殷公，问仲堪：'有一殿病如此不？'仲堪流涕而起曰：'臣进退维谷。'"殷仲堪的父亲殷师得了心悸病，听到床下蚂蚁的动静，以为是牛在斗。孝武帝不知道情况，问起这件事，殷仲堪流泪起身回答说：臣进退两难，不知如何作答。平仄上，"虎类狗"是仄仄仄，"蚁如牛"是仄平平。语法上，两句都是主谓结构。

⑤列辟（bì）对诸侯：列辟，指诸侯或历代君主，汉司马相如《封禅文》"历选列辟，以迄于秦"。"列辟"与"诸侯"是同义词。平仄上，"列辟"是仄仄，"诸侯"是平平。语法上，二者都是定中结构。

⑥陈唱临春乐，隋歌清夜游：上联说的是陈后主的典故。陈，指南朝陈国，其亡国之君是陈叔宝，一般称他为"陈后主"。据《南史·后妃下》："后主每引宾客，对贵妃等游宴，则使诸贵人及女学士与狎客共赋新诗，互相赠答。采其尤艳丽者，以为曲调，被以新声。选宫女有容色者以千百数，令习而歌之，分部迭进，持以相乐。其曲有《玉树后庭花》《临春乐》等。"陈后主和他的妃嫔、狎客们作了许多浓词艳曲，让宫女们唱来听，其中有一首取名"临春乐"，故上联曰"陈唱临春乐"。下联说的是隋炀帝的典故，据《资治通鉴·隋纪四》曰："五月，筑西苑，周二百里；其内为海，周十余里；为蓬莱、方丈、瀛洲诸山，高出水百余尺，台观殿阁，罗络山上，向背如神"，"上好以月夜从宫女数千骑游西苑，作《清夜游曲》，于马上奏之"。隋炀帝喜欢在月夜带着几千宫女骑马游玩于西苑，还作了《清夜游曲》，在马上弹奏表演，故下联曰

"隋歌清夜游"。平仄上,上联是平仄平平仄,下联是平平平仄平。语法上,上下联都是主谓结构。

⑦空中事业麒麟(qí lín)阁,地下文章鹦鹉(yīng wǔ)洲:麒麟阁,汉代的阁名,在未央宫中。汉宣帝曾令人画了霍光等十一位功臣的画像,挂在麒麟阁,以表彰他们的功绩。《汉书·李广苏建传》:"甘露三年,单于始入朝。上思股肱之美,乃图画其人于麒麟阁,法其形貌,署其官爵、姓名。唯霍光不名,曰大司马大将军博陆侯姓霍氏,次曰卫将军富平侯张安世,次曰车骑将军龙额侯韩增,次曰后将军营平侯赵充国,次曰丞相高平侯魏相,次曰丞相博阳侯丙吉,次曰御史大夫建平侯杜延年,次曰宗正阳城侯刘德,次曰少府梁丘贺,次曰太子太傅萧望之,次曰典属国苏武。皆有功德,知名当世,是以表而扬之,明著中兴辅佐,列于方叔、召虎、仲山甫焉。凡十一人,皆有传。"颜师古注引张晏曰:"武帝获麒麟时作此阁,图画其像于阁,遂以为名。"封建时代多以画像于麒麟阁表示卓越功勋和最高荣誉。空中事业,即霍光等人的事业不过是空中楼阁,过眼云烟。下联出自《后汉书·祢衡传》:"祖长子射为章陵太守,尤善于衡。……射时大会宾客,人有献鹦鹉者,射举卮于衡曰:'愿先生赋之,以娱嘉宾。'衡揽笔而作,文无加点,辞采甚丽。"东汉黄祖的长子黄射和祢衡关系很好。当时黄射大宴宾客,有人献了一只鹦鹉。黄射请祢衡作赋,祢衡一挥而就,写成了《鹦鹉赋》。因为此赋非常有名,后来人们就把宴会之地叫作"鹦鹉洲"。祢衡后来遭黄祖杀害。"地下文章"是指其人虽死而文仍著,其文章之名永远留在了"鹦鹉洲"这一名称上。元钱惟善《江月松风集·挽翟公》有"地下文章仍著作,天涯魂魄定归来"。平仄上,上联是平平仄仄平平仄,下联是仄仄平平平仄平。阁,《广韵》"古落切",入声。语法上,上下联皆为判断句,"空中事业"与"麒麟阁","地下文章"和"鹦鹉洲"

构成被判断和判断的关系。主语是"空中事业""地下文章","麒麟阁""鹦鹉洲"两个表处所的名词充当谓语,对主语进行说明。

⑧旷野平原,猎士马蹄轻似箭;斜风细雨,牧童牛背稳如舟:上联当化用唐王维《观猎》中的诗句"风劲角弓鸣,将军猎渭城。草枯鹰眼疾,雪尽马蹄轻"。下联当化用唐张志和《渔歌子》"青箬笠,绿蓑衣,斜风细雨不须归"和宋陆游《牧牛儿》"溪深不须忧,吴牛自能浮。童儿踏牛背,安稳如乘舟"。平仄上,上联是仄仄平平,仄仄仄平平仄仄;下联是平平仄仄,仄平平仄仄平平。语法上,上下联都是状中结构:"旷野平原""斜风细雨"皆是表环境的状语,都是并列结构;中心语部分"猎士马蹄轻似箭""牧童牛背稳如舟"是主谓结构,其谓语"轻似箭""稳如舟"也是主谓结构。

【译文】

鱼和鸟相对,鸽和鸠相对。

翠馆和红楼相对。

竹林七贤和岁寒三友相对,爱惜时光和为秋悲伤相对。

画虎不成反像狗,床下蚁声像牛斗。

君主和诸侯相对。

陈后主命人唱《临春乐》,隋炀帝让人奏《清夜游》。

麒麟阁上画的功臣所建的不过是空中事业,鹦鹉洲上祢衡作的辞赋死后还是千古文章。

空旷的平原上,猎士的马蹄轻快得好像离弦之箭;斜风细雨之中,牧童骑在马背上平稳得就像小船。

十二　侵

【题解】

"侵"是"平水韵"中下平声的第十二韵部。

"侵"在《广韵》中作"七林切",平声,侵韵。

　　《笠翁对韵》所用到的韵脚字有吟、今、岑、林、金、砧、针、临、霖、深、擒、音、骎、心、阴等15个,《声律启蒙》所用到的韵脚字有心、琴、砧、森、参、金、阴、今、禽、深、襟、吟、霖、针等14个。其中属于两书共用的有9个字:吟、今、砧、针、霖、深、心、阴、金。其中仅《笠翁对韵》用到的有岑、林、临、擒、音、骎6个字,仅《声律启蒙》用到的有琴、森、参、禽、襟等5个字。

其一

歌对曲,啸对吟①。

往古对来今②。

山头对水面,远浦对遥岑③。

勤三上,惜寸阴④。

茂树对平林⑤。

卞和三献玉,杨震四知金⑥。

青皇风暖催芳草,白帝城高急暮砧⑦。

绣虎雕龙,才子窗前挥彩笔;描鸾刺凤,佳人帘下度金针⑧。

【注释】

①歌对曲,啸(xiào)对吟:啸,撮口吹出声音,《诗经·召南·江有汜》"不我过,其啸也歌",郑玄笺"啸,蹙口而出声"。吟,吟咏、诵读。"歌""曲"是同义词;"啸""吟"皆指从嘴里发出声音,语义也相类,只是方式有所不同。平仄上,"歌""吟"是平声,"曲""啸"是仄声。语法上,第一组是名词,第二组是动词。

②往古对来今:往古,从前、过去。来今,今天、当下。《鹖冠子·世兵》:"往古来今,事孰无邮。"这两个词语可以理解为已经过去的

从前、正在走来的现在,这是古人对时间变化的一种理解,时间好像流水,如孔子所谓"逝者如斯夫"。平仄上,"往古"是仄仄,"来今"是平平。语法上,二者都是定中结构,由动词"往""来"修饰时间名词"古""今"。

③山头对水面,远浦（pǔ）对遥岑（cén）:远浦,远处的港湾,《夜航船·地理部》记载了"潇湘八景","远浦归帆"即是其中一景;浦,河岸,可以泊船的水湾。遥岑,指远处的小山,宋辛弃疾《水龙吟·登建康赏心亭》"楚天千里清秋,水随天去秋无际。遥岑远目,献愁供恨,玉簪螺髻";岑,《尔雅·释山》"山小而高曰岑"。平仄上,"山头"是平平,"水面"是仄仄;"远浦"是仄仄,"遥岑"是平平。语法上,都是定中结构。

④勤三上,惜寸阴:三上,宋欧阳修《归田录》曰:"钱思公虽生长富贵,而少所嗜好。在西洛时,尝语僚属言:'平生惟好读书,坐则读经史,卧则读小说,上厕则阅小辞,盖未尝顷刻释卷也。'谢希深亦言:'宋公垂同在史院,每走厕必挟书以往,讽诵之声琅然闻于远近,其笃学如此。'余因谓希深曰:'余平生所作文章,多在三上:乃马上、枕上、厕上也。'盖惟此尤可以属思尔。"欧阳修说他所作的文章多,即马上、枕上、厕上完成,非常勤奋。惜寸阴,珍惜时间的意思,出自《淮南子·原道训》的"圣人不贵尺之璧,而重寸之阴,时难得而易失也",后人常用此语,如《晋书·陶侃传》中"（陶侃）常语人曰:'大禹圣人,乃惜寸阴;至众人,当惜分阴'";寸阴,古人常曰"一寸光阴一寸金,寸金难买寸光阴",古人用寸金和寸阴来比拟,说明光阴的短暂和宝贵。平仄上,"勤三上"是平平仄,"惜寸阴"是仄仄平。惜,《广韵》"思积切",入声。语法上,上下联不甚对仗。"勤三上"是勤于三上的意思,故而是述补结构;"惜寸阴"是动宾结构。

⑤茂树对平林:茂树,繁盛茂密的树。平林,平原上的林木;《诗

经·小雅·车舝》"依彼平林,有集维鷮",毛亨传"平林,林木之
在平地者也";唐李白《菩萨蛮》有"平林漠漠烟如织,寒山一带伤
心碧"。平仄上,"茂树"是仄仄,"平林"是平平。语法上,二者都
是定中结构。

⑥卞(biàn)和三献玉,杨震四知金:上联的典故出自《韩非子·和
氏》:"楚人和氏得玉璞楚山中,奉而献之厉王,厉王使玉人相之,
玉人曰:'石也。'王以和为诳,而刖其左足。及厉王薨,武王即位,
和又奉其璞而献之武王,武王使玉人相之,又曰:'石也。'王又以
和为诳,而刖其右足。武王薨,文王即位,和乃抱其璞而哭于楚
山之下,三日三夜,泣尽而继之以血。王闻之,使人问其故,曰:
'天下之刖者多矣,子奚哭之悲也?'和曰:'吾非悲刖也,悲夫宝
玉而题之以石,贞士而名之以诳,此吾所以悲也。'王乃使玉人理
其璞而得宝焉,遂命曰:'和氏之璧。'"楚国人和氏得到一块玉
璞,先后献给厉王、武王,玉匠都不识货,和氏被视为骗子,被两
位楚王先后砍掉了左脚和右脚。文王即位的时候,和氏抱着这
块玉璞在楚山下哭了三天三夜,眼睛都哭出血来了。文王找人
剖开这块玉璞,果然得到了价值连城的宝玉,制作成了一块璧,
谓之"和氏璧"。《史记·鲁仲连邹阳列传》谓"昔卞和献宝,楚
王刖之",把和氏称为"卞和"。下联出自《后汉书·杨震传》,
"杨震字伯起,弘农华阴人也。……大将军邓骘闻其贤而辟之,
举茂才,四迁荆州刺史、东莱太守","当之郡,道经昌邑,故所举
荆州茂才王密为昌邑令,谒见,至夜怀金十斤以遗震。震曰:'故
人知君,君不知故人,何也?'密曰:'暮夜无知者。'震曰:'天知,
神知,我知,子知。何谓无知!'密愧而出"。杨震博览群书,为
官清廉。他之前所推荐的荆州茂才王密,大晚上怀揣十斤金来
谒见杨震,杨震拒收。王密说:"晚上无人知道。"杨震说:"天知、
神知、我知、你知,怎么能说'无人知道'!"此"天知""神知""我

知""你知"即"四知"。平仄上,上联是仄平平仄仄,下联是平仄仄平平。语法上,上下联不太对仗,"卞和"对"杨震"都是指人名词;"三献玉"对"四知金",都是数词和动宾结构组合。不过,上联的"三"是指动作(献玉)的次数,下联的"四"是"知金"的主语;"知"不是杨震发出的动作,"献"是卞和发出的。上联是主谓结构,下联不是;"三献玉"是状中结构,"四知金"则属于主谓结构。可见此联不对仗。

⑦青皇风暖催芳草,白帝城高急暮砧(zhēn):青皇,即青帝,是位于东方的司春之神,又称苍帝、木帝,唐黄巢《题菊花》"他年我若为青帝,报与桃花一处开";古代神话的五大天帝,除了青帝还有位于西方的白帝、主宰南方的赤帝、主宰北方的黑帝、中央的黄帝。催芳草,是指春天的暖风刮来,万物复苏,花草开始生长。宋张耒《偶成》"风送落花填小堑,雨催芳草上空墙",这里是写雨的滋润使得芳草长势更加茂盛。下联出自唐杜甫《秋兴》诗之一"寒衣处处催刀尺,白帝城高急暮砧",描写冬天临近,人们在忙着赶制御寒的冬衣,白帝城高,使得傍晚的捣衣声听起来更加急迫。此时杜甫正寓居四川,而曾经盛极一时的大唐正处于风雨飘摇之中,百姓流离失所,家园狼烟四起。"砧"和"捣衣"的描写多与远别家乡的战士有关,此诗一"催"一"急"相对,都是动词用法,写出了思妇们忙于给远方戍边打仗的丈夫制作寒衣的情景,也写出了杜甫对前线战况的担忧。白帝城,在今四川奉节东白帝山,东汉初公孙述在此筑城,自称"白帝",故名;唐李白有《早发白帝城》"朝辞白帝彩云间,千里江陵一日还。两岸猿声啼不住,轻舟已过万重山"。砧,捣衣石;捣衣就是洗衣时用木杵在砧上捶击布匹,是制作寒衣前的一道工序,常常在秋天的傍晚或入夜时候进行,如北周庾信《夜听捣衣》"秋夜捣衣声,飞度长门城",唐李白《子夜吴歌·秋歌》"长安一片月,万户捣衣声。秋风吹不

尽,总是玉关情"。此处说"暮砧",指的就是傍晚之后的捣衣声。平仄上,上联是平平平仄平平仄,下联是仄仄平平仄仄平。白,《广韵》"傍陌切",入声;急,《广韵》"居立切",入声。语法上,上下联都是主谓结构。主语"青皇风暖""白帝城高"也是主谓结构,谓语"催芳草""急暮砧"都是动宾结构。两句的结构所表达出来的意义是:青皇风暖这种状况催生了草木的芬芳茂盛,是白帝城的高耸带来了暮砧急切的感觉。

⑧绣虎雕龙,才子窗前挥彩笔;描鸾(luán)刺凤,佳人帘下度金针:绣虎,根据《汉语大词典》,《类说》卷四引《玉箱杂记》"曹植七步成章,号绣虎","绣"谓其词华隽美,"虎"谓其才气雄杰,后遂以"绣虎"称擅长诗文、词藻华丽者。雕龙,根据《汉语大词典》,也是比喻善于修饰文辞,语出《史记·孟子荀卿列传》:"驺衍之术迂大而闳辩;奭也文具难施;淳于髡久与处,时有得善言。故齐人颂曰:'谈天衍,雕龙奭,炙毂过髡。'"裴骃《史记集解》引刘向《别录》:"驺奭修衍之文,饰若雕镂龙文,故曰'雕龙'。"彩笔,南朝梁钟嵘《诗品》卷中载:"初,淹罢宣城郡,遂宿冶亭,梦一美丈夫,自称郭璞,谓淹曰:'吾有笔在卿处多年,可以见还。'淹探怀中,得五色笔以授之。尔后为诗,不复成语,故世传'江淹才尽'。"据说江淹年少时,曾梦人授以五色笔,从此文思大进,后来再梦见一个自称郭璞的人索还此笔,之后就江郎才尽了。描鸾刺凤,形容女子刺绣功夫很高,亦称"描龙刺凤""描龙绣凤",《清平山堂话本·风月瑞仙亭》"诗词歌赋,琴棋书画,描龙刺凤,女工针指,饮馔酒浆,无所不通"。度金针,传授刺绣的秘法、诀窍,比喻把秘法传给别人,金元好问《论诗》诗之三"鸳鸯绣了从教看,莫把金针度与人"。金针,针的美称,典出唐冯翊子《桂苑丛谈·史遗》"(采娘)七夕夜陈香筵祈于织女。是夕梦云舆雨盖,蔽空驻车,命采娘曰:'吾织女,祈何福?'曰:'愿丐巧耳。'乃遗一金针,长寸余,缀于纸

上,置裙带中,令三日勿语,汝当奇巧",七月七日的晚上,采娘向天上的织女祷告希望得到智巧,于是织女就送给她一根金针。平仄上,上联是仄仄平平,平仄平平平仄仄;下联是平平仄仄,平平平仄仄平平。语法上,上下联都是主谓结构:"绣虎雕龙""描鸾刺凤"为并列结构,作主语;谓语部分"才子窗前挥彩笔""佳人帘下度金针"也是主谓结构,对主语进行具体解说。

【译文】

歌和曲相对,啸和吟相对。

过去和如今相对。

山头和水面相对,远水和遥山相对。

欧阳修在马上枕上厕上勤奋写作,人们必须珍惜每一寸宝贵的光阴。

茂盛的树木和平原的丛林相对。

卞和先后三次奉献璞玉给楚王,杨震说有四者知道送金的事情。

司春之神青帝用温暖的春风催发了草木的芬芳,位于四川的白帝城傍晚传来声声急促的捣衣声。

绣虎雕龙,比喻才子们在窗前挥毫泼墨;描鸾刺凤,正是佳人们在帘下走线飞针。

其二

登对眺,涉对临①。

瑞雪对甘霖②。

主欢对民乐,交浅对言深③。

耻三战,乐七擒④。

顾曲对知音⑤。

大车行槛槛,驷马骤骎骎⑥。

紫电青虹腾剑气，高山流水识琴心^⑦。

屈子怀君，极浦吟风悲泽畔；王郎忆友，扁舟卧雪访山阴^⑧。

【注释】

①登对眺，涉对临：登，往高处爬；眺，往远处看。涉，徒步过河；临，从上面往下看。语义上，"登""涉"皆是人的位移动作，前者一般指登山，后者一般指渡水；"眺""临"都是人视觉上的动作，前者的对象是远处，后者的对象是低处。这两组词语对仗不甚工整，若改为"登"与"涉"相对、"眺"与"临"对仗，似乎更好。平仄上，"登""临"是平声，"眺""涉"是仄声。语法上，四个词语都是行为动词。

②瑞雪对甘霖（lín）：瑞雪，应时好雪，以能杀虫保温，多视为丰年的预兆，故称，过去常说"瑞雪兆丰年"。甘霖，对农作物有好处的降水，过去亦有"久旱逢甘霖"的俗语。平仄上，"瑞雪"是仄仄，"甘霖"是平平。语法上，两个词语都是定中结构。

③主欢对民乐，交浅对言深：主欢，在上位者高兴，唐戴叔伦《春日早朝应制》"仙仗肃朝官，承平圣主欢"，唐李白《送窦司马贬宜春》"天马白银鞍，亲承明主欢"。民乐，百姓欢乐，唐齐己《寄当阳张明府》"吏愁清白甚，民乐赋输忘"。交浅，交情不深；言深，谈话深入。出自《战国策·赵策四》："客有见人于服子者，已而请其罪。服子曰：'公之客独有三罪：望我而笑，是狎也；谈语而不称师，是倍也；交浅而言深，是乱也。'客曰：'不然。夫望人而笑，是和也；言而不称师，是庸说也；交浅而言深，是忠也。'"平仄上，"主欢"是仄平，"民乐"是平仄；"交浅"是平仄，"言深"是平平。语法上，四个词语都是主谓结构。

④耻三战，乐（lè）七擒：耻三战，《史记·鲁仲连邹阳列传》载，鲁

仲连遗燕将书,其中有言曰:"且吾闻之,规小节者不能成荣名,恶小耻者不能立大功。……曹子为鲁将,三战三北,而亡地五百里。乡使曹子计不反顾,议不还踵,刎颈而死,则亦名不免为败军禽将矣。曹子弃三北之耻,而退与鲁君计。桓公朝天下,会诸侯,曹子以一剑之任,枝桓公之心于坛坫之上,颜色不变,辞气不悖,三战之所亡,一朝而复之。天下震动,诸侯惊骇,威加吴、越。"曹子,指的是春秋时期的曹沫,根据《史记·刺客列传》记载:"曹沫者,鲁人也,以勇力事鲁庄公。庄公好力。曹沫为鲁将,与齐战,三败北。鲁庄公惧,乃献遂邑之地以和,犹复以为将。"鲁国和齐国交战,三战三败,鲁庄公只好献地求和。齐鲁在柯地会盟的时候,曹沫用匕首劫持齐桓公,令齐答应尽数归还鲁国的土地。故而鲁仲连称赞他"弃三北之耻",不恶小耻,最终能做到"三战之所亡,一朝而复之"。乐七擒,说的是三国时期诸葛亮七擒孟获的典故。据东晋习凿齿《汉晋春秋·后主》载:"建兴三年,亮在南中,所在战捷。闻孟获者,为夷、汉并所服,募生致之。既得,使观于营阵之间,问曰:'此军何如?'获对曰:'向者不知虚实,故败。今蒙赐观看营阵,若只如此,即定易胜耳。'亮笑,纵使更战,七纵七擒,而亮犹遣获。获止不去,曰:'公,天威也,南人不复反矣。'遂至滇池。"诸葛亮七次生擒南中的部落首领孟获,又七次释放了他,最后孟获心悦诚服,跟随诸葛亮去成都为官,蜀汉顺利收服了南方各族的民心。乐,琅环阁藏本作"示",今本则多作"乐"。然"示"与"耻"不相对。故本书从今本作"乐"。平仄上,"耻三战"是仄平仄,"乐七擒"是仄仄平。七,《广韵》"亲吉切",入声。语法上,上下联都是动宾结构。"耻""乐"在这里都是意动用法。宾语"三战""七擒"都是状中结构,指三战之事、七擒之事。

⑤顾曲对知音:顾曲,典出《三国志·吴书·周瑜传》:"瑜少精意于音乐,虽三爵之后,其有阙误,瑜必知之,知之必顾,故时人谣曰:

'曲有误,周郎顾。'"周瑜年少时精通音乐,每每在宴会上听出乐声中的阙误,就会回头看看。所以当时人编了歌谣说"曲有误,周郎顾"。后来引申为欣赏乐曲的意思,清孔尚任《桃花扇·侦戏》"一片红毹铺地,此乃顾曲之所"。顾,本是回首的意思,引申为看。知音,懂得音律,《礼记·乐记》"是故不知声者不可与言音,不知音者不可与言乐,知乐则几于礼矣";引申为知己的意思,典出《列子·汤问》"伯牙善鼓琴,钟子期善听。伯牙鼓琴,志在登高山,钟子期曰:'善哉! 峨峨兮若泰山!'志在流水,钟子期曰:'善哉! 洋洋兮若江河!'伯牙所念,钟子期必得之"。两个词语皆与音乐有关。平仄上,"顾曲"是仄仄,"知音"是平平。语法上,两个词语都是动宾结构。

⑥大车行槛槛(jiàn),驷马骤(zhòu)骎骎(qīn):上联出自《诗经·王风·大车》"大车槛槛,毳衣如菼",郑玄笺"槛槛,车行声也"。大车,牛拉的载重的车。下联出自《诗经·齱风·鹿鸣之什》"驾彼四骆,载骤骎骎"。驷,古人称驾一车之四马或四马所驾之车为驷;骤,马疾走;骎骎,马快速奔跑的样子。平仄上,上联是仄平平仄仄,下联是仄仄仄平平。语法上,两句都是主谓结构。

⑦紫电青虹腾剑气,高山流水识琴心:紫电,古宝剑名,晋崔豹《古今注·舆服》中提到"吴大皇帝有宝刀三,宝剑六",其中有一剑名"紫电"。青虹,本是彩虹的意思,后来亦作宝剑之名。下联用的是伯牙和钟子期的典故,典出《列子·汤问》,见注释⑤。钟子期懂得伯牙的琴声中所包含的志趣,伯牙志在高山或流水,他都能辨识出来。平仄上,上联是仄仄平平平仄仄,下联是平平平仄仄平平。识,《广韵》"赏职切",入声。语法上,"紫电青虹"对"高山流水",为并列结构;"腾剑气"对"识琴心",都是动宾结构。不过,上下联的整体结构关系不同:"紫电青虹"是句子的主语,上联是主谓结构;"高山流水"是状语,钟子期通过高山流水之音懂

得伯牙之心，下联是状中结构。

⑧屈子怀君，极浦（pǔ）吟风悲泽畔；王郎忆友，扁（piān）舟卧雪访山阴：上联出自《楚辞·渔父》"屈原既放，游于江潭，行吟泽畔，颜色憔悴，形容枯槁"和《楚辞·九叹》的"吟泽畔之江滨"。屈子，指战国末期楚国著名的爱国诗人屈原，"子"是先秦对男子的美称。极浦，遥远的水滨，《楚辞·九歌·湘君》"望涔阳兮极浦，横大江兮扬灵"，王逸注"极，远也；浦，水涯也"。泽畔，湖边、江边；泽，水积聚的地方。下联出自《世说新语·任诞》："王子猷居山阴，夜大雪，眠觉，开室命酌酒，四望皎然。因起彷徨，咏左思招隐诗。忽忆戴安道。时戴在剡，即便夜乘小舟就之。经宿方至，造门不前而返。人问其故，王曰：'吾本乘兴而行，兴尽而返，何必见戴？'"王郎，指书法家王羲之的儿子王徽之，字子猷，东晋名士。戴逵，字安道，东晋画家。王徽之住在山阴时，有天晚上下了大雪，他醒来饮酒吟诗，忽然想起好友戴逵来，于是乘小船去剡地看望他。一夜方至，到的时候兴致已尽，竟不去造访就直接回家去了。扁舟，小船。平仄上，上联是仄仄平平，仄仄平平平仄仄；下联是平平仄仄，平平仄仄仄平平。屈，《广韵》"区勿切"，入声；极，《广韵》"渠力切"，入声；泽，《广韵》"场伯切"，入声。语法上，"屈子怀君"对"王郎忆友"，是主谓结构；"极浦吟风悲泽畔"对"扁舟卧雪访山阴"，皆为状中结构。为了化用典故和构成对仗，作者将"山阴""雪"等用入对联，其实存在很多问题：首先，屈原是在泽畔行吟，"泽畔"是动作发生的处所，而"山阴"并不是王徽之造访的地方，是王徽之当时所居之处；其次，"卧雪访山阴"亦不合逻辑，因为"卧雪"是静态的，"访山阴"是位移的动作。

【译文】

登山和望远相对，涉江和临渊相对。

瑞雪和甘霖相对。

君主高兴与百姓和乐相对,交情一般和言谈深入相对。

鲁国三战三败之后终于洗去耻辱,孟获七擒七释之后乐于归附蜀汉。

周公瑾精通音乐,钟子期知晓琴音。

牛车行驶声音槛槛,马车奔跑速度如飞。

紫电青虹这些宝剑的剑气飞腾,钟子期懂得琴声中的高山流水。

屈原怀念楚怀王,在江边临风悲吟;王徽之想念戴逵,乘小舟雪夜访友。

十三　覃

【题解】

“覃”是“平水韵”中下平声的第十三韵部。

“覃”在《广韵》中作“徒含切”,平声,覃韵。

《笠翁对韵》中用到的韵脚字有龛、南、谈、楠、三、簪、蓝、酣、谙、柑、男、岚、眈、聃、贪等15个;《声律启蒙》中用到的有18字,包括三、南、庵、蓝、潭、眈、酣、蚕、堪、覃、柑、惭、谈、男、甘、堪、岚、骖等。其中两书共用的有三、南、蓝、眈、柑、谈、男、岚等8个字;仅《笠翁对韵》用到的有龛、楠、簪、酣、谙、聃、贪7个字,仅《声律启蒙》用到的有庵、潭、酣、蚕、堪、覃、惭、甘、堪、骖10个字。

其一

宫对阙,座对龛①。

水北对天南②。

蜃楼对蚁郡,伟论对高谈③。

遴杞梓,树梗楠④。

得一对函三^⑤。

八宝珊瑚枕，双珠玳瑁簪^⑥。

萧王待士心惟赤，卢相欺君面独蓝^⑦。

贾岛诗狂，手拟敲门行处想；张颠草圣，头能濡墨写时酣^⑧。

【注释】

① 宫对阙（què），座对龛（kān）：宫，本是对房屋、居所的通称，秦汉以后指帝王所居的房子。阙，宫门、城门两侧的高台，中间有道路，台上起楼观。座，座位，坐具。龛，供奉神佛或神主的石室或小阁子。平仄上，"宫""龛"是平声，"阙""座"是仄声。语法上，四个词语都是名词。

② 水北对天南：天南，过去指岭南，泛指南方，唐白居易《得潮州杨相公继之书并诗以此寄之》"诗情书意两殷勤，来自天南瘴海滨"。平仄上，"水北"是仄仄，"天南"是平平。语法上，二者都是方位短语。

③ 蜃（shèn）楼对蚁郡，伟论对高谈：蜃楼，又叫海市蜃楼，光线经过不同密度的空气层，发生显著折射或全反射时，把远处景物显示在空中或地面而形成的各种奇异景象，常发生在海上或沙漠地区；古人误认为蜃吐气而成，故称"蜃楼"。唐杜甫《第五弟丰独在江左，近三四载寂无消息，觅使寄此二首》其二"影著啼猿树，魂飘结蜃楼"。蚁郡，唐李公佐《南柯太守传》写了一个名叫淳于棼的人，"吴、楚游侠之士。嗜酒使气，不守细行。累巨产，养豪客""所居宅南，有大古槐一株，枝干修密，清阴数亩。淳于生日，与群豪大饮其下""唐贞元七年九月，因沉醉致疾。时二友人于坐扶生归家，卧于堂东庑之下。二友谓生曰：'子其寝矣！余将秣马濯足，俟子小愈而去'"，于是淳于棼解衣就枕，梦见槐安国的使者前来邀请他。他跟随前去，从槐树的洞穴口钻

388　　　笠翁对韵

进去，来到了大槐安国。国王将次女瑶芳嫁给他，又做了南柯郡的太守。"自守郡二十载，风化广被，百姓歌谣，建功德碑，立生祠宇。王甚重之，赐食邑，锡爵位，居台辅。"淳于棼生有五男二女，儿子也做了高官，女儿嫁给王族，"荣耀显赫，一时之盛，代莫比之"。后来，他带兵打了败仗，公主又死了，国王疑忌，逐渐不再受到重用，就被遣送回家。醒来发现"己身卧于堂东庑之下"，"见家之僮仆拥彗于庭，二客濯足于榻，斜日未隐于西垣，余樽尚湛于东牖。梦中倏忽，若度一世矣"。淳于棼把梦里的情形告诉自己的两位朋友，大家都觉得惊骇，于是就走出来到大槐树下寻找，果然看到了一个洞穴，两个朋友就让人用斧头将槐树砍开，里面是土壤积成的亭台楼阁，还有许多蚂蚁围着一只"素翼朱首，长可三寸"的大蚂蚁，就是所谓的槐安国，旁边还有一个土城，就是所谓南柯郡。伟论，高明超卓的言论；高谈，高明的谈吐。"论"，琅环阁藏本作"伦"。"伟伦"多与"魁彦"并举，皆表杰出的人物；且"伦"为平声，意义、平仄皆不合。今本多作"论"，故此从之。平仄上，"蜃楼"是仄平，"蚁郡"是仄仄；"伟论"是仄仄，"高谈"是平平。语法上，四个词语都是定中结构。

④遴（lín）杞梓（qǐ zǐ），树楩（pián）楠：上联出自《晋书·陆机陆云传》"观夫陆机、陆云，实荆衡之杞梓，挺珪璋于秀实，驰英华于早年"。遴，选拔，遴选。杞梓，都是美好的木材，比喻优秀人材。树，种植，树立。楩楠，楩木与楠木，皆大木，比喻栋梁之材，《墨子·公输》有"荆有长松、文梓、楩楠、豫章，宋无长木，此犹锦绣之与短褐也"。因此，上下联语义上都带双关义，既可指遴选、种植好木材，也可指选拔、培养人才。"楩"琅环阁藏本作"梗"，也是树名。然"梗"是仄声字，与"杞"失对，故本书不取。平仄上，上联是平仄仄，下联是仄平平。语法上，上下联都是动宾结构。

⑤得一对函三：得一，得道。《老子》"昔之得一者：天得一以清，地

得一以宁,神得一以灵,谷得一以盈,万物得一以生,侯王得一以为天下贞",王弼注曰"一,数之始而物之极也,各是一物之生,所以为主也。物皆各得此一以成"。函三,谓包含天、地、人三气,《汉书·律历志上》"太极元气,函三为一。极,中也。元,始也",颜师古注引孟康曰"元气始起于子。未分之时,天地人混合为一,故子数独一也"。平仄上,"得一"是仄仄,"函三"是平平。得,《广韵》"多则切";一,《广韵》"於悉切"。二者皆为入声字。语法上,两个词语都是动宾结构,此处数词"一""三"指称哲学上的概念。

⑥八宝珊瑚(shān hú)枕,双珠玳瑁(dài mào)簪(zān):八宝珊瑚枕,装饰有很多珍宝的珊瑚枕头。双珠玳瑁簪,装饰有两颗珍珠的玳瑁做的簪子;玳瑁,形似龟的爬行动物,其甲壳黄褐色,有黑斑和光泽,可做装饰品,《汉书·东方朔传》"宫人簪瑇瑁(玳瑁),垂珠玑"。"珊瑚""玳瑁"是古代贵族居室里常见的饰物,经常入诗,如唐权德舆《玉台体十二首》"泪尽珊瑚枕,魂销玳瑁床",唐罗隐《咏史》"徐陵笔砚珊瑚架,赵胜宾朋玳瑁簪"。平仄上,上联是仄仄平平仄,下联是平平仄仄平。八,《广韵》"博拔切",入声。语法上,上下联都是定中结构:"八宝""双珠"是结构的第一层定语,为定中结构;第二层定语是"珊瑚""玳瑁",都是联绵词。

⑦萧王待士心惟赤,卢相欺君面独蓝:上联说的是汉光武帝刘秀的典故。《后汉书·光武帝纪》载:"世祖光武皇帝讳秀,字文叔,南阳蔡阳人,高祖九世之孙也,……是时长安政乱,四方背叛。……光武将击之,先遣吴汉北发十郡兵。幽州牧苗曾不从,汉遂斩曾而发其众。秋,光武击铜马于鄡,吴汉将突骑来会清阳。贼数挑战,光武坚营自守;有出卤掠者,辄击取之,绝其粮道。积月余日,贼食尽,夜遁去,追至馆陶,大破之。受降未尽,而高湖、重连从东南来,与铜马余众合,光武复与大战于蒲阳,

悉破降之，封其渠帅为列侯。降者犹不自安，光武知其意，敕令各归营勒兵，乃自乘轻骑按行部陈。降者更相语曰：'萧王推赤心置人腹中，安得不投死乎！'由是皆服。悉将降人分配诸将，众遂数十万，故关西号光武为'铜马帝'。"刘秀在做萧王的时候，对前来投降者都推心置腹，以赤心待人，故而得到了大家的信服。下联说的是唐代佞臣卢杞的典故。《新唐书·奸臣列传》载："卢杞，字子良。父弈，见《忠义传》。杞有口才，体陋甚，鬼貌蓝色，不耻恶衣菲食，人未悟其不情，咸谓有祖风节"，"既得志，险贼浸露。贤者媢，能者忌。小忤己，不傅死地不止。将大树威，胁众市权为自固者"。卢杞心胸狭隘，党同伐异，陷害忠良；貌似忠厚，其实奸邪，欺君罔上。故下联谓之"欺君面独蓝"。平仄上，上联是平平仄仄平平仄，下联是平仄平平仄仄平。独，《广韵》"徒谷切"，入声。语法上，"萧王待士""卢相欺君"相对，都是主谓结构，谓语"待士""欺君"亦皆为动宾结构；"心惟赤""面独蓝"相对，也是主谓结构，颜色名词"赤""蓝"作谓语中心。此联对仗十分工整。

⑧贾岛诗狂，手拟敲门行处想；张颠草圣，头能濡（rú）墨写时酣：贾岛，唐代诗人，与孟郊并称，人称"郊寒岛瘦"。明末清初张岱《夜航船·文学部·推敲》载："贾岛于京师驴背得句：'鸟宿池边树，僧敲月下门。'既下'敲'字，又欲下'推'字，拣之未字，引手作推、敲势。时韩愈权京兆尹，岛不觉冲其前导。拥至尹前，具道所以。愈曰：'敲字佳矣。'与并辔归，为布衣交。"贾岛在京师的时候，有一次骑着驴吟出一句"鸟宿池边树，僧敲月下门"。他拿不定主意"敲"要不要换成"推"，于是手作推和敲的姿势，不知不觉冲撞了京兆尹韩愈的马队。下联说的是唐代书法家张旭的典故。张旭，以草书著称，人称"草圣"，他的草书与"白（李白）歌诗、裴旻剑舞"号称"三绝"（《新唐书·李白传》）。《旧唐书·贺知章传》

云"时有吴郡张旭,亦与知章相善。旭善草书,而好酒,每醉后号呼狂走,索笔挥洒,变化无穷,若有神助,时人号为张颠",《新唐书·张旭传》更曰"嗜酒,每大醉,呼叫狂走,乃下笔,或以头濡墨而书,既醒自视,以为神,不可复得也,世呼'张颠'"。平仄上,上联是仄仄平平,仄仄平平平仄仄;下联是平平仄仄,平平平仄仄平平。语法上,上下联都是主谓结构:主语"贾岛诗狂""张颠草圣"相对,是复指结构,"诗狂"即贾岛,"草圣"即张颠;谓语部分"手拟敲门"对"头能濡墨","行处想"对"写时酣",前者为主谓结构,后者为状中结构,皆用来陈述前面主语的行为特征。

【译文】

宫和阙相对,座和龛相对。

水的北边和天的南面相对。

海上蜃楼和蚂蚁巢穴相对,超凡的言论和高明的谈吐相对。

选拔人才,培养贤能。

万物得一和包涵三气相对。

八种宝石镶嵌的珊瑚枕,两颗珍珠装饰的玳瑁簪。

萧王刘秀对待部下推心置腹,宰相卢杞面色如蓝欺君罔上。

诗狂贾岛,一边走路一边用手模拟推和敲的姿势;草圣张旭,喝醉了酒呼号狂走用头发蘸墨水写字。

其二

闻对见,解对谙①。

三橘对双柑②。

黄童对白叟,静女对奇男③。

秋七七,径三三④。

海色对山岚⑤。

鸾声何哕哕，虎视正眈眈^⑥。

仪封疆吏知尼父，函谷关人识老聃^⑦。

江相归池，止水自盟真是止；吴公作宰，贪泉虽饮亦何贪^⑧。

【注释】

①闻对见，解对谙（ān）：闻，是指听觉行为；见，是指视觉行为。解、谙，语义相近，都是了解、知道的意思。平仄上，"闻""谙"是平声，"见""解"是仄声。语法上，四个词语都是动词。

②三橘（jú）对双柑：三橘，《三国志·吴书·陆绩传》载："陆绩字公纪，吴郡吴人也。父康，汉末为庐江太守。绩年六岁，于九江见袁术。术出橘，绩怀三枚，去，拜辞堕地，术谓曰：'陆郎作宾客而怀橘乎？'绩跪答曰：'欲归遗母。'术大奇之。"陆绩小时候被袁术接见。袁术拿橘子给他吃，他就偷偷藏了三个。离开拜别的时候，橘子掉了出来。袁术问他为什么到人家做客还偷橘子，他说想回去送给母亲吃。双柑，又叫"双柑斗酒"，这个典故出自唐冯贽《云仙杂记》卷二："戴颙春日携双柑斗酒，人问何之，曰：'往听黄鹂声。此俗耳针砭，诗肠鼓吹，汝知之乎？'"后来成为春日雅游的典故。橘、柑皆为果树名，其果实亦谓之"橘""柑"，皆可入药。平仄上，"三橘"是平仄，"双柑"是平平。橘，《广韵》"居聿切"，入声。语法上，两个词语都是定中结构。

③黄童对白叟（sǒu），静女对奇男：黄童，指幼童，因其头发为黄色，故名。白叟，老人，因其头发为白色，故名。这两个词语出自唐韩愈《元和圣德诗》"黄童白叟，踊跃欢呀"。静女，指贤淑的女子，出自《诗经·邶风·静女》"静女其姝，俟我于城隅"。奇男，不平凡的男子，《佛祖通载》卷第十九："法师元净，字无象，徐氏，杭州於潜人。客有过其舍者曰：'嘉气上腾，当生奇男。'既生，左

肩肉超如袈裟条。"杭州於潜人徐氏家生了一个奇特的孩子,左肩膀上的肉生下来就像袈裟的条纹一样。平仄上,"黄童"是平平,"白叟"是仄仄。白,《广韵》"傍陌切",入声。"静女"是仄仄,"奇男"是平平。语法上,四个词语都是定中结构。

④秋七七,径三三:此联化用宋周必大《上巳访杨廷秀》诗:"四环自劚三三径,顷刻常开七七花。"秋七七,据道教典籍《云笈七签·续仙传·殷文祥》载:"殷七七,名文祥,又名道筌。常自称七七,俗多呼之,不知何所人也。游行天下,人言久见之,不测其年寿。面光白,若四十许人,到处或易其姓名不定。……鹤林寺杜鹃花高丈余,每春末花烂熳。僧传言:'贞元年中,有外国僧自天台钵盂中以药养其根来种之。'自后构饰,花院锁闭。人或窥见女子红裳艳丽,游于树下。有辄采花折枝者,必为所祟,俗传女子花神也。所以人共保惜,故繁艳异于常花。其花欲开,探报分数,节度使宾僚官属,继日赏玩。其后一城士女四方之人,无不以酒乐游从。连春入夏,自旦及昏,闾里之间,殆于废业。宝一日谓七七曰:'鹤林之花,天下奇绝,尝闻能开非时之花,此可开否?'七七曰:'可也。'宝曰:'今重九将近,能副此日否?'七七诺之。乃前三日往鹤林寺宿焉。中夜女子来谓七七曰:'道者欲开此花耶?'七七乃问:'何人深夜到此?'女子曰:'妾为上玄所命,下司此花,在人间已逾百年,非久即归闻苑去,今与道者共开之,非道者无以感妾。'于是女子倏然不见。来日晨起,寺僧或讶花渐拆蕊。及九日,烂熳如春。"记录了殷七七在秋日重阳使得杜鹃花开的故事。后来人们就以"七七花"指非时令所开之花。径三三,此典多表隐逸情怀,原本是东汉蒋诩的典故,晋赵岐《三辅决录·逃名》载"蒋诩归乡里,荆棘塞门,舍中有三径,不出,唯求仲、羊仲从之游";后来晋陶渊明《归去来兮辞》有"三径就荒,松菊犹存";宋杨万里有《三三径》诗曰"三径初开自蒋卿,再开三径

是渊明。诚斋奄有三三径，一径花开一径行"。从典故的角度上说，"秋七七"若作"花七七"，更加贴切，与"径三三"的对仗也更工整。平仄上，上联是平仄仄，下联是仄平平。七，《广韵》"亲吉切"，入声。语法上，二者皆由名词和数词叠用组合而成，形式上完全相同。从词语之间的结构关系来看，"秋七七"是定中结构，表秋日所开的非时之花；"径三三"是主谓结构，"三三"陈述"径"的数量。从这个角度看，二者在语法上对仗并不工整。

⑤海色对山岚（lán）：海色，海面呈现的景色，唐祖咏《江南旅情》"海色晴看雨，江声夜听潮"。山岚，山中的雾气，唐顾非熊《陈情上郑主司》"茅屋山岚入，柴门海浪连"。平仄上，"海色"是仄仄，"山岚"是平平。语法上，两个词语都是定中结构。

⑥鸾（luán）声何哕哕（huì），虎视正眈眈（dān）：上联出自《诗经·小雅·庭燎》"夜如何其？夜未艾。庭燎晣晣。君子至止，鸾声哕哕"。鸾声，鸾铃鸣声。何，副词，多么，表示感叹。哕哕，有节奏的铃声。下联出自《周易·颐》"虎视眈眈，其欲逐逐"。眈眈，威视貌，今有成语"虎视眈眈"，形容像猛虎一样凶狠地注视着。平仄上，上联是平平平仄仄，下联是仄仄仄平平。语法上，上下联都是主谓结构。

⑦仪封疆吏知尼父（fǔ），函谷关人识老聃（dān）：上联出自《论语·八佾》："仪封人请见。曰：'君子之至于斯也，吾未尝不得见也。'从者见之。出曰：'二三子，何患于丧乎？天下之无道也久矣，天将以夫子为木铎。'"仪邑的封疆官吏见到了孔子，他说："天下无道很久了，上天将让夫子做木铎。"仪封人的意思是天下无道，上天想要让孔子宣扬大道于天下，所以才让孔子周游列国的。封，边境的意思。疆吏，边境上的官员。尼父，指孔子，孔子名丘，字仲尼；父，古代对男子的美称，后多作"甫"。下联出自《史记·老子韩非列传》："老子修道德，其学以自隐无名为务。居

周久之,见周之衰,乃遂去。至关,关令尹喜曰:'子将隐矣,强为我著书。'于是老子乃著书上下篇,言道德之意五千余言而去,莫知其所终。"老子出函谷关的时候,守关的官员看他要隐居了,请求他著书立言。于是老子就写下了五千余言的《道德经》,之后不知所终。关人,古代守关的官吏。老聃,指老子,姓李,名耳,字聃,故称。平仄上,上联是平平平仄平平仄,下联是平仄平平仄仄平。识,《广韵》"赏职切",入声。语法上,上下联都是主谓结构。

⑧江相归池,止水自盟真是止;吴公作宰,贪泉虽饮亦何贪:上联说的是宋代江万里的典故。《宋史·江万里传》载,"江万里,字子远,都昌人","少神隽,有锋颖,连举于乡。入太学,有文声"。曾任宰相,性情刚正不阿,被罢相。"明年,大元兵渡江,万里隐草野间,为游骑所执,大诟,欲自戕,既而脱归。先是,万里闻襄樊失守,凿池芝山后圃,扁其亭曰'止水',人莫谕其意,及闻警,执门人陈伟器手,曰:'大势不可支,余虽不在位,当与国为存亡。'"元军攻占襄樊时,他开凿了一个水池,名"止水",决心与国家共存亡。"及饶州城破,军士执万顷,索金银不得,支解之。万里竟赴止水死。左右及子镐相继投沼中,积尸如叠。翼日,万里尸独浮出水上,从者草敛之。万里无子,以蜀人王橚子为后,即镐也。事闻,赠太傅、益国公,后加赠太师,谥文忠。"饶州被攻破之后,江万里就投止水殉国了。下联说的是晋朝吴隐之的故事。《晋书·吴隐之传》载,"吴隐之,字处默,濮阳鄄城人,魏侍中质六世孙也。隐之美姿容,善谈论,博涉文史,以儒雅标名。弱冠而介立,有清操,虽日晏歠菽,不飨非其粟,儋石无储,不取非其道"。吴隐之后来担任了广州刺史。"朝廷欲革岭南之弊,隆安中,以隐之为龙骧将军、广州刺史、假节,领平越中郎将。未至州二十里,地名石门,有水曰贪泉,饮者怀无厌之欲。隐之既至,语其亲人曰:'不见可欲,使心不乱。越岭丧清,吾知之矣。'乃至泉所,

酌而饮之,因赋诗曰:'古人云此水,一歃怀千金。试使夷齐饮,终当不易心。'及在州,清操逾厉,常食不过菜及干鱼而已,帷帐器服皆付外库,时人颇谓其矫,然亦终始不易。"广州附近有贪泉,人们都说喝了贪泉的水就会产生无尽的贪欲。吴隐之就到泉边舀来喝了,最终他的廉洁情操也毫无改变。平仄上,上联是平仄平平,仄仄仄平平仄仄;下联是平平仄仄,平平平仄仄平平。语法上,"江相归池"和"吴公作宰"相对,都是主谓结构。"止水自盟真是止""贪泉虽饮亦何贪"两句对仗不甚工整。"止水自盟真是止"是主谓结构,"止水自盟"为主语,是指江万里在止水前自己盟誓的事情;谓语是对这个事件的判断。"贪泉虽饮亦何贪"则是一个表转折关系的复句,包含"贪泉虽饮"和"亦何贪"两个分句。

【译文】

闻和见相对,解和谐相对。

三橘和双柑相对。

幼童和老人相对,贤淑的女子和奇特的男儿相对。

殷七七秋天让杜鹃开了花,蒋诩在家中开了三条小径。

大海的颜色和山中的雾气相对。

车铃声哕哕地响着,老虎威严地注视着。

仪地边境的官吏明白孔子的天命所在,函谷关守关的人懂得留下老子的著述。

江万里在止水之前发誓要与国家共存亡,后来真的投水殉国;吴隐之虽然在广州做刺史时喝了贪泉水,终究毫无贪婪之意。

十四　盐

【题解】

"盐"是"平水韵"中下平声的第十四韵部。

"盐"在《广韵》中作"余廉切",平声,盐韵。

《笠翁对韵》中所用到的韵脚字有炎、严、髯、廉、谦、潜、帘、拈、添、恬、尖、纤、占、盐、淹、嫌、瞻、檐、签、衾等20个;《声律启蒙》中所用到的有20个韵脚字,包括嫌、蟾、尖、纤、甜、帘、潜、炎、添、盐、镰、檐、恬、瞻、阎、髯、淹、厌、谦、占等。其中两书共用的有炎、髯、谦、潜、帘、添、恬、尖、纤、占、盐、淹、嫌、瞻、檐等15个;仅《笠翁对韵》用到的有5个,包括严、廉、拈、签、衾;仅《声律启蒙》用到的有5个,包括蟾、甜、镰、阎、厌。

其一

宽对猛,冷对炎①。

清直对尊严②。

云头对雨脚,鹤发对龙髯③。

风台谏,肃堂廉④。

保泰对鸣谦⑤。

五湖归范蠡,三径隐陶潜⑥。

一剑成功堪佩印,百钱满挂便垂帘⑦。

浊酒停杯,容我半酣愁际饮;好花傍座,看他微笑悟时拈⑧。

【注释】

①宽对猛,冷对炎:宽,宽厚、宽缓、宽松。猛,严厉的意思。"宽""猛"语义相反,《左传·昭公二十年》"宽以济猛,猛以济宽,政是以和"。炎,是热的意思。"冷""炎"也是反义词。第一组往往用来形容态度,后一组多用来形容温度。平仄上,"宽""炎"是平声,"猛""冷"是仄声。语法上,四个词语都是形容词。

②清直对尊严:清直,清廉正直,《旧唐书·职官志》"其吏在官公廉

正己,清直守节者,必谨而察之"。尊严,庄重肃穆、尊贵威严,《荀子·致士》"尊严而惮,可以为师"。平仄上,"清直"是平仄,"尊严"是平平。直,《广韵》"除力切",入声。语法上,两个词语都是形容词,且都是并列结构。

③云头对雨脚,鹤发对龙髯(rán):云头,云端,宋苏舜钦《中秋松江新桥对月和柳令之作》"云头艳艳开金饼,水面沉沉卧彩虹"。雨脚,雨点,唐杜甫《茅屋为秋风所破歌》"床头屋漏无干处,雨脚如麻未断绝"。鹤发,白发,南朝梁庾肩吾《八关斋夜赋四城门·第三赋南城门老》"鹤发辞轩冕,鲐背烹葵菽"。龙髯,《史记》的《孝武本纪》和《封禅书》都有关于黄帝和龙髯的典故,"黄帝采首山铜,铸鼎荆山下。鼎既成,有龙垂胡髯下迎黄帝。黄帝上骑,群臣后宫从上龙七十余人,乃上去。余小臣不得上,乃悉持龙髯。龙髯拔,堕黄帝之弓。百姓仰望黄帝既上天,乃抱其弓与龙胡髯号。故后世因名其处曰鼎湖,其弓曰乌号"。据说黄帝在首山采铜,在荆山铸鼎。鼎完成之后,有龙垂下胡须来迎接黄帝。黄帝就骑上了龙背,群臣后宫也随之上去。其他小臣就都抓着龙的胡须上天。"龙髯"后来就引申指帝王之须。平仄上,"云头"是平平,"雨脚"是仄仄;"鹤发"是仄仄,"龙髯"是平平。语法上,四个词语都是定中结构。

④风台谏,肃堂廉:风台谏,《清实录·乾隆朝实录》卷之一百三十九"……仲永檀身为言官,能发奸摘伏,直陈无隐,甚属可嘉,应加超擢,以风台谏";风,此处是"使……奋起"的意思;台谏,台官和谏官的合称,唐宋时以专司纠弹的御史为台官,以职掌建言的给事中、谏议大夫等为谏官,两者虽各有所司,而职责往往相混,故多以"台谏"泛称,宋李纲《上渊圣皇帝实言封事》"立乎殿陛之间与天子争是非者,台谏也"。肃,整肃,使……肃,用法与"风"相类;堂廉,本指殿堂的侧边,后来借指朝廷,《明史·刘宗周传》

"厂卫司讥察,而告讦之风炽;诏狱及士绅,而堂廉之等夷";廉,是侧边的意思。平仄上,"风台谏"是平平仄,"肃堂廉"是仄平平。上下联第二字平仄相同,失对。语法上,两个词语都是动宾结构:"风""肃"皆活用为使动用法;宾语"台谏""堂廉"的内部结构不甚对仗,前者是并列结构,后者是定中结构。

⑤保泰对鸣谦:保泰,保持安定、通畅的政治局面,今有"国泰民安"的成语;泰,通畅而太平,《周易》六十四卦之一,《周易·泰》"泰:小往大来,吉,亨",卦辞曰"《象》曰:'泰,小往大来,吉,亨。'则是天地交而万物通也,上下交而其志同也。内阳而外阴,内健而外顺,内君子而外小人:君子道长,小人道消也"。鸣谦,谓谦德表之于外,《周易·谦》"鸣谦,贞吉",王弼注"鸣者,声名闻之谓也。得位居中,谦而正焉",孔颖达疏"鸣谦者,谓声名也,处正得中,行谦广远,故曰鸣谦"。谦,也是《周易》六十四卦之一,《周易·谦》"谦:亨,君子有终"。平仄上,"保泰"是仄仄,"鸣谦"是平平。语法上,两个词语都是动宾结构,"鸣"这里用于使动,故而与"保"一样可以带宾语。

⑥五湖归范蠡(lǐ),三径隐陶潜:上联说的是春秋末期越国大夫范蠡的故事,他曾辅佐越王勾践打败了吴王夫差。根据《史记·越王勾践世家》记载,灭吴之后,范蠡"乃装其轻宝珠玉,自与其私徒属乘舟浮海以行,终不反","范蠡浮海出齐,变姓名,自谓鸱夷子皮,耕于海畔,苦身戮力,父子治产。居无几何,致产数十万"。《吴越春秋·勾践伐吴外传》则进一步记载:"(范蠡)乃乘扁舟,出三江,入五湖,莫知其所适。"故上联说"五湖归范蠡"。下联说的是晋陶渊明的典故,他的《归去来兮辞》有"三径就荒,松菊犹存"的句子。此联与上平"六鱼"的"三径风光,白石黄花供杖履;五湖烟景,青山绿水在樵渔"一联用的是相同的典故。平仄上,上联是仄平平仄仄,下联是平仄仄平平。语法上,两句都是主谓

结构。其语序都比较特别,若改为普通的表达则为:范蠡归五湖,陶潜隐三径。但这样显得句式呆板,且不合格律。

⑦一剑成功堪佩印,百钱满挂便垂帘:上联指的是战国时期著名纵横家苏秦的典故。《史记·苏秦列传》载:"苏秦者,东周雒阳人也。东事师于齐,而习之于鬼谷先生","出游数岁,大困而归","求说周显王",游说秦国,皆不得用;后游赵、游燕,说韩王、魏王、楚王、齐王,"六国从合而并力焉。苏秦为从约长,并相六国"。《东周列国志》第九十回有更详细的描写,"于是六王合封苏秦为纵约长,兼佩六国相印,金牌宝剑,总辖六国臣民,又各赐黄金百镒,良马十乘",故上联说"一剑成功堪佩印"。下联说的是汉代严君平的典故,据《汉书·王贡两龚鲍传》载:"其后谷口有郑子真,蜀有严君平,皆修身自保,非其服弗服,非其食弗食。成帝时,元舅大将军王凤以礼聘子真,子真遂不诎而终。君平卜筮于成都市,以为:'卜筮者贱业,而可以惠众人。有邪恶非正之问,则依蓍龟为言利害。与人子言依于孝,与人弟言依于顺,与人臣言依于忠,各因势导之以善,从吾言者,已过半矣。'裁日阅数人,得百钱足自养,则闭肆下帘而授《老子》。博览亡不通,依老子、严周之指著书十余万言。"严君平在成都以卜筮为生,每天得百钱之后,足以满足一天的用度,就垂下帘子教授《老子》,故下联曰"百钱满挂便垂帘"。挂,今本多作"卦"。古人常以杖头挂百钱喻清高自适,如宋苏轼《赠王子直秀才》有"万里云山一破裘,杖端闲挂百钱游"。从上文"百钱"来看,取"挂"为宜。平仄上,上联是仄仄平平平仄仄,下联是仄平仄仄仄平平。一,《广韵》"於悉切",入声。语法上,"一剑成功"对"百钱满挂",都是主谓结构;"堪佩印""便垂帘"相对,都是状中结构。

⑧浊酒停杯,容我半酣愁际饮;好花傍座,看他微笑悟时拈:上联化用唐杜甫《登高》中的"艰难苦恨繁霜鬓,潦倒新停浊酒杯"。浊

酒,用糯米、黄米等酿制的酒,较混浊。停杯,停止饮酒,三国魏曹丕《秋胡行》之二"朝与佳人期,日夕殊不来。嘉肴不尝,旨酒停杯"。半酣,半醉,酒兴正浓,唐刘禹锡《酬乐天斋满日裴令公置宴席上戏赠》"酒力半酣愁已散,文锋未钝老犹争";酣,喝酒尽兴为酣。下联是有关释迦牟尼的典故,《五灯会元·七佛·释迦牟尼佛》云:"世尊在灵山会上,拈花示众。是时众皆默然,唯迦叶尊者破颜微笑。世尊云:'吾有正法眼藏,涅槃妙心,实相无相,微妙法门,不立文字,教外别传,付嘱摩诃迦叶。'"后来人们以"拈花一笑"比喻心心相印,心有灵犀。平仄上,上联是仄仄平平,平仄仄平平仄仄;下联是仄平仄仄,仄平平仄仄平平。浊,《广韵》"直角切",入声。语法上,"浊酒停杯"对"好花傍座",都是主谓结构。"容我半酣愁际饮"对"看他微笑悟时拈",皆为动宾结构;其宾语"我半酣愁际饮""他微笑悟时拈"也都是主谓结构,"半酣"对"微笑"、"愁际"对"悟时",皆为状语。此联结构复杂,对仗仍十分工整。

【译文】

宽和严相对,冷和热相对。

清廉正直和尊贵威严相对。

云端和雨脚相对,白发和龙须相对。

勉励台谏,整肃朝堂。

保持安定和彰显谦德相对。

范蠡归隐五湖,陶潜隐居三径。

苏秦游说六国合纵成功之后佩带宝剑和相印衣锦还乡,严君平隐居成都每天卜筮满百钱之后就垂帘教授弟子。

杜甫愁绪满怀酒兴正浓的时候,品饮浊酒直至停杯;释迦牟尼拈花传授佛法的时候,迦叶微笑表示领悟。

其二

连对断，减对添^①。

淡泊对安恬^②。

回头对极目，水底对山尖^③。

腰袅袅，手纤纤^④。

凤卜对鸾占^⑤。

开田多种粟，煮海尽成盐^⑥。

居同九世张公艺，恩给千人范仲淹^⑦。

箫弄凤来，秦女有缘能跨羽；鼎成龙去，轩臣无计得攀髯^⑧。

【注释】

①连对断，减对添："连""断"和"减""添"是两组反义词。平仄上，"连""添"是平声，"断""减"是仄声。语法上，"连""断"都是状态动词，"减""添"都是行为动词。

②淡泊对安恬（tián）：淡泊，恬淡、不追求名利。安恬，安然恬静。二者语义相近。平仄上，"淡泊"是仄仄，"安恬"是平平。泊，《广韵》"傍陌切"，入声。语法上，两个都是形容词。

③回头对极目，水底对山尖：极目，用尽目力远望，今常言"极目四望"。平仄上，"回头"是平平，"极目"是仄仄；"水底"是仄仄，"山尖"是平平。极，《广韵》"渠力切"，入声。语法上，"回头""极目"都是动宾结构；"极"在这里是使动用法。"水底""山尖"都是方位短语。

④腰袅袅（niǎo），手纤纤（xiān）：腰袅袅，形容腰肢柔软纤细，宋黄庭坚《木兰花令》"杨柳舞风腰袅袅"。手纤纤，形容手纤细修长，唐黄滔《卷帘》"绿鬟侍女手纤纤，新捧嫦娥出素蟾"。袅、纤，

皆形容柔弱细长的样子。平仄上,上联是平仄仄,下联是仄平平。语法上,上下联都是主谓结构。

⑤凤卜(bǔ)对鸾占(zhān):二者皆是占卜佳偶的意思,引申为觅得佳偶相配。凤卜,出自《左传·庄公二十二年》:"初,懿氏卜妻敬仲。其妻占之,曰:'吉。是谓"凤皇于飞,和鸣锵锵"。'"懿氏为嫁女儿占卜,卜到陈国的敬仲一族将要在齐国昌盛,非常吉利。后来敬仲的后代果然取代姜姓成为齐国的执政者。元高明《琵琶记·伯喈牛宅结亲》有"谩说道姻缘,果谐凤卜"。鸾占,意思和"凤卜"一样,《楹联丛话全编·楹联续话·挽词》"里党中有林姓妇,素通文理,中年遽卒。相传其自挽一联,出语告夫,对语教子,悱恻动人,亦可传也。其词云:'我别君去,君何患无妻,倘异时再叶鸾占,莫谓生妻不如死妇;儿随父悲,儿终当有母,愿他日得酬乌哺,须知养母即是亲娘。'"鸾,传说中和凤类似的鸟。平仄上,"凤卜"是仄仄,"鸾占"是平平。语法上,两个词语都是状中结构,"凤""鸾"两个名词表示"卜""占"的性质比较吉利、吉祥。

⑥开田多种粟,煮海尽成盐:开田,垦荒为田。粟,谷物名,北方通称谷子,唐李绅《古风二首》有"春种一粒粟,秋收万颗子"。煮海,煮海水为盐,《汉书·荆燕吴传》中即有相关记载:"会孝惠、高后时天下初定,郡国诸侯各务自拊循其民。吴有豫章郡铜山,即招致天下亡命者盗铸钱,东煮海水为盐,以故无赋,国用饶足","不改过自新,乃益骄恣,公即山铸钱,煮海为盐,诱天下亡人谋作乱逆"。古人引海水直接到盐田,利用太阳或者其他方法让海水蒸发之后再提炼得盐。平仄上,上联是平平平仄仄,下联是仄仄仄平平。语法上,上下联都是连谓结构,由有时间先后的两个动词性结构组成:"开田"与"多种粟","煮海"与"尽成盐"。

⑦居同九世张公艺,恩给千人范仲淹:上联说的是唐张公艺的典故。《旧唐书·张公艺传》载:"郓州寿张人张公艺,九代同居。

北齐时，东安王高永乐诣宅慰抚旌表焉。隋开皇中，大使、邵阳公梁子恭亦亲慰抚，重表其门。贞观中，特敕吏加旌表。麟德中，高宗有事泰山，路过郓州，亲幸其宅，问其义由。其人请纸笔，但书百余'忍'字。高宗为之流涕，赐以缣帛。"张公艺治家有方，家族九代人同居一堂，共有九百人，关系和睦，"父慈子孝，兄友弟和，夫正妇顺"。下联说的是北宋政治家、文学家范仲淹的典故。《宋史·范仲淹传》载，"范仲淹，字希文，唐宰相履冰之后。其先，邠州人也，后徙家江南，遂为苏州吴县人"，史书评价他说："仲淹内刚外和，性至孝，以母在时方贫，其后虽贵，非宾客不重肉。妻子衣食，仅能自充。而好施予，置义庄里中，以赡族人。泛爱乐善，士多出其门下，虽里巷之人，皆能道其名字。死之日，四方闻者，皆为叹息。为政尚忠厚，所至有恩，邠、庆二州之民与属羌，皆画像立生祠事之。及其卒也，羌酋数百人，哭之如父，斋三日而去。"范仲淹为人至孝，廉洁方正，他在里中建义庄，赡养宗族，善待士人，深得百姓的爱戴。恩给，琅环阁藏本作"族赡"，今本多作"恩给"。从语义上看，"恩给"更通。平仄上，上联是平平仄仄平平仄，下联是平仄平平仄仄平。语法上，"居同九世"对"恩给千人"，皆为主谓结构，陈述"张公艺""范仲淹"的事迹。

⑧萧（xiāo）弄凤来，秦女有缘能跨羽；鼎（dǐng）成龙去，轩臣无计得攀髯（rán）：上联说的是萧史和弄玉的故事，见下卷"二萧"其三注⑥。下联说的是黄帝的典故。《史记·封禅书》载："黄帝采首山铜，铸鼎于荆山下。鼎既成，有龙垂胡髯下迎黄帝。黄帝上骑，群臣后宫从上者七十余人，龙乃上去。余小臣不得上，乃悉持龙髯，龙髯拔，堕，堕黄帝之弓。百姓仰望黄帝既上天，乃抱其弓与胡髯号，故后世因名其处曰鼎湖，其弓曰乌号。"史书记载黄帝曾经采铜铸鼎。鼎成之后，有龙垂下胡须，迎接黄帝。黄帝骑上龙背，群臣后宫之人跟着爬上去了七十多人。龙飞上天后，其

余小臣都抓着龙的胡须,胡须断了,黄帝的弓也跟着掉下来。轩臣,指黄帝的那些臣子。此"轩"指轩辕,是黄帝的名字,据《史记·五帝本纪》"黄帝者,少典之子,姓公孙,名曰轩辕"。因其居于轩辕之丘,故名曰轩辕。平仄上,上联是平仄仄平,平仄仄平平仄仄;下联是仄平平仄,平平平仄仄平平。得,《广韵》"多则切",入声。语法上,"箫弄凤来"对"鼎成龙去",皆为并列结构;"秦女有缘能跨羽"对"轩臣无计得攀髯",都是主谓结构,谓语是"有缘能跨羽""无计得攀髯",是连动结构。此联对仗十分工整。

【译文】

连和断相对,减和添相对。

淡泊和安恬相对。

回头和极目相对,水底和山顶相对。

腰肢柔软,手指纤细。

卜得佳婿和占得贤妻相对。

开垦荒地多种粟,晒干海水提取盐。

九代人居住在一家,是张公艺的事迹;恩惠泽被千人之多,是范仲淹的功劳。

箫声引得凤凰飞来,秦女弄玉有缘能和萧史一起骑着凤凰飞升而去;大鼎铸造成功以后,轩辕帝的臣子没有办法攀附龙的胡须得道飞升。

其三

人对己,爱对嫌①。

举止对观瞻②。

四知对三语,义正对辞严③。

勤雪案,课风檐④。

漏箭对书签⑤。

文繁归獭祭，体艳别香奁⑥。

昨夜题梅更一字，早春来燕卷重帘⑦。

诗以史名，愁里悲歌怀杜甫；笔经人索，梦中显晦老江淹⑧。

【注释】

①人对己，爱对嫌：嫌，是厌恶、嫌弃，与"爱"相对。平仄上，"人""嫌"是平声，"己""爱"是仄声。语法上，"人""己"都可以表称谓、代称，"爱""嫌"都是表心理活动的动词。

②举止对观瞻（zhān）：举止，行动、举动，晋陶渊明《闲情赋》"神仪妩媚，举止详妍"。观瞻，外观、体统，常言所谓"有碍观瞻"；观、瞻，皆为"看"义。平仄上，"举止"是仄仄，"观瞻"是平平。语法上，两个词语既可以充当动词，也可以充当名词，都是并列结构。

③四知对三语，义正对辞严：四知，说的是东汉杨震的典故，出自《后汉书·杨震传》。杨震为人清廉，他所举荐的荆州秀才王密做了昌邑令，怀藏十斤金子要送给他。杨震不收，王密说晚上无人知晓，杨震回答说："天知，神知，我知，你知，怎么说没人知道？"此即"四知"由来。三语，说的是阮修的典故，出自《世说新语·文学》："阮宣子有令闻。太尉王夷甫见而问曰：'老庄与圣教同异？'对曰：'将无同？'太尉善其言，辟之为掾。世谓'三语掾'。卫玠嘲之曰：'一言可辟，何假于三！'宣子曰：'苟是天下人望，亦可无言而辟，复何假于一！'遂相与为友。"阮修名声很高，他喜欢《老子》《周易》。王衍问他，"老庄和儒家学说是相同还是不同？"阮修回说"将无同"，意思是大概相同吧。王衍很欣赏他，就任用他做了僚属，人称"三语掾"。三语，就是三个字的话。义正，道义正大；辞严，用词严厉。二者经常并提，今有成语"义正辞严"。平仄上，"四知"是仄平，"三语"是平仄；"义正"是仄仄，

"辞严"是平平。语法上,"四知""三语"看起来形式相同。但从典故上说,"四知"是主谓结构,四者知道(送金之事);"三语"是定中结构。"义正""辞严"都是主谓结构。

④勤雪案,课风檐:上联说的是晋孙康的典故。根据《汉语大词典》,《文选·任昉〈为萧扬州作荐士表〉》"乃集萤映雪",李善注引《孙氏世录》"孙康家贫,常映雪读书"。雪案,本指映雪读书时的几案,后泛指书桌,宋刘克庄《赠陈起》"雨檐兀坐忘春去,雪案清谈至夜分"。课,考察、考核。风檐,本指风中的屋檐,后指科举时代的考试场所,清顾炎武《日知录·拟题》"即以所记之文,抄誊上卷,较之风檐结构难易迥殊"。平仄上,"勤雪案"是平仄仄,"课风檐"是仄平平。语法上,两个词语都是述补结构,勤学于雪案前,考核于风檐下。对仗工整。

⑤漏箭对书签:漏箭,漏壶的部件,上面刻有时辰度数,随水浮沉以计时,宋陆游《晨起》"夜润熏笼暖,灯残漏箭长"。书签,悬于卷轴一端或贴于封面的署有书名的竹、牙片、纸或绢条,唐杜甫《题柏大兄弟山居屋壁二首》"笔架沾窗雨,书签映隙曛"。今本"签"多作"笺",误。"笺"属下平"一先"韵。故本书从琅环阁藏本作"签"。平仄上,"漏箭"是仄仄,"书签"是平平。语法上,两个词语都是名词,定中结构。

⑥文繁归獭(tǎ)祭,体艳别香奁(lián):獭祭,即獭祭鱼,獭捕鱼后常陈列水边,如同陈列供品祭祀,出自《礼记·月令》"(孟春之月)东风解冻,蛰虫始振,鱼上冰,獭祭鱼,鸿雁来";后来用于比喻罗列故实,堆砌成文,宋吴炯《五总志》曰"唐李商隐为文,多检阅书史,鳞次堆集左右,时谓为獭祭鱼"。体,体裁、风格。别,另、特别,此处表"别是一类"之义。香奁,杂置香料的匣子,引申指妇女妆具,盛放香粉、镜子等梳妆用品的器具。明胡应麟《诗薮·近体中》"至吴融、韩渥(偓)香奁脂粉,杜荀鹤、李山甫委巷

丛谈,否道斯极,唐亦以亡矣",宋严羽《沧浪诗话·诗体》提到诗体有所谓"香奁体",指韩偓之诗,其诗皆裾裙脂粉之语,有《香奁集》。平仄上,上联是平平平仄仄,下联是仄仄仄平平。别,《广韵》"彼列切",入声。语法上,"文繁"对"体艳",都是主谓结构;"归獭祭"对"别香奁",皆为动宾结构。

⑦昨夜题梅更一字,早春来燕卷重帘:上联是晚唐五代著名诗人郑谷和诗僧齐己的典故,宋陶岳《五代史补·僧齐己》载:"时郑谷在袁州,齐己因携所为诗往谒焉,有《早梅》诗曰:'前村深雪里,昨夜数枝开。'谷笑谓曰:'数枝非早,不若一枝则佳。'齐己矍然,不觉兼三衣叩地膜拜,自是士林以谷为齐己'一字之师'。"齐己写了《早梅》诗,中有"前村深雪里,昨夜数枝开"的句子。郑谷认为"数枝"还不算早,不如"一枝"更好。于是人们皆称郑谷是齐己的"一字之师"。下联表示冬寒已经过去,天气已经回暖,不需要再挂重重帘幕挡风寒,这正是燕子飞回寻旧巢的时候,诗词中常有类似的描写,宋史达祖《梅溪词·东风第一枝(咏春雪)》"料故园,不卷重帘,误了乍来双燕"。重帘,多重帘幕。平仄上,上联是仄仄平平平仄仄,下联是仄平平仄仄平平。昨,《广韵》"在各切",入声;一,《广韵》"於悉切",入声。语法上,"昨夜题梅""早春来燕"相对,皆为状中结构;"更一字""卷重帘"相对,二者都是动宾结构。

⑧诗以史名,愁里悲歌怀杜甫;笔经人索,梦中显晦(huì)老江淹:上联说的是唐代诗人杜甫的典故,他的诗歌沉郁顿挫,忧国忧民,真实反映了安史之乱前后唐代的历史,其诗作被称为"诗史"。《文献通考·经籍考》曰:"甫又善陈时事,律切精深,至千言不少衰,世号'诗史'。昌黎韩愈于文章少许可,至歌诗,独推曰:'李、杜文章在,光焰万丈长。'诚可信云。"下联说的是南朝梁江淹的典故。江淹少有文名,世称江郎。晚年诗文无佳句,时人谓

之才尽。之所以如此,据说是因为原本的生花妙笔被人索去,故而写不出好文章了。显晦,明与暗,也用来比喻仕宦与隐逸,《晋书·隐逸传》"君子之行殊涂,显晦之谓也";此指江淹文才的好与坏皆和梦中的彩笔有关。平仄上,上联是平仄仄平,平仄平平平仄仄;下联是仄平平仄,仄平仄仄仄平平。语法上,"诗以史名""笔经人索"皆为主谓结构;"愁里悲歌怀杜甫""梦中显晦老江淹"也都是主谓结构。不过,"悲歌"是定中结构,"显晦"是并列结构,略有不对仗之处。"老"本是形容词,此处是使动用法,意谓梦里索笔之事使得江淹才华消失殆尽。

【译文】

人和己相对,爱和嫌相对。

行为和外表相对。

四者知道和三字评语相对,道义正大和用词严厉相对。

士子们在书桌前勤奋读书,考官们在科场里考核学生。

漏壶和书签相对。

文辞堆砌好比獭祭鱼,诗风香艳当属香奁体。

齐己昨晚题的早梅诗,由郑谷修改了一个字而更显贴切;早春的燕子飞来以后,人们就要把重重帘幕卷起收好了。

杜甫的诗以诗史著称,因为他的诗作里充满忧国忧民悲时伤世的情怀;江淹的彩笔被人索回,从此以后他的文章就显得文思枯竭平淡无奇了。

十五　咸

【题解】

"咸"是"平水韵"中下平声的第十五韵部。

"咸"在《广韵》中作"胡谗切",平声,咸韵。

《笠翁对韵》中所用到的韵脚字有芟、监、衔、毚、缄、喃、岩、帆、杉、咸、函、凡、谗、瑊、衫、镵、馋等17个；《声律启蒙》所用到的有16个，包括咸（按，繁体作"鹹"，与"咸"本不同字）、缄、帆、喃、杉、衫、监、咸、贤、瑊、岩、函、衔、嵒、谗、毚等。两书共用的有13个字，包括监、衔、毚、缄、喃、岩、帆、杉、咸、函、谗、瑊、衫；仅《笠翁对韵》用到的有芟、凡、镵、馋等4个字；仅《声律启蒙》用到的有咸（鹹）、贤、嵒3个。"贤"本属于下平"一先"韵部。

其一

栽对植，薙对芟^①。

二伯对三监^②。

朝臣对国老，职事对官衔^③。

鹿麇麇，兔毚毚^④。

启牍对开缄^⑤。

绿杨莺睍睆，红杏燕呢喃^⑥。

半篱白酒娱陶令，一枕黄粱度吕岩^⑦。

九夏炎飙，长日风亭留客骑；三冬寒冽，漫天雪浪驻征帆^⑧。

【注释】

①栽对植，薙（tì）对芟（shān）：栽、植，都是种植的意思；薙、芟，都有"除草""删除"的意思，《旧唐书·李元谅传》"芟林薙草，斩荆榛"。两组都是同义词。平仄上，"栽""芟"是平声，"植""薙"是仄声。植，《广韵》"常职切"，入声。语法上，两组都是动词。

②二伯对三监（jiān）：二伯，《礼记·王制》曰"八伯各以其属，属于天子之老二人，分天下以为左右，曰二伯"，郑玄注"自陕以东，周公主之；自陕以西，召公主之"。指周初分别主管东方和西方诸

侯的两位重臣周公和召公。三监，周武王灭商后，以商旧都封给
纣子武庚。并以殷都以东为卫，由武王弟管叔监之；殷都以西为
墉，由武王弟蔡叔监之；殷都以北为邶，由武王弟霍叔监之。总
称三监。《礼记·王制》"天子使其大夫为三监，监于方伯之国，
国三人"。平仄上，"二伯"是仄仄，"三监"是平平。伯，《广韵》
"博陌切"，入声。语法上，两个词语都是定中结构。

③朝臣对国老，职事对官衔：朝臣，朝廷官员。国老，国之重臣或告
　老退职的卿、大夫。职事，职务、职业。官衔，官员的职位名称。
　平仄上，"朝臣"是平平，"国老"是仄仄；"职事"是仄仄，"官衔"是
　平平。国，《广韵》"古或切"，入声；职，《广韵》"之翼切"，入声。
　语法上，四个词语都是定中结构。

④鹿麌麌（yǔ），兔毚毚（chán）：上联出自《诗经·小雅·吉日》"吉
　日庚午，既差我马。兽之所同，麀鹿麌麌。漆沮之从，天子之
　所"。麌麌，众多的样子。下联出自《诗经·小雅·巧言》"跃跃
　毚兔，遇犬获之"，毛亨传"毚兔，狡兔也"，孔颖达疏"《仓颉解
　诂》：'毚兔，大兔也。'大兔必狡猾，又谓之狡兔"。平仄上，"鹿麌
　麌"是仄仄仄，"兔毚毚"是仄平平。语法上，两句都是主谓结构。

⑤启牍（dú）对开缄（jiān）：启牍、开缄，都是打开书信的意思。牍，
　古代写字的木板，后引申表书籍、书信。缄，本指扎束器物的绳，
　引申为给书信封口，也有书信的意思。平仄上，"启牍"是仄仄，
　"开缄"是平平。牍，《广韵》"徒谷切"，入声。语法上，两个词
　语都是动宾结构。

⑥绿杨莺睍睆（xiàn huǎn），红杏燕呢喃（ní nán）：上联化用宋赵师
　侠《水调歌头》"转午莺声睍睆，滚地杨花飘荡，爱景惜芳辰"。
　睍睆，与"间关"类似，形容鸟声清和圆转，《诗经·邶风·凯风》
　"睍睆黄鸟，载好其音"，毛亨传"睍睆，好貌"；后来经常用于形
　容莺的叫声，宋曹冠《凤栖梧》"睍睆莺声，似劝游人住"。呢喃，

燕鸣之声,宋沈端节《虞美人》"隔帘听燕呢喃语,似说相思苦"。平仄上,上联是仄平平仄仄,下联是平仄仄平平。语法上,上下联都是状中结构:"绿杨"与"红杏"充当状语;中心语"莺睍睆""燕呢喃"是主谓结构,谓语皆由拟声词"睍睆""呢喃"充当。两个词语都是联绵词。

⑦半篱白酒娱陶令,一枕黄粱度吕岩:上联说的是陶渊明的典故。南朝宋檀道鸾《续晋阳秋》载:"王弘为江州刺史,陶潜九月九日无酒,于宅边东篱下菊丛中摘盈把,坐其侧。未几,望见一白衣人至,乃刺史王弘送酒也。即便就酌而后归。"九月九日,陶渊明无酒可喝,就在东篱下菊丛里摘了一把菊花,坐在旁边。这时候忽然有个白衣人送了酒来,原来是刺史王弘派人送来的。半篱,古人用来形容菊花之所在,宋石介《和马寺丞秋日寄明复先生》"残书几箧蠹,寒菊半篱荒"。此处即用"半篱"借指陶渊明酷爱的菊花,他的《饮酒》其五有"采菊东篱下,悠然见南山"的名句。白酒,此指美酒,南朝梁武帝《子夜四时歌·夏歌》"玉盘著朱李,金杯盛白酒"。陶令,即指陶渊明,他曾担任彭泽令,故称。下联说的是汉钟离度吕洞宾的故事。《夜航船·九流部》记载:"汉钟离,名权,字云房,以裨将从周处与齐万年战,败,跳终南山,遇东华王真人。至唐始一出,度吕岩,自称天下都散汉。吕纯阳,名岩,字洞宾。举进士不第,遇钟离,同憩一肆中,钟离自起炊爨。吕忽昏睡,以举子赴京,状元及第,历官清要,前后两娶贵家女,五子十孙,簪笏满门,如此四十年。后居相位,独相十年,权势熏灼,忽被重罪,籍没家资,押赴云阳,身首异处。忽然惊醒,方兴浩叹。钟离在傍,炊尚未熟,笑曰:'黄粱犹未熟,一梦到华胥。'吕惊曰:'君知我梦耶?'钟离曰:'子适来之梦,升沉万态,荣瘁多端,五十年间,止为俄顷,非有大觉,焉知人世真一大梦也。'洞宾感悟,遂拜钟离求其超度。"有一次汉钟离和吕洞宾同住,汉钟离

在煮黄粱，吕洞宾睡着了。梦里，吕洞宾经历了状元及第、身居高位、娶得贵妻、子孙满堂，一时权势熏天，不可一世。忽然之间又获重罪，抄没家产，身首异处。惊醒之时，发现黄粱都还没煮熟。平仄上，上联是仄平仄仄平平仄，下联是仄仄平平仄仄平。白，《广韵》"傍陌切"，入声；一，《广韵》"於悉切"，入声。语法上，两句都是主谓结构。

⑧九夏炎飙（biāo），长日风亭留客骑（jì）；三冬寒冽（liè），漫天雪浪驻征帆：九夏，夏季有九十天，为九旬，故曰"九夏"，晋陶渊明《荣木》诗序"日月推迁，已复九夏"。炎飙，炎热的疾风，晋葛洪《抱朴子·论仙》"蹈炎飙而不灼，蹑玄波而轻步"；飙，旋风、暴风。长日，指漫长的白天，夏季白天比较长。风亭，就是亭子，唐宋之问《旅宿淮阳亭口号》"日暮风亭上，悠悠旅思多"。下联化用唐殷尧藩《襄口阻风》"雪浪排空接海门，孤舟三日阻龙津"。客骑，此指骑马出行的游子。三冬，冬季有三个月，故曰"三冬"。寒冽，寒冷，宋张继先《雪夜渔舟》"浩气冲盈，真宫深厚，永夜不愁寒冽"。雪浪，扬起的积雪，也指白色的浪花。此当指前者，与"三冬"相应。"留""驻"都是使对象留下、停驻的意思。平仄上，上联是仄仄平平，平仄平平平仄仄；下联是平平平仄，仄平仄仄仄平平。语法上，"九夏炎飙""三冬寒冽"相对，皆为主谓结构，表示时令和环境。"长日风亭留客骑""漫天雪浪驻征帆"相对，也都是主谓结构。

【译文】

栽种和树立相对，除草和割草相对。

分管陕地东西两边的周公、召公和监管殷旧地的管叔、蔡叔、霍叔相对。

朝中臣子和国中元老相对，职务和官衔相对。

麋鹿成群结队，兔子狡猾伶俐。

打开书信和开启信函相对。

绿杨树中莺声宛转,红杏林里燕语呢喃。

黄菊和白酒足以让陶渊明开怀,黄粱一梦使得吕洞宾悟道成仙。

夏天疾风炎热,漫长的白天里只有风亭能让骑行的客人停下脚步;冬天寒风凛冽,漫天的雪花使得舟船只能停泊在岸不能扬帆远行。

其二

梧对竹,柏对杉①。

夏濩对韶咸②。

涧瀍对溱洧,巩洛对崤函③。

藏书洞,避诏岩④。

脱俗对超凡⑤。

贤人羞献媚,正士嫉工谗⑥。

霸越谋臣推少伯,佐唐蕃将重浑瑊⑦。

邺下狂生,羯鼓三挝捐锦袄;江州司马,琵琶一曲湿青衫⑧。

【注释】

①梧对竹,柏对杉:平仄上,"梧""杉"是平声,"竹""柏"是仄声。竹,《广韵》"张六切",入声。语法上,四个词语都是植物名词。

②夏濩(huò)对韶(sháo)咸:"夏""濩""韶""咸",都是古代的乐曲名,《夏》是夏禹时期的,《濩》是商汤时期的,《韶》是虞舜时候的,《咸》是唐尧时候的。平仄上,"夏濩"是仄仄,"韶咸"是平平。语法上,两个词语都是名词短语,且都是并列结构。

③涧瀍(chán)对溱洧(zhēn wěi),巩洛对崤(xiáo)函:涧瀍,两条江河的名称,涧水和瀍水,均流经今洛阳市境注入洛水,出自《尚

书·洛诰》"我乃卜涧水东、瀍水西,惟洛食"。溱洧,溱水与洧
水,出自《诗经·郑风·溱洧》"溱与洧,方涣涣兮。士与女,方
秉蕑兮"。巩,春秋古国名,故址在今河南巩县;洛,洛邑,周都邑
名,后名洛阳,亦在今河南。崤函,崤山和函谷,自古为险要的关
隘,《战国策·秦策一》曰:"苏秦始将连横,说秦惠王曰:'大王
之国,西有巴、蜀、汉中之利,北有胡、貉、代、马之用,南有巫山、
黔中之限,东有肴(崤)、函之固……。'"平仄上,"涧瀍"是仄平,
"溱洧"是平仄;"巩洛"是仄仄,"崤函"是平平。语法上,四个词
语皆为并列结构。

④藏书洞,避诏岩:藏书洞,《永乐大典》引《元一统志》载"藏书洞"
曰:"秦人藏书洞在湖广沅州沅陵县小酉山下,有石穴中有书千
卷,秦人避地隐学于此,因留之。"避诏岩,位于华山南峰天门西
北,宋代隐士陈抟在此避朝廷征诏。根据《宋史·陈抟传》记载,
"陈抟,字图南,亳州真源人","读经史百家之言,一见成诵,悉无
遗忘,颇以诗名","不求禄仕,以山水为乐"。陈抟不肯接受朝廷
的征召,在华山终老,朝廷下诏赐号"希夷先生"。明王履有《避
诏岩》二首:"希夷先生爱睡者,睡去那知有晨夜。胡为留迹与留
声,惹得丹青到林下。到时却避无乃迟,声迹既留能致之……"
"贪看万松好,不觉到岩底。海波胡为来,作此大奇伟。光藏不
早决,犊弃洗耳水。使诏知所在,避亦太晚矣。可是龙与云,不
能载其体"。平仄上,"藏书洞"是平平仄,"避诏岩"是仄仄平。
语法上,两者都是定中结构,其定语"藏书""避诏"都是动宾
结构。

⑤脱俗对超凡:脱俗,脱离庸俗,没有平庸之气;超凡,超过凡俗。
二者经常并提,今有成语"超凡脱俗"。平仄上,"脱俗"是仄仄,
"超凡"是平平。脱,《广韵》"他活切",入声;俗,《广韵》"似足
切",入声。语法上,两个词语都是动宾结构。

⑥贤人羞献媚，正士嫉（jí）工谗：羞，以……为羞。献媚，为讨好别人而做出使人欢心的姿态、举动。在贤臣看来，通过献媚的方式求宠，是一件羞耻的事情，《万历野获编》卷八有"辅臣遵旨自恪，邪臣献媚堪羞"。正士，正直之士，出自《尚书·泰誓》"屏弃典刑，囚奴正士"。嫉，憎恶，唐韩愈《复志赋》"嫉贪佞之污浊兮，曰吾既劳而后食"。工谗，善于进谗言，擅长说坏话陷害他人，唐骆宾王《为徐敬业讨武曌檄》"掩袖工谗，狐媚偏能惑主"。平仄上，上联是平平平仄仄，下联是仄仄仄平平。嫉，《广韵》"秦悉切"，入声。语法上，上下联都是主谓结构。

⑦霸越谋臣推少伯，佐唐蕃将（fān jiàng）重浑瑊（jiān）：上联说的是春秋末期范蠡的故事。范蠡为越王勾践出谋划策、灭吴称霸的事迹在《史记·越王勾践世家》和《史记·货殖列传》等篇目中有详细的记载。如《史记·越王勾践世家》曰："范蠡事越王勾践，既苦身戮力，与勾践深谋二十余年，竟灭吴，报会稽之耻，北渡兵于淮以临齐、晋，号令中国，以尊周室，勾践以霸，而范蠡称上将军。"少伯，《列仙传》载范蠡字少伯。下联说的是唐朝大将浑瑊的典故。《新唐书·浑瑊传》载，"浑瑊，本铁勒九姓之浑部也。世为皋兰都督"，"瑊年十一，善骑射，随释之防秋"。浑瑊十一岁就跟着父亲从军作战，此后立下了许多军功，"禄山反，从李光弼定河北，……从郭子仪复两京，讨安庆绪……从仆固怀恩平史朝义，大小数十战，功最。……从子仪击吐蕃邠州，留屯邠。……大历七年，吐蕃盗塞深入，瑊会泾原节度使马璘讨之"。蕃将，"蕃"是域外或外族的意思。浑瑊是唐时北方少数民族人，故称"蕃将"。今本多作"藩将"，从典故上看，当从琅环阁藏本作"蕃"。平仄上，上联是仄仄平平平仄仄，下联是仄平平仄仄平平。伯，《广韵》"博陌切"，入声。语法上，上下联都是主谓结构。

⑧邺（yè）下狂生，羯（jié）鼓三挝（zhuā）捐锦袄；江州司马，琵琶一

曲湿青衫：上联说的是东汉祢衡的故事。据《后汉书·文苑列传下》载，"祢衡字正平，平原般人也。少有才辩，而尚气刚傲，好矫时慢物"。他和孔融关系甚好，孔融就把他推荐给了曹操。"融既爱衡才，数称述于曹操。操欲见之，而衡素相轻疾，自称狂病，不肯往，而数有恣言。操怀忿，而以其才名，不欲杀之。闻衡善击鼓，乃召为鼓史。因大会宾客，阅试音节。诸史过者，皆令脱其故衣，更着岑牟单绞之服。次至衡，衡方为《渔阳》参挝，蹀躞而前，容态有异，声节悲壮，听者莫不慷慨。衡进至操前而止，吏诃之曰：'鼓史何不改装，而轻敢进乎？'衡曰：'诺。'于是先解衵衣，次释余服，裸身而立，徐取岑牟单绞而着之，毕，复参挝而去，颜色不怍。操笑曰：'本欲辱衡，衡反辱孤。'"曹操被祢衡的狂态所苦，故意任命祢衡为鼓史，想要让他穿着鼓史的服装折辱他。祢衡正在演奏《渔阳》参挝，声音慷慨悲壮。听到曹操命令他改装，他就把自己的衣服脱光，慢慢换上鼓史的帽子和单衣，继续演奏《渔阳》参挝之后离开。参挝，一种击鼓之法，古代"参"可表"三"的意义，故此联作"三"，以与"一"相对仗；挝，击鼓，击鼓的音节。邺下，古地名，汉献帝建安时，曹操据守邺城。祢衡曾在曹操手下，为人狂放，故称"邺下狂生"。捐锦袄，脱去华服的意思；捐，除去、放弃。今本多作"羞"，从典故来看，当从琅环阁藏本作"捐"。下联说的是唐代诗人白居易的典故，他曾被贬为江州司马，故以此官名称之。白居易有《琵琶行》一诗，抒发被贬的情怀，中有"座中泣下谁最多，江州司马青衫湿"的句子。青衫，唐代的制度，文官八品、九品服以青，故曰青衫，后来借指失意遭贬的官员。平仄上，上联是仄仄平平，仄仄平平平仄仄；下联是平平平仄，平平仄仄仄平平。羯，《广韵》"居竭切"，入声；一，《广韵》"於悉切"，入声；湿，《广韵》"失入切"，入声。语法上，"邺下狂生"对"江州司马"，都是定中结构；"羯鼓三挝"对"琵琶一曲"，皆为名词与数量结构构成的主谓结构；"捐锦袄"对"湿青衫"，都是动宾结构。对仗较为工整。

【译文】

梧桐和竹子相对，柏树和杉树相对。

乐舞大夏、大濩和乐舞韶乐、大咸相对。

涧水、瀍水和溱水、洧水相对，巩地、洛邑城和崤山、函谷关相对。

避秦藏书洞，陈抟避诏岩。

脱离庸俗和超越平凡相对。

贤能的人把献媚看作很羞耻的事情，正直之士憎恨那些擅长谗毁的奸臣。

范蠡是使得越国称霸的首要谋臣，浑瑊是辅佐唐朝平叛的重要将领。

邺下狂生祢衡表演羯鼓三挝时不怕曹操的羞辱脱去了锦袄，江州司马白居易听了琵琶女演奏的曲子后泪水打湿了青衫。

其三

袍对笏，履对衫①。

匹马对孤帆②。

琢磨对雕镂，刻划对镌镵③。

星北拱，日西衔④。

卮漏对鼎馋⑤。

江边生杜若，海外树都咸⑥。

但得恢恢存利刃，何须咄咄达空函⑦。

彩凤知音，乐典后夔须九奏；金人守口，圣如尼父亦三缄⑧。

【注释】

①袍对笏（hù）、履（lǚ）对衫：袍，中式长衣的通称，汉以后用作朝

服。笏，古代臣子朝见国君时所执的狭长板子。履，鞋子。衫，衣服。平仄上，"袍""衫"是平声，"笏""履"是仄声。语法上，四个词语都是名词。

②匹马对孤帆：匹马，一匹马，常指单身一人，宋陆游《诉衷情》"当年万里觅封侯，匹马戍梁州"，今有成语"单枪匹马"。孤帆，一张船帆，多指孤单的船只，唐李白《黄鹤楼送孟浩然之广陵》"孤帆远影碧空尽，惟见长江天际流"。平仄上，"匹马"是仄仄，"孤帆"是平平。匹，《广韵》"譬吉切"，入声。语法上，两个词语都是定中结构。

③琢磨对雕镂（lòu），刻划对镌（juān）镵（chán）：琢磨、雕镂，都是指雕刻和打磨玉、石。《诗经·卫风·淇奥》"有匪君子，如切如磋，如琢如磨"。刻划，雕刻，唐韩愈《游青龙寺赠崔大补阙》"南山逼冬转清瘦，刻划圭角出崖窾"。镌镵，雕凿。四个词语意义相近。平仄上，"琢磨"是仄平，"雕镂"是平仄；"刻划"是仄仄，"镌镵"是平平。琢，《广韵》"竹角切"，入声。语法上，四个词语都是行为动词。

④星北拱（gǒng），日西街：星北拱，众星环拱北斗，出自《论语·为政》："子曰：'为政以德，譬如北辰，居其所而众星共（拱）之。'"日西街，太阳西斜落入山中，唐韦庄《李氏小池亭十二韵》"访僧舟北渡，赏酒日西街"。平仄上，"星北拱"是平仄仄，"日西街"是仄平平。语法上，二者皆是主谓结构，"北拱""西街"是状中结构充当谓语。

⑤卮（zhī）漏对鼎（dǐng）馋：卮漏，有一种酒器底上有孔，如《淮南子·泛论训》"今夫溜水足以溢壶榼，而江、河不能实漏卮，故人心犹是也"。后常用此比喻钱花得很快，或利益外溢情况严重，清王颂蔚《送黄公度随使欧洲》"金钱日外溢，卮漏未渠央"。鼎馋，古有"馋鼎"，谓茶叶不易出汁，明谢肇淛《五杂俎·物部三》：

"今造团（茶团）之法皆不传，而建茶之品亦远出吴会诸品之下。其武夷、清源二种虽与上国争衡，而所产不多，十九馈鼎，故遂令声价靡不复振。"平仄上，"卮漏"是平仄，"鼎馈"是仄平。语法上，两个词语都是主谓结构。

⑥江边生杜若，海外树都咸：上联化用唐李中《芳草》"飘香是杜若，最忆楚江边"。杜若，香草名，《楚辞·九歌·湘君》"采芳洲兮杜若，将以遗兮下女"。杜若生长在江边，古诗中杜若汀、杜若洲常见。如唐李中《和夏侯秀才春日见寄》"寻芳懒向桃花坞，垂钓空思杜若汀"，唐李商隐《即目》"书去青枫驿，鸿归杜若洲"等等。海外，古代把边远之地皆叫"海外"，如《史记·孟子荀卿列传》"先列中国名山大川，通谷禽兽，水土所殖，物类所珍，因而推之，及海外人之所不能睹"，把中原之外的地方谓之海外。都咸，果树名，都咸生长在偏远的南方，故曰"海外树都咸"。平仄上，上联是平平平仄仄，下联是仄仄仄平平。语法上，二者都是主谓结构。宾语"杜若""都咸"都是联绵词，不可拆分。

⑦但得恢恢存利刃，何须咄咄（duō）达空函：上联出自《庄子·养生主》："庖丁为文惠君解牛，手之所触，肩之所倚，足之所履，膝之所踦，砉然响然，奏刀騞然，莫不中音，合于桑林之舞，乃中经首之会。文惠君曰：'嘻，善哉！技盖至此乎？'庖丁释刀对曰：'臣之所好者道也，进乎技矣。始臣之解牛之时，所见无非牛者。三年之后，未尝见全牛也。方今之时，臣以神遇而不以目视，官知止而神欲行。依乎天理，批大郤，导大窾，因其固然。技经肯綮之未尝，而况大軱乎！良庖岁更刀，割也；族庖月更刀，折也；今臣之刀十九年矣，所解数千牛矣，而刀刃若新发于硎。彼节者有间，而刀刃者无厚；以无厚入有间，恢恢乎其于游刃必有余地矣，是以十九年而刀刃若新发于硎。虽然，每至于族，吾见其难为，怵然为戒，视为止，行为迟。动刀甚微，謋然已解，如土委地。提

刀而立,为之四顾,为之踌躇满志,善刀而藏之。'"这位名叫丁的厨师因为非常熟悉牛的全身构造,故而剖牛之时动作娴熟,刀刃游走于牛身上的空隙中,不需要用力斫砍。他的刀虽然用了十九年,仍然锋利得像刚从磨刀石上磨过的一样。恢恢,空间宽阔的样子。下联说的晋殷浩的典故,出自《晋书·殷浩传》,"殷浩,字深源,陈郡长平人也","识度清远,弱冠有美名,尤善玄言,与叔父融俱好《老》《易》"。初隐居不仕,后简文帝时征为建武将军、扬州刺史,并和桓温抗衡。后失败,被废为庶人。"浩少与温齐名,而每心竞。温尝问浩:'君何如我?'浩曰:'我与君周旋久,宁作我也。'温既以雄豪自许,每轻浩,浩不之惮也。至是,温语人曰:'少时吾与浩共骑竹马,我弃去,浩辄取之,故当出我下也。'又谓郗超曰:'浩有德有言,向使作令仆,足以仪刑百揆,朝廷用违其才耳。'"桓温和殷浩既是少年玩伴,也是竞争对手。"浩虽被黜放,口无怨言,夷神委命,谈咏不辍,虽家人不见其有流放之戚。但终日书空,作'咄咄怪事'四字而已。"殷浩虽然被废黜,口无怨言,神情如常,但终日用手在空中写"咄咄怪事"四个字。"后温将以浩为尚书令,遗书告之,浩欣然许焉。将答书,虑有谬误,开闭者数十,竟达空函,大忤温意,由是遂绝。永和十二年卒。"后来桓温打算让殷浩担任尚书令,派人送信给殷浩,他欣然应允。打算写回信,但他又担心有什么错误,纠结了很久,最终回了一封空白信函。二人从此绝交。咄咄,感叹声。平仄上,上联是仄仄平平平仄仄,下联是平平仄仄仄平平。得,《广韵》"多则切",入声;咄,《广韵》"当没切",入声;达,《广韵》"唐割切",入声。语法上,两句用"但得""何须"相连,有流水对的意味;"恢恢存利刃""咄咄达空函"都是状中结构。

⑧彩凤知音,乐(yuè)典后夔(kuí)须九奏;金人守口,圣如尼父(fǔ)亦三缄(jiān):上联出自《尚书·益稷》,"夔曰:'戛击鸣球,搏拊、

琴、瑟，以咏。祖考来格，虞宾在位，群后德让。下管鼗鼓，合止柷敔，笙镛以间，鸟兽跄跄。《箫韶》九成，凤皇来仪。'夔曰：'於！予击石拊石，百兽率舞。庶尹允谐。'"乐典，条举乐谱的构造、组织、性质等并加以说明的书。夔，相传是舜时的乐官，《礼记·乐记》"昔者舜作五弦之琴，以歌《南风》。夔始制乐，以赏诸侯"，郑玄注"夔，舜时典乐者也"；又称"后夔"，《文选·张衡〈东京赋〉》"伯夷起而相仪，后夔坐而为工"，薛综注"后夔，舜臣，掌乐之官"。舜做了《箫韶》之乐，百兽都跟着跳舞，直到奏了九阕之后，凤凰才飞来。下联出自汉刘向《说苑·敬慎》："孔子之周，观于太庙。右陛之前，有金人焉，三缄其口，而铭其背曰：'古之慎言人也。戒之哉！戒之哉！无多言，多言多败；无多事，多事多患。安乐必戒，无行所悔。勿谓何伤，其祸将长；勿谓何害，其祸将大；勿谓何残，其祸将然；勿谓莫闻，天妖伺人。荧荧不灭，炎炎奈何；涓涓不壅，将成江河；绵绵不绝，将成网罗；青青不伐，将寻斧柯。诚不能慎之，祸之根也；曰是何伤？祸之门也。强梁者不得其死，好胜者必遇其敌，盗怨主人，民害其贵。君子知天下之不可盖也，故后之、下之，使人慕之，执雌持下，莫能与之争者。人皆趋彼，我独守此；众人惑惑，我独不从；内藏我知，不与人论技；我虽尊高，人莫害我。夫江河长百谷者，以其卑下也；天道无亲，常与善人。戒之哉！戒之哉！'孔子顾谓弟子曰：'记之！此言虽鄙，而中事情。《诗》曰："战战兢兢，如临深渊，如履薄冰。"行身如此，岂以口遇祸哉！'"孔子到周地去，在太庙中见到了一座青铜人像，封口三重，后面还有很多铭文，告诫人们不要多言多事，孔子借此教导学生行事要敬慎。尼父，对孔子的尊称，孔子字仲尼，故称。平仄上，上联是仄仄平平，仄仄仄平平仄仄；下联是平平仄仄，仄平平仄仄平平。语法上，"彩凤知音"对"金人守口"，皆为主谓结构。"乐典后夔须九奏""圣如尼父亦三

缄"相对,然二者并不对仗:"乐典后夔须九奏"是主谓结构;"圣
如尼父亦三缄"是一个让步复句,表示即使圣如尼父也要三缄其
口的含义,包含"圣如尼父""亦三缄"两个分句。

【译文】

袍子和笏板相对,鞋子和衣服相对。

单匹马和一艘船相对。

琢磨和雕刻相对,刻划和镌刻相对。

群星环绕北极星,太阳向西落下山。

漏卮漏出酒水和馋鼎不出茶汁相对。

杜若多长于江边,都咸常生在海外。

只要是具备游刃有余的才华,何必每日空写什么咄咄怪事。

凤凰懂得音律,在后夔演奏韶乐九阕之后才飞过来;铜人三缄其
口,即使像孔子这么圣明也要谨言慎行。